Graphic text book

グラフィック
学校臨床心理学

伊藤美奈子・相馬誠一＝編著

新井　肇・懸川武史・長島明純・
中村　豊・バーンズ亀山静子

サイエンス社

はじめに

　学校現場は今，様々な変化の波にさらされています。教育基本法の改正に伴い学習指導要領も改変されました。また，2011年度より施行される新学習指導要領により，各学年で身につけるべき学習内容も大幅に増えることになりました。他方，教師が対応すべき子どもや保護者にも難しさを抱えたケースが多くなったとの指摘もあります。
　一斉授業の形態になじめない子どもの増加，人間関係でトラブルを起こしやすい子どもたち，不登校やひきこもりなど「心の問題」も多様化しています。そして，その子どもたちの保護者への対応に悩みを抱える教師も増えているのが現状です。
　そうした厳しい現場の実情に対し，自信をなくしてしまったり，ストレスを背負ってしまったりとバーンアウトする教師も多く，教師にとっても受難の時代であるといえます。筆者自身，スクールカウンセラーとして学校に出向き，教師が直面している様々な課題をともに背負い，解決へと導くための努力を続けています。一つの決まったマニュアルが通用しない実践の難しさに出会うことも多々ありました。
　「学校臨床心理学」という新しいジャンルは，こうした時代の変化とニーズを受けて誕生しました。本書は，その「学校臨床心理学とは何か」を理論化し，その実際について紹介することをめざして編集されています。
　まず1章では，近接領域（教育学，発達心理学，教育心理学）の概略や，学校臨床心理学との接点について述べるとともに，学校臨床心理学がめざす方向性について論じています。
　続く2章では，その学校臨床心理学が活かせる教育場面について検討しています。
　また3章では，学校臨床心理学の実際として「開発的支援」「予防的支援」「問題解決的支援」という3点から，より具体的な実践の中身を紹介しています。
　そして4章では，学校臨床心理学を実践するにあたって有効な資源とな

る連携先や体制の作り方や今後の学校臨床心理学について論じています。
　本書は，主に大学生や大学院生ならびに学校教員を読者に想定して書かれています。また本書の執筆者は，学校現場にきわめて造詣の深い，かつ経験豊富な研究者やスクールサイコロジストたちです。もちろん，学校現場すべてに通じる万能薬的な考え方や対処方法はないのかもしれませんが，現場の経験から発せられたすばらしいメッセージの数々は，これから学校現場に入ろうとする学生・院生にとっても，また学校現場で悩んでいる先生方にとっても，大きな示唆になるものと思われます。どの章からでも，必要や興味・関心に応じてページを繰っていただきたいと思います。本書が，学校現場のたいへんさに少しでも貢献できることを祈って，最初のご挨拶とさせていただきます。

　2010年9月

　　　　　　　　　　　　　　執筆者を代表して　伊藤美奈子

目　　次

はじめに……………………………………………………………… i

1章　学校臨床心理学の理論　　1　　〈編集：伊藤美奈子〉

1.1　教育学と学校臨床心理学　　2　　〈懸川武史〉

1.1.1　パラダイム転換 ………………………………………… 2
1.1.2　新たな知の構築 ………………………………………… 4
1.1.3　教育学と学校臨床心理学によるパラダイム転換 ……… 6
1.1.4　カウンセリング心理学のアプローチを取り入れる
　　　──課題解決モデルの導入から産出へ ………………… 6
1.1.5　学校教育へ学校外の教育資源を取り入れる
　　　──協働モデルの導入 …………………………………… 10
1.1.6　支援チームとして教育資源へ取り入れる
　　　──危機介入 ……………………………………………… 14
1.1.7　ストレス・マネジメント教育 ………………………… 14
1.1.8　学校ストレス・マネジメント ………………………… 16

1.2　発達心理学と学校臨床心理学　　18　　〈伊藤美奈子〉

1.2.1　発達心理学とは ………………………………………… 18
1.2.2　各発達段階における子どもの姿 ……………………… 20
1.2.3　いくつかの発達理論から ……………………………… 28
1.2.4　発達心理学と学校臨床心理学 ………………………… 32

1.3　教育心理学と学校臨床心理学　　34　　〈伊藤美奈子〉

1.3.1　教育心理学とは ………………………………………… 34
1.3.2　教育心理学の諸領域 …………………………………… 36
1.3.3　教育心理学と学校臨床心理学 ………………………… 46

1.4 学校臨床心理学とは　　48　　〈伊藤美奈子〉
 1.4.1　その位置づけ …………………………………… 48
 1.4.2　学校臨床心理学の実際 ………………………… 50
 1.4.3　学校臨床心理学の目的 ………………………… 52
 1.4.4　学校臨床心理学の生かし方 …………………… 58

2章　学校臨床心理学の展開　　65　　〈編集：相馬誠一〉

2.1 生徒指導に活かす　　66　　〈懸川武史〉
 2.1.1　背　　景 ………………………………………… 66
 2.1.2　パラダイム転換 ………………………………… 72
 2.1.3　開発的な生徒指導のデザイン ………………… 80

2.2 進路指導に活かす　　86　　〈中村　豊〉
 2.2.1　キャリア教育の概要 …………………………… 86
 2.2.2　キャリア・カウンセリング …………………… 90
 2.2.3　キャリア教育に活かす学校臨床心理学の展開 … 92

2.3 教育相談に活かす　　96　　〈相馬誠一〉
 2.3.1　教育相談とは …………………………………… 96
 2.3.2　教育相談担当者の声 …………………………… 98
 2.3.3　スクールカウンセラー等の現状 ……………… 102
 2.3.4　専門教育相談機関の現状 ……………………… 104

2.4 特別支援教育に活かす　　106　　〈長島明純〉
 2.4.1　特別支援教育について ………………………… 106
 2.4.2　特別支援教育と臨床の知 ……………………… 108
 2.4.3　内なる可能性としての特別な支援を要する子ども… 108
 2.4.4　同質と異質の理解 ……………………………… 110
 2.4.5　周りの子どもたちへの配慮 …………………… 112

2.4.6　危険な孤立的状況 …………………………………… 114

2.5　教師への支援　116 〈新井　肇〉
　　　2.5.1　深刻化する教師のメンタルヘルス ………………… 116
　　　2.5.2　教師のバーンアウト（燃え尽き症候群）………… 118
　　　2.5.3　教師のバーンアウトを防ぐために ………………… 122

　■コラム　2008年度「特別支援教育体制整備等状況調査」　113
　■コラム　今後の学校教育相談　126
　■コラム　教師の性格特性とバーンアウト　128

3章　学校臨床心理学の実際　131 〈編集：相馬誠一〉

3.1　開発的支援　132 〈バーンズ亀山静子〉
　　　3.1.1　開発的支援とは ……………………………………… 132
　　　3.1.2　グループ・アプローチ ……………………………… 134
　　　3.1.3　開発的支援の実際 …………………………………… 134

3.2　予防的支援　138 〈バーンズ亀山静子〉
　　　3.2.1　予防的支援とは ……………………………………… 138
　　　3.2.2　ニーズアセスメント ………………………………… 140
　　　3.2.3　学級単位や全校レベルで取り組む予防的支援 …… 142
　　　3.2.4　リスクの高い児童生徒や集団への支援 …………… 144

3.3　問題解決的支援　144
　　　3.3.1　不　登　校 〈伊藤美奈子〉………………………… 144
　　　3.3.2　い じ め 〈相馬誠一〉……………………………… 154
　　　3.3.3　非　　　行 〈中村　豊〉…………………………… 162
　　　3.3.4　軽い障がいをもつ子ども（LD・ADHD等）
　　　　　　〈長島明純〉………………………………………… 168

3.3.5　障がいをもつ子ども〈長島明純〉……………………… 174
　　3.3.6　高校中退〈新井　肇〉…………………………………… 180
　　3.3.7　自殺予防〈新井　肇〉…………………………………… 186

4章　今後の学校臨床心理学　195 〈編集：伊藤美奈子〉

4.1　学校臨床心理の組織と運営　196　　〈相馬誠一〉
　　4.1.1　校内組織 ………………………………………………… 196
　　4.1.2　教育相談係の役割 ……………………………………… 196
　　4.1.3　学校教育相談の領域 …………………………………… 198
　　4.1.4　年間計画の作成 ………………………………………… 200
　　4.1.5　教育相談室の管理・運営 ……………………………… 204

4.2　外部機関との連携　206　　〈伊藤美奈子〉
　　4.2.1　専門機関との連携の必要性 …………………………… 206
　　4.2.2　様々な専門機関を知る ………………………………… 208
　　4.2.3　つなぐ──インフォームド・コンセント ………… 210
　　4.2.4　つながってからの連携 ………………………………… 210

4.3　地域との連携　212　　〈長島明純〉
　　4.3.1　地域と学校との連携協力 ……………………………… 212
　　4.3.2　地域の教育力と子どもの学力 ………………………… 214
　　4.3.3　子どもの安心・安全・成長 …………………………… 216
　　4.3.4　地域に根をもつこと …………………………………… 220

4.4　父母との連携　222　　〈中村　豊〉
　　4.4.1　変質する社会と学校 …………………………………… 222
　　4.4.2　学校と保護者との連携をめざして ……………… 228

4.5 アメリカにおける学校臨床心理学　**232**　〈バーンズ亀山静子〉

4.5.1 アメリカのスクールカウンセリング ………………… **232**
4.5.2 ASCA ナショナルモデル ……………………………… **232**
4.5.3 学校内のメンタルヘルスの専門職 …………………… **236**

■ コ ラ ム　教育相談室の施設・設備について　243
■ コ ラ ム　地域とのつながりを深めるための副次的な学籍制度　244

参 考 図 書……………………………………………………… **246**
引 用 文 献……………………………………………………… **257**
人 名 索 引……………………………………………………… **268**
事 項 索 引……………………………………………………… **270**
お わ り に……………………………………………………… **273**
執筆者紹介……………………………………………………… **275**

学校臨床心理学の理論

　本章では，学校臨床心理学を理論化するに先立ち，近接領域（教育学，発達心理学，教育心理学）について概観する。これらの領域で，何が研究テーマとしてあげられ，どんな知見が明らかになってきたのか，それらを概観することを通して，学校臨床心理学との接点を明らかにしたい。

　まず1.1節では，心理学とは異なりつつも，「学校」というキーワードで大きく重なりあう「教育学」の領域で行われつつある新しい教育実践の実際や理論について述べた。1.2節では，「子どもの成長」という点で重なりあう「発達心理学」の理論の様々について概観した。また1.3節では，独自の理論体系を展開する中で学校臨床心理学を包含し新たな局面を迎えている「教育心理学」の理論を紹介している。そして1.4節では，学校臨床心理学の位置づけについて一つの提言を行った。

　「学校臨床心理学とは何か」——これは非常に大きく重い問いである。本書での試みで，それが明らかにできたとは，まだまだ思えない状況にある。しかしながら，本書をたたき台として，今後の実践活動の中で繰返し問い直すことを通して，理論そのものを精緻化していくことが重要であろう。

1.1 教育学と学校臨床心理学

1.1.1 パラダイム転換

20世紀初め，フランスの社会学者エミール・デュルケームにより，教育に「教育の科学」という新たな「知」が示され，教育学と社会学から教育社会学というパラダイム（物の見方や捉え方の枠組み）が確立された。教育の科学は，教える技術としてのペダゴジー（pedagogy）から，**パラダイム転換**を促し，教育心理学，教育経営学，教育方法学，教育工学など**新たな「知」を構築**させ，各分野において教育学の探究が行われている。

たとえば，日本教育工学会は，教育工学の研究と実践状況から，認知，メディア，コンピュータ利用，データ解析，ネットワーク，授業研究，教師教育，情報教育，インストラクショナル・デザイン，教育工学一般の10分野を21世紀への新展開として『教育工学事典』を刊行している。その中で坂元（2000）は「教育工学のもっとも顕著な特徴は，現実の教育改革を推進するのに役立つ，理論的，方法的，実践的具体策を提言できることにある」と述べ，既存の学問からの借り物や，外国文献に頼るところが多かったことから，研究実績，実践活動により10分野を提言している。教育工学に限らず，教育学の使命は教育改革への具体的な提案を行い，社会からの要請に応じて，研究実績を重ね，新たな知の構築を継続していくことにより，パースペクティブを示すことにある。

和田（1996）は，教育学と心理学の研究されるべき問題領域を表し，心理教育相談を共通にした臨床教育学専攻の構想を行っている（**図1.1**）。

臨床心理学におけるパラダイムの転換は，「臨床の知」から「実証（エビデンス）の科学」へと時代の要請に応じて，新たな「知」が構築されている。学校における臨床心理学としての**学校臨床心理学**は，臨床心理学，カウンセリング心理学，学校心理学を基礎科学に，学校臨床における応用科学として新たに構築されたと考えられる。問題行動への対応や児童生徒の育成，発達を促進する予防的・開発的な取組により，課題解決のモデルを学校システムに位置づけ機能させることを探究する分野である。

図1.1 教育学と心理学の研究されるべき問題領域と心理教育相談を共通にした臨床教育学専攻の構想（和田，1996）

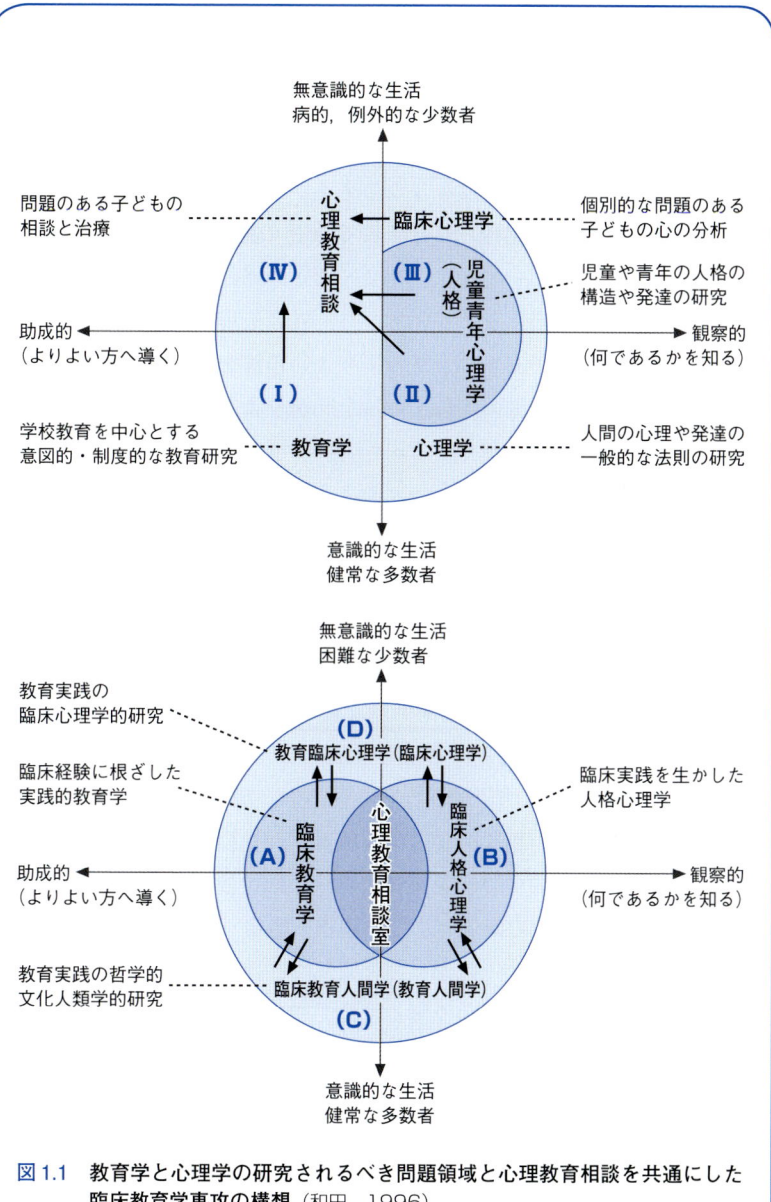

1.1.2　新たな知の構築

　臨床心理学と社会心理学では，コワルスキとリアリーが編著『臨床社会心理学の進歩』(2001) において，社会心理学と臨床心理学の**インターフェイス**（interface）の歴史と現状を述べている。リアリーは，インターフェイスにおける各領域の進展度を3つのタイプ（**社会―認知的過程，対人的過程，パーソナリティ過程**）に分類している（表1.1；Leary, 1987）。

　ベルードランとアンダーソンは，社会―認知的過程の帰属に関する研究が，双方の領域の関心事になっているとし，社会心理学者は対人魅力，攻撃，セルフ・ハンディキャッピングのよりよい理解を，臨床心理学者は抑うつ，シャイネス，夫婦間の不和といった問題をより効果的に説明したり介入することができると述べている。

　教育学と学校臨床心理学は，今後どのような過程を経て新たな知を構築していくのであろうか。

　日本の臨床心理学のあり方について下山と丹野は，臨床心理学の統合モデルとして『講座　臨床心理学』を刊行している（全6巻）。統合的な臨床心理学の全体構造を基本コンセプトとして，協働性に重点を置き，**協働的**（collaborative）**なモデル**，協働可能な**統合システム**としての臨床心理学の全体構造を構成している。第1巻『臨床心理学とは何か』(2001) では，臨床心理学と他の専門領域（哲学，社会学，法律学）との**関連性**を，臨床心理学と隣接領域（精神医学，学校教育学，社会福祉学）との連携をテーマとしている。その中で石隈 (2001) は，学校教育学と臨床心理学との連携における，3種類の関係として，**連携，協働，融合**を議論している。融合では，不登校，いじめ，障がいなど複雑な問題状況における子どもの援助サービスの充実という問いを解くため，学校教育学と臨床心理学など様々な学問が融合される必要を述べ，一つの姿として学校心理学を紹介している。

　教育学と学校臨床心理学による新たな知の構築は，学校教育が抱える課題を解決をとおして，実践知を積み重ね新たなシステムづくりによりパースペクティブを提示できると考える。

表 1.1 インターフェイスにおける各領域の進展度 (Leary, 1987)

社会心理学的過程	研究のタイプ		
	社会―発現	社会―診断	社会―治療
【社会―認知的過程】			
帰　　属	◎	○	◎
社会的知覚・認知	◎	○	○
態　　度	○	×	◎
【対人的過程】			
社会的影響	×	×	◎
自己開示と自己提示	○	○	○
対人関係	○	×	○
攻　　撃	○	―	○
向社会的行動	×	―	―
集団過程	×	×	―
【パーソナリティ過程】			
自　　己	◎	×	○
感　　情	◎	×	×
個　人　差	◎	○	◎

◎：目覚ましい進展が見られた領域
○：ある程度の進展が見られた領域
―：社会心理学的過程を応用することが困難な領域

1.1.3　教育学と学校臨床心理学によるパラダイム転換

　ここでは，教育学と学校臨床心理学によるパラダイムの転換について，学校が抱える教育上の課題に視点をおいて考えていく。問題行動への対応だけでなく，児童生徒の育成，発達を促進する予防的・開発的な取組など教育活動全体を通して，**課題解決モデル**を構築し，学校システムに位置づけ機能させることである。学校臨床心理学により構築される課題解決モデルは，教育学の分野で応用が可能で，新たに学校が抱える課題解決モデルを産出できるものでなければならない。

　パラダイムの転換は，教育学と学校臨床心理学の新たな「知」の構築である。学校臨床心理学により構築された課題解決モデルと，学校が抱える課題解決モデルとの間には連続性，相互補完のシステムの構築が必要と考えられる。両者の課題解決モデルを日常の教育活動へ外在化させ，児童生徒の体験過程に内在化させることが可能なシステムである。

　懸川（2009）は，**ピア・サポート**の教育活動としての意義において「知」の構築を試みている（図1.2）。フィールドワークにより，カナダのピア・サポート活動から，児童生徒の体験過程に問いをもち，**ピア・サポートモデル**を構築した。①体験過程における学習内容は，円環的に活動が継続できるよう問題解決能力の育成を意図した学習手段であること，②ワークショップモデルの円環的な教育活動を基盤にトレーニングを位置づけた教育モデルであることから，教育活動への予防・開発的，問題解決的なニーズに応えられる能力育成のモデルであること，③教師と児童生徒が相互に成長できるモデルであることととらえた。総合的な学習の時間との比較，学校マネジメントとの融合により，ピア・サポートモデルを確かな学力の育成に応用して実践研究を行っている（図1.3）。

1.1.4　カウンセリング心理学のアプローチを取り入れる──課題解決モデルの導入から産出へ

　カウンセリング心理学は，カウンセリングの独自性，アイデンティティの確立を探究し，時代からの要請に応じ社会問題の解決を通して確立される分野と考えられる。

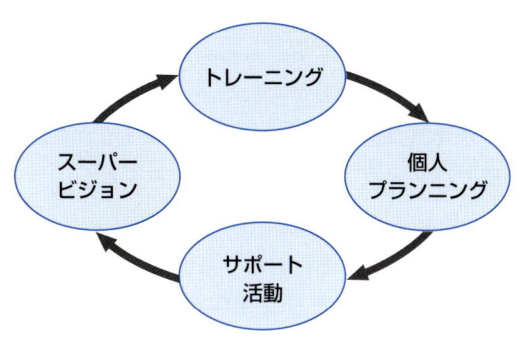

図1.2 ピア・サポートモデル（懸川，2002）

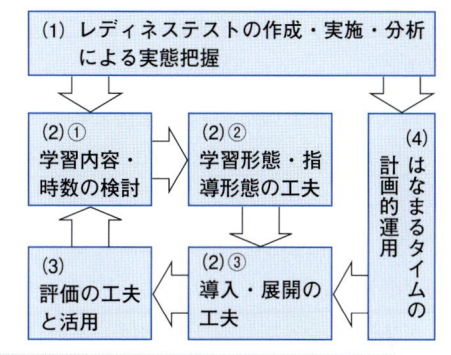

図1.3 主題にせまるための手立て

(1) レディネステストの作成・実施・分析による実態把握
単元の基礎的・基本的内容から必要なレディネスを拾い上げて作成し，実施後つまずきの分析。

(2) 実態に基づく学習内容・学習方法の計画
①学習内容と時数の検討
②学習・指導形態の工夫
　習得型や探究型の学習形態，習熟度別コース学習
③導入・展開の工夫
- 導入：前時までの評価をもとに本時の学習に必要な既習事項の復習を行う。
- 展開：習熟度に応じて補充問題や操作活動を行ったり，学び合い活動を取り入れたりする。

(3) 評価の工夫と活用
授業中の観察・評価テスト・自己評価から児童一人ひとりの定着状況を見取り，次時における個に応じた指導や補充指導に生かす。

(4) 「はなまるタイム」（週2回20分ずつ）の計画的運用
補充内容・学習形態を実態に合わせて工夫する。

（出所）「現代のエスプリ」502号（2009年5月号）「ピア・サポート——子どもとつくる活力ある学校」より作成

田上（1999）は，治療モデルと教育モデルとの関連を図1.4のように示している。医学モデルと育成モデルとしてとらえることができ，学校臨床心理学モデルへの示唆を得ることができる。

　國分（1992）は，サイコエデュケーションにおけるカウンセリングの一形態として，**構成的グループ・エンカウンター**を主張している。また，育てるカウンセリングを「教育・開発的カウンセリング（developmental counseling）」とし，「問題解決能力を育てるカウンセリング」と定義している。構成的グループ・エンカウンターの教育における意義（國分，1986）として，教育現場で起こっている問題の課題解決に，「教師と生徒」「生徒と生徒」の心のふれあいを回復することを「エクササイズ」の解決を通してリレーションをつくり，集団を形成できることを述べている。また國分（2000）は，構成的グループ・エンカウンターのねらいを，①人間関係をつくること，②人間関係を通して自己発見すること，エクササイズ（課題や実習）とシェアリングによって深めていく集団体験方式の心理教育活動であると述べている。

　山本（2001）は，支える理論として，自己理論とフォーカシング，精神分析，行動療法，論理療法，ゲシュタルト療法，交流分析，短期療法，芸術療法，実存主義，グループ・アプローチをあげ，実践的研究を円環的に続けながらエクササイズの設計と創出を行っている。

　構成的グループ・エンカウンターを，課題解決モデルとして学校の日常生活へ取り入れることで，学校が抱える課題解決モデルの産出が可能である。田野入と酒庭（2000）は，構成的グループ・エンカウンターの課題解決モデルを応用し，「課題の明確化」→「課題理解の理論」→「研修ワーク作成の理論」→「研修ワーク」→「ねらい達成」として課題解決の流れを産出している。課題の対象を教師に置き，研修をとおして指導力の向上をねらいとしたのである（図1.5）。

　構成的グループ・エンカウンターの児童生徒の育成，発達を促進する予防的・開発的な取組は，学校マネジメントがもつ，意図（WILL），手段（SKILL），ねらい（GOAL）による明確化を通して学校システムへ導入できる。言い換えれば，教育課程への位置づけを推進できるのである。問題

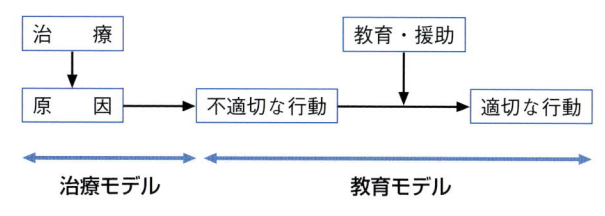

図1.4 治療モデルと教育モデル（田上，1999）

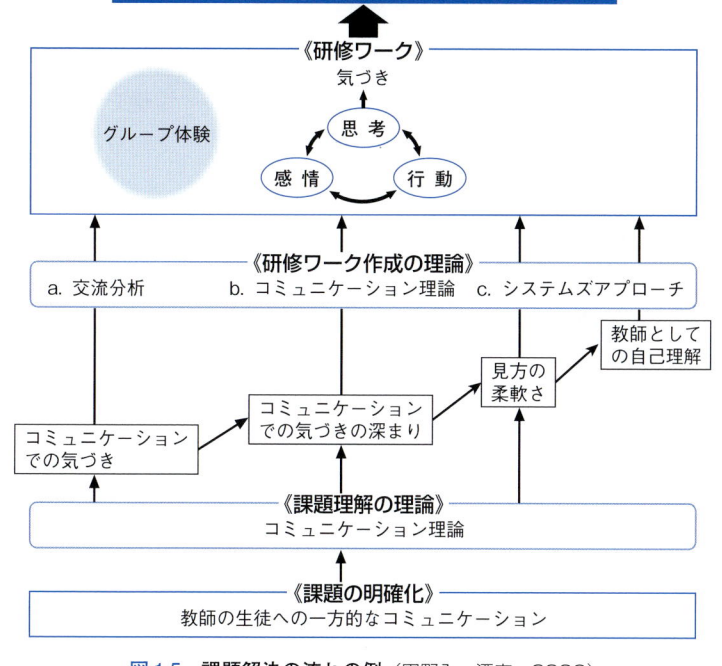

図1.5 課題解決の流れの例（田野入・酒庭，2000）

1.1 教育学と学校臨床心理学

の把握から児童生徒に育成する能力を明らかにすること（意図），そして次に，育成する能力に応じたエクササイズを選定すること（手段），人間関係を基盤とした課題を達成すること（ねらい）から計画を作成する。

　実践計画は，エクササイズ名と育成する能力，準備する物，手順（シェアリングの設定，対象，実践時期，エクササイズの流れ，時間の配分）から構成する。エクササイズ体験による学習変容は，「思考」「感情」「行動」に視点を置き，シェアリングにより成長をみとる。

　実践計画の作成は，構成的グループ・エンカウンターを支える理論と，発達段階，教科・道徳・総合的な学習の時間・特別活動の内容から決定しなければならない。目標達成の評価は，教育課程の内容とエクササイズ，それぞれのねらいの達成による児童生徒の変容から行う。また，実践計画の作成により，日常の教育活動の教育課程編成，単元構成，授業デザインと相互に補完しあい，取り入れた学校独自の教育システムを産出できる。

1.1.5　学校教育へ学校外の教育資源を取り入れる──協働モデルの導入

　学校教育へ臨床心理士等を**スクールカウンセラー**として配置して活用する（1995年文科省；以下，文部省・文部科学省含めて「文科省」とする）ことで，学校教育へ学校外の教育資源を取り入れ，児童生徒の問題行動へのアプローチを行い，教育課題の解決のあり方を探究する事業が推進された。臨床心理士の心の問題へのアプローチについて，山本（1995）は**表1.2**のように**修理モデル**と**成長モデル**から述べている。

　スクールカウンセラーを活用する事業が導入された当初，調査研究に携わって見えた課題は，校内の教育課題を学校外の教育資源を活用して解決するというビジョンの明確化にみられた。この課題への問いは，「どのように児童生徒を育成すればよいか？」である。

　学校外の教育資源としての「育成モデル」は，**心理・教育的援助サービス（アセスメント，カウンセリング，コンサルテーション）**である。この教育資源を活用するためには，以下のことが必要となる。

1. 情報を共有できるシステムをつくる

　アセスメントから得られる児童生徒の実態の中には，個人情報が限りな

表1.2 心の問題への2つのアプローチ (山本, 1995)

修理モデル	成長モデル
症状の管理 症状の除去 （医師）	発達課題 心の成長・成熟 （臨床心理士・カウンセラー）
コントロール 　自然科学的アプローチ 　自然の支配	意味の理解 　解釈学的アプローチ 　自然と共に
対象化 　主・客の分離	共感的理解 　参加の意識
Doing 　能率，効率，無駄を切る	Becoming, Being 　見守る，待つ，支える
男性原理 　切る	女性原理 　包む
直線的時間，変化 　進歩，生あるのみ	円環的時間，変化 　死と再生
研修，訓練，指導	気づき，自己を知る
光の世界 　意識 　組織で活躍している部分 　私と思っている私	影の世界 　無意識 　活躍できていない部分 　もう一人の私
Active な知 （働きかけの知）	Passive な知 （受身の知）

く含まれている。学校内の個人情報に関しては，公務員として守秘義務を遵守しなければならない立場と，ケースに関する守秘義務の扱いについて教育を受けているスクールカウンセラーの立場がある。システムをつくるには，両者の立場から個人情報に関して相互理解し，情報の共有により児童生徒理解を深める必要がある。

そして，校内のコーディネーターが**情報を共有できるシステム**を校内事例会議に構築し，育成モデルが機能する態勢をつくることが重要である。

2. コンサルテーションを活用する

スクールカウンセラーを外部資源として活用するには，コミュニティ心理学におけるコンサルテーションが有効である。コンサルテーションは，キャプランによると，「コンサルテーションは，2人の専門家――一方を**コンサルタント**（consultant）と呼び，他方を**コンサルティ**（consultee）と呼ぶ――の間の相互作用の一つの過程である。そして，コンサルタントがコンサルティに対して，コンサルティの抱えているクライエントの精神衛生に関係した特定の問題をコンサルティの仕事の中でより効果的に解決できるよう援助する関係をいう」と概念規定される。したがって学校側の教職員がコンサルティ，スクールカウンセラーがコンサルタントとなる。

コンサルテーション関係の基本特性について山本（1986）は次のように述べている。

(1) コンサルテーション関係は，互いの自由意志に基づいている。
(2) コンサルタントは，局外者（アウトサイダー）である。
(3) コンサルテーション関係は，時間制限がある。
(4) コンサルテーション関係は，課題中心で成り立つ。

スクールカウンセラーが，学校内へ取り入れた育成モデルの業績の一つは，**協働**（collaboration）**モデル**である（図1.7）。スクールカウンセラーのアセスメント，カウンセリング，コンサルテーションの専門性と，教師の学校教育の専門性，さらにニーズ分析に基づく教育資源（ソーシャルワーカー，医師など）による協働により，学校が抱える教育課題の解決モデルである。

【直接的援助】

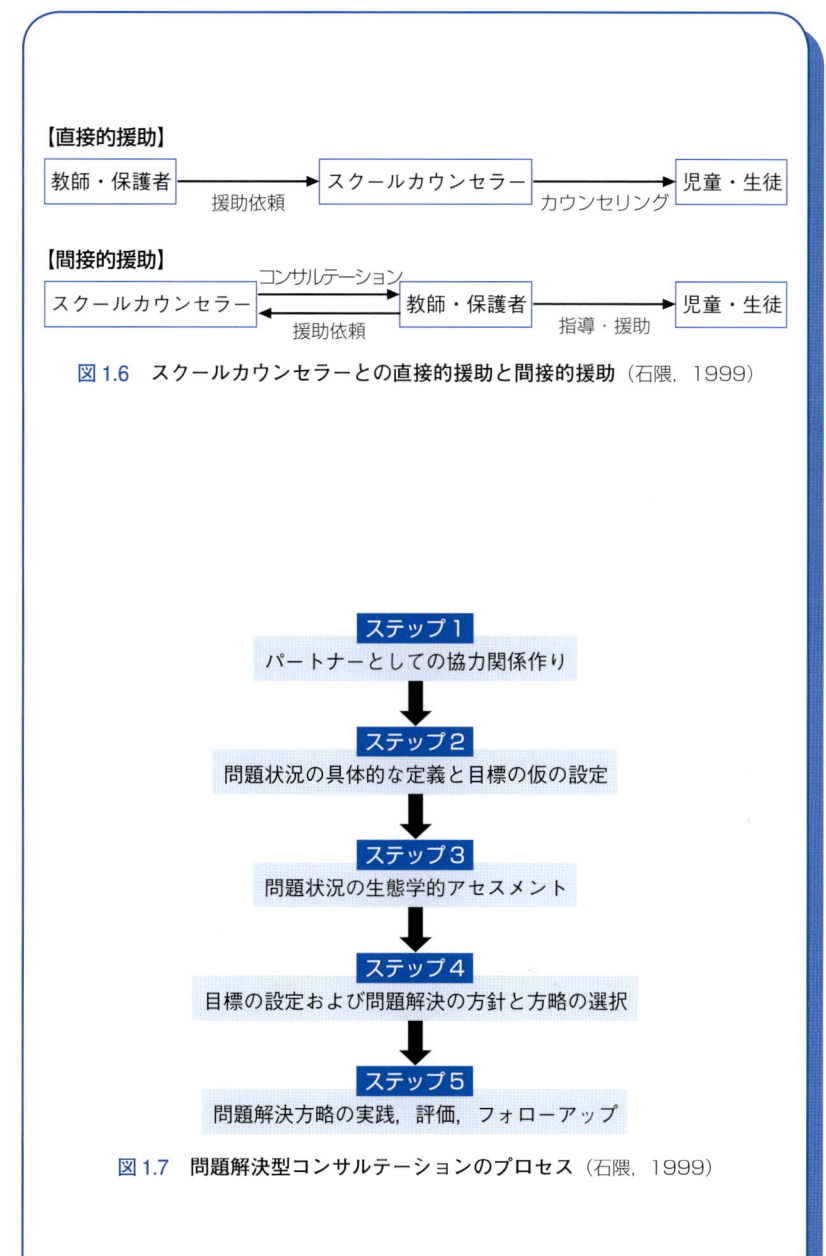

教師・保護者 —援助依頼→ スクールカウンセラー —カウンセリング→ 児童・生徒

【間接的援助】

スクールカウンセラー ⇄(コンサルテーション/援助依頼) 教師・保護者 —指導・援助→ 児童・生徒

図 1.6　スクールカウンセラーとの直接的援助と間接的援助（石隈, 1999）

ステップ1
パートナーとしての協力関係作り
↓
ステップ2
問題状況の具体的な定義と目標の仮の設定
↓
ステップ3
問題状況の生態学的アセスメント
↓
ステップ4
目標の設定および問題解決の方針と方略の選択
↓
ステップ5
問題解決方略の実践，評価，フォローアップ

図 1.7　問題解決型コンサルテーションのプロセス（石隈, 1999）

1.1.6　支援チームとして教育資源へ取り入れる──危機介入

　犯罪や災害，事故などのスクールカウンセラーのとの協働体制に**危機介入**がある。

　福岡県臨床心理士会（2001）は，「学校における緊急支援の手引き」を作成し，緊急支援プログラムの実施・緊急支援体制を確立し，実践している。教育資源として危機介入における支援チーム，グループ・セッション，個別カウンセリング，集会，保護者会などによる実践モデルである（**図1.8**）。手引きには，緊急支援プログラムの流れとして，学校内緊急支援チームの結成・確認，プログラムの準備・実施が述べられている。

　日常の教育活動において，危機介入モデルをもとにしたシミュレーションや緊急事態へのケアがより有効になる。また，校内研修をとおして，問題に至った背景を子どもから学び，大人が解決すべき課題を明らかにし，危機意識を身につけ理解を深めることが不可欠である。そのためには，チームで行う課題解決型のワークが効果的である。得られた情報をそのまま判断するのでなく，得られた情報と他の情報をつなげたり，情報を転換したりして，新たな知を獲得できる過程をチームで体験しておくことが重要である。

　さらに，意図的な緊急支援チーム態勢づくりを目的として，定期的な相談活動やチャンス相談を活用して関係づくりを行う。関係づくりは，家庭や学校生活における，友だち関係や学習相談など生活全体の内容とする。相談で得られた情報を校内全体で共有し，検討を行うと同時に，早期発見できるシステムを確立することが重要である。そのためにカウンセリングを実施でき，校内でコーディネーターとなる人材を確保する必要がある。

1.1.7　ストレス・マネジメント教育

　ラザルスとフォルクマン（1991）は，心理学的な観点から，ストレスの評価とその対処法について述べている。評価は個人的要因と状況のいかんによるものと考え，ストレス評価については，害―喪失，脅威，挑戦を含むと示している。また，人間と環境との複雑な二方向性の相互作用を媒介するのが，認知的評価のプロセスとし，**対処**（**コーピング**；coping）とは，

```
                    ┌─────────────────────────┐
                    │         児童・生徒          │
                    │        ↗    ↑    ↖        │
                    │    教職員  ←→  保護者       │
                    │        ↖   ↑   ↗          │
                    │           SC              │
                    └─────────────↑─────────────┘
                                  │
                    ┌─────────────────────────┐
                    │ 福岡県臨床心理士会緊急支援チーム │
                    └─────────────────────────┘
```

　　　　　　　　　　〈教師への支援〉　〈児童生徒への支援〉　〈保護者への支援〉

メンバー全体への支援

| グループ・セッション |
| グループ・カウンセリング |
| 研修（児童生徒への対応） |

| 学級単位の集会 |
| 事実報告 |
| "こころの健康調査"施行 |
| 調査票の分析 |

| 個別面接 |
| 担任，副担任による面接 |
| コンサルテーション |

| 保護者会 |
| 事実報告 |
| 学校の取り組み報告 |
| 「気をつけていただきたいこと」配布 |

特別な配慮を要するメンバーの支援

| 個別カウンセリング |
| 関わりの深い教師へのカウンセリング |

| 個別カウンセリング |
| 反応が激しい児童・生徒へのカウンセリング |

| 個別カウンセリング |
| 当事者の保護者へのカウンセリング |

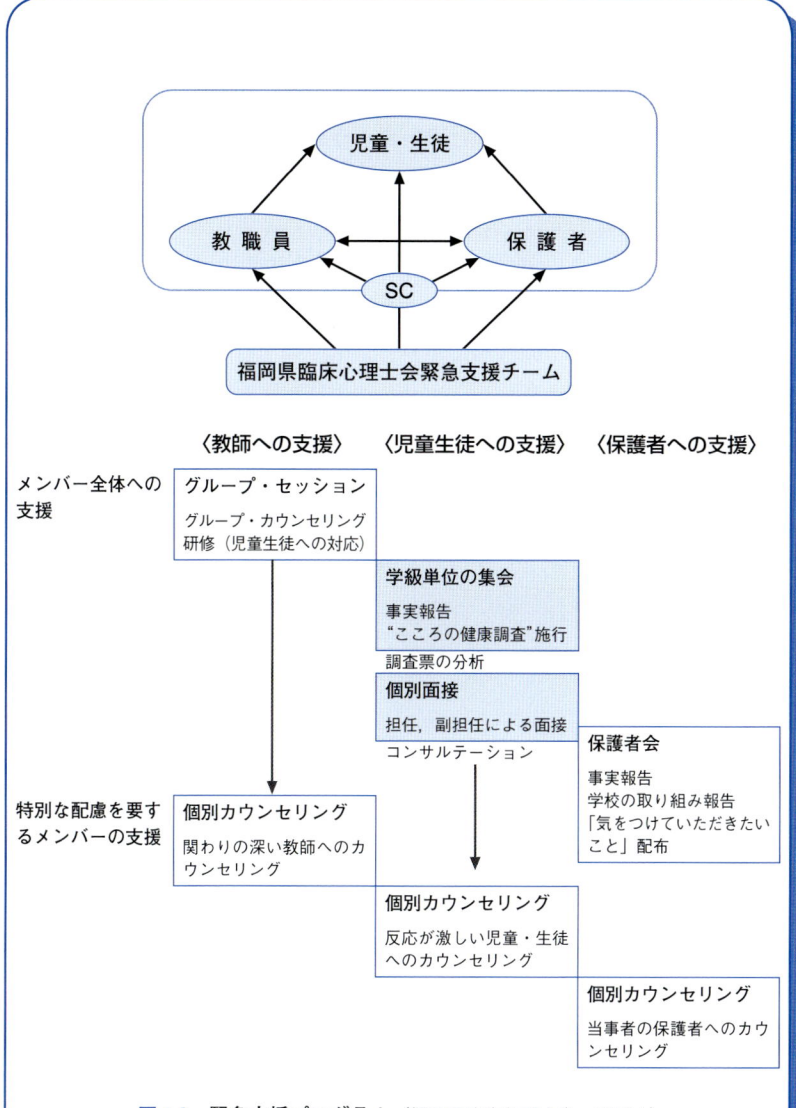

図1.8　緊急支援プログラム（福岡県臨床心理士会，2001）
　緊急支援プログラムとは，児童生徒のこころの安全を守るために，先生方をサポートし，学校を支援するものである。

次々と移り変わるプロセスの中で起こる現象と述べている。坂野（1999）は，ラザルスらによって提唱された心理学的ストレスモデルの発展として，刺激場面をどのように評価し，対処できると考えるかがストレスの発生に大きく関与していることを指摘し下記のようにまとめている。
(1) ストレス場面に対する脅威性の評価が低い（すなわち，場面が自分にとってそれほど脅威的ではないと判断している）ときに比べて，脅威性の評価が高い（すなわち，場面が自分にとって脅威的であると判断している）ときには，ストレス反応が多く表される。
(2) 脅威性が評価されているかにかかわらず，ストレス場面への対処可能性が高く判断される（すなわち，何とかなると判断している）ときに比べて，対処可能性が低く判断される（すなわち，当該の場面に対して「手も足も出ない」と考えている）ときには，ストレス反応が多く表される。
(3) ストレス場面に対する脅威性の評価が低いときには，対処可能性を高くもつか低くもつかはストレス反応の表出にはあまり関係しないが，脅威性の評価が高いときには，対処可能性をもつことがストレス反応を緩和する効果がある。この内容は，**ストレス・マネジメント**への可能性を導いている。

1.1.8 学校ストレス・マネジメント

嶋田（1998）は，セルフ・エフィカシー，社会的スキルの向上をストレス反応の規定要因（学校ストレッサーの経験，認知的評価，コーピング）へのソーシャルサポートとストレス反応からとらえ，実施，改善により**学校ストレス・モデル**を構築している（図1.9）。また，ストレス・マネジメントによる災害後の子どもに対する教育（竹中，1996）も行われている。これらから，ストレス反応を経験しながらも，対処可能性をもてるよう育成するストレス・マネジメントの必要性が考えられる。

学校場面におけるストレス・マネジメントにおいて，三浦（2004）はストレスコントロールから，岡安（2004）はソーシャルスキルから授業における実践について述べている。学校の教育課程に位置づけ，総合的な学習の時間，保健体育で実践し，授業の効果評価と，般化と維持の問題につい

```
┌─ ストレス反応の規定要因 ──────────┐
│          ┌──────────────┐           │
│          │ 学校ストレッサーの経験 │           │
│          │ （先生・友人・学業）   │           │
│          └──────┬───────┘           │
│ ┌────────┐     │                    │
│ │ セルフ・ │─────┤ 認知的評価       │
│ │エフィカシー│╲ ╱│（影響性・コントロール可能性）│─┐
│ └────────┘ ╳  └──────────────┘  │
│ ┌────────┐ ╱ ╲┌──────────────┐  │
│ │ 社会的スキル │─────│ コーピング        │─┤
│ │         │    │（積極的対処・あきらめ・思考回避）│ │
│ └────────┘    └──────────────┘ │
└──────────────────────────────┘
                                        ソーシャルサポート
                                        （主として両親から
                                         のサポート）
┌─ ストレス反応 ──────────────┐
│          ┌──────────┐          │
│          │ 情動的反応   │          │
│          └──────────┘          │
│          ┌──────────┐          │
│          │ 認知行動的反応 │          │
│          └──────────┘          │
│          ┌──────────┐          │
│          │ 身体的反応   │          │
│          └──────────┘          │
└──────────────────────────────┘
```

図1.9 学校ストレス・マネジメント（嶋田，1998）

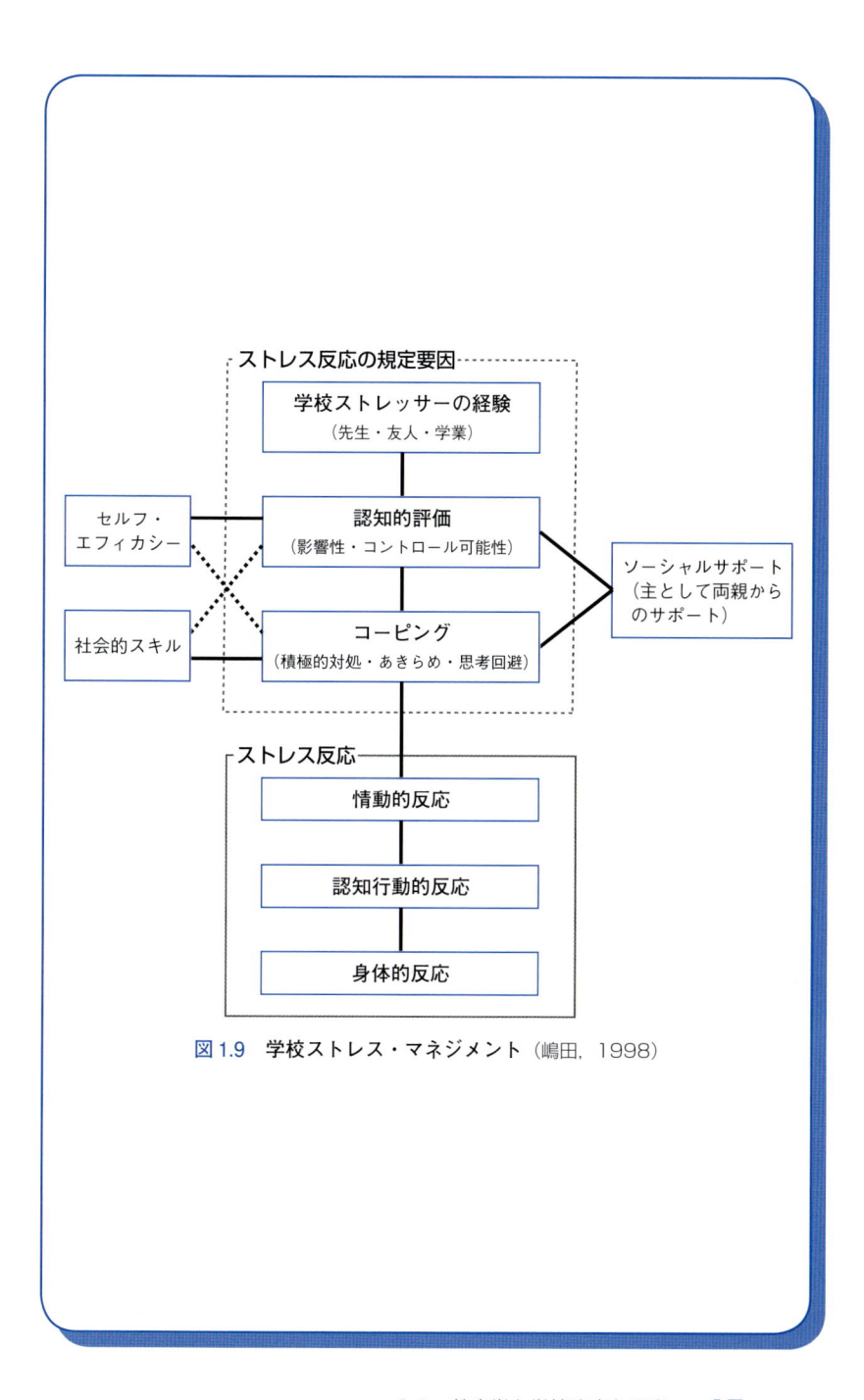

1.1 教育学と学校臨床心理学

て詳細に提示している。

　山中（2000）は，ストレス・マネジメント教育の内容を，第1段階：ストレスの概念を知る，第2段階：自分のストレス反応に気づく，第3段階：ストレス対処法を習得する，第4段階：ストレス対処法を活用する，から学習によって育成できる能力とし，また教育効果として，①ストレス概念の理解，②ストレス反応に対する気づき，③ストレス対処法の習得，④ストレス対処の活用，⑤ストレス反応の軽減，⑥日常生活上の改善について述べている。

1.2　発達心理学と学校臨床心理学

1.2.1　発達心理学とは

　発達心理学とは，「受胎から死に至るまでの生体の心身の形態や機能の成長・変化の過程，これに伴う行動の進化や体制化の様相，変化を支配する機制や条件などを解明し，発達法則の樹立を目指す心理学の一分野」（柏木，1996）と定義される。つまり，発達心理学とは，様々な能力や機能，行動様式や態度などが，「人生」という時間軸の中でどのように変化していくかを明らかにする学問であるといえる。成長・成熟（その反面にある衰退，未成熟）のプロセスや，獲得と喪失のメカニズム，適応と不適応の様相を明らかにすることが，その研究の目的となることが多い。

　人間の発達をとらえる切り口の一つに，各発達段階ごとの特徴を明らかにしようという**横断的視点**がある。発達段階の区切り方は諸説あるが，たとえば，「新生児期」「乳児期」「幼児期」「児童期（思春期）」「青年期」「成人期（中年期，壮年期）」「老年期」といった区分がある。最近では，胎児期の発達にも注目されるようになり，受胎から死まで，その研究領域は広がっている。健全な発達を遂げ次の段階にスムーズに移行していくためには，それぞれの発達段階で習得しておくべき課題がある。こうした考えに基づき，ハヴィガースト（1953）により提唱された**発達課題**（ここでは青年期まで）を**表1.3**に示す。

　また，後の1.2.2項では，新生児期から学校臨床の現場で出会うことが

表1.3 ハヴィガーストの発達課題 (Havighurst, 1953)

乳児期・児童初期（就学まで）
(1) 睡眠と食事における生理的リズムの達成
(2) 固形食を摂取することの学習
(3) 親ときょうだいに対して情緒的な結合の開始
(4) 話すことの学習
(5) 排尿排便の学習
(6) 歩行の学習
(7) 正・不正の区別の学習
(8) 性差と性別の適切性の学習

児童中期（学童期）
(1) 身体的ゲームに必要な技能の学習
(2) 積極的な自己概念の形成
(3) 男・女の適切な性役割の採用
(4) 仲間と交わることの学習
(5) 価値・道徳観・良心の発達
(6) パーソナリティの独立と家族との結びつきの弱化
(7) 基本的読み・書き・計算の技能の発達
(8) 自己および外界の理解の発達

青年期
(1) 概念および問題解決に必要な技能の発達
(2) 男・女の仲間とのより成熟したつきあいの達成
(3) 行動を導く倫理体系の発達
(4) 社会的に責任のある行動への努力
(5) 変化しつつある身体の承認と効果的な身体の使用
(6) 経済的に実行しうるキャリアへの準備
(7) 親からの情緒的独立の達成
(8) 結婚と家庭生活の準備

成人初期
(1) 配偶者への求愛と選択
(2) 配偶者との幸福な生活
(3) 子どもを巣立たせることで親はその役目を果たす
(4) 育児
(5) 家庭を管理する責任をとる
(6) 就職
(7) 適切な市民としての責任をとる
(8) 社会的ネットワークの形成

成人中期
(1) 家庭から社会への子どもの移行に助力する
(2) 成人のレジャー活動の開始
(3) 配偶者と自分とをそれぞれ一人の人間として結びつける
(4) 成人としての社会的・市民的責任の達成
(5) 満足すべき職業的遂行の維持
(6) 中年期の生理的変化への適応
(7) 高齢者である両親への適応

高齢期
(1) 身体的変化への適応
(2) 退職と収入の変化への適応
(3) 満足な生活管理の形成
(4) 退職後の配偶者との生活の学習
(5) 配偶者の死への適応
(6) 高齢の仲間との親和の形成
(7) 社会的役割の柔軟な受け入れ

多い思春期・青年期までの各発達段階の諸相について，自己と心理社会的側面との関わりを重視したエリクソンの発達理論についてもふれ，概観する。

1.2.2 各発達段階における子どもの姿
1. 新生児期・乳児期（1～2歳頃まで）

　子どもの発達・成長は，母親の子宮の中から始まっている。最近，生まれてすぐの段階から子どもは様々な能力をもっていることが明らかになっている。たとえばファンツはその草分け的研究者である。彼は，生まれたばかりの新生児が様々な視覚刺激に対し**選択的に反応**することを明らかにした。図1.10に示すようないくつかの刺激に対し，新生児が最も長く注視したのは「人の顔」であった（Fantz, 1961）。

　このように人間は，胎児期・新生児期から様々な刺激を受け入れ反応する力をもっている。しかし，その力を健全な方向に発現させるには，豊かな生育環境や周りの大人からの適切な関わりが不可欠となる（図1.11に示すように**二足歩行の獲得**への過程も，けっして自然な変化ではなく，周りの大人の支えや手本が必要となる）。

　生後1歳頃までの乳児期に必要な課題が**基本的信頼感の獲得**（Erikson, 1950）である。自分に身体感覚（お腹が空いた，寒い・暑い，おむつが濡れて気持ち悪いなど）が起こったとき，それを周りにいる大人が敏感にキャッチし，求めるものを与えてもらえるという相互作用を体験する中で，乳児は自分が生きている世界や自分に関わってくれる養育者への**信頼感**を獲得する。それと同時に，自分自身に対する信頼感や自分の能力に対する自信も獲得していく。逆に，十分な満足を得られず欲求が解消されないままでいると，人に対しても自分に対しても**不信感**が根づいてしまい，それがその後の生育歴の中で様々な問題となって現れる。

　乳児期後半の1～2歳頃には「自分が！」「自分でやる！」という意識が芽生えてくる。自我を主張し，それが通らなかったり叱られたりという経験も増えてくる。こうしたぶつかりにより，自分と他者との意図や要求の違いが明確になり，さらに「自分」が強く意識できるようになる。

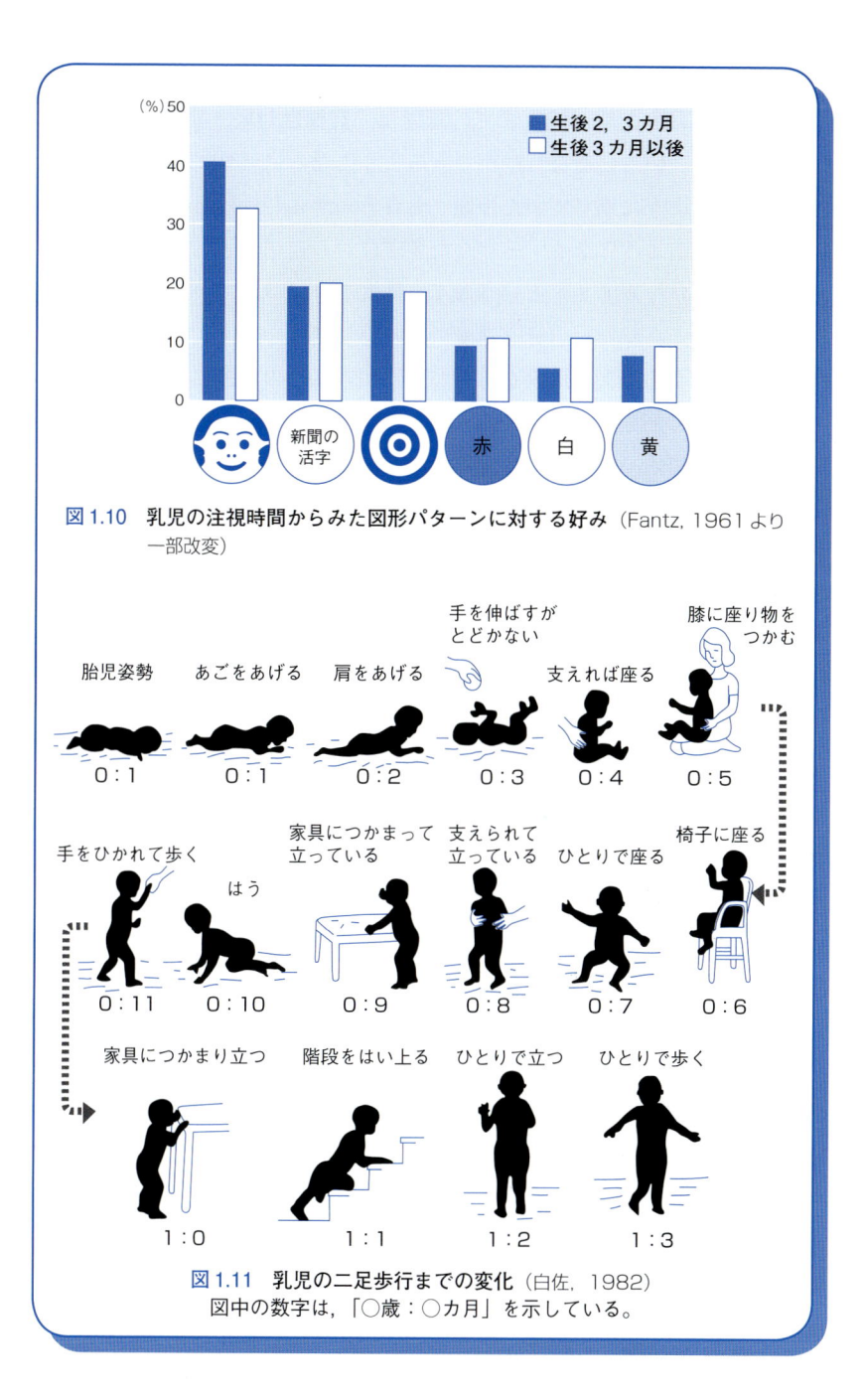

図 1.10 乳児の注視時間からみた図形パターンに対する好み（Fantz, 1961より一部改変）

図 1.11 乳児の二足歩行までの変化（白佐, 1982）
図中の数字は，「○歳：○カ月」を示している。

1.2 発達心理学と学校臨床心理学

2. 幼児期（2, 3〜6歳頃）

　幼児期前半にあたる3歳頃までの課題は，**自律性対恥・疑惑**（Erikson, 1950）である。いろいろな行動ができるようになるにつれ，それまで「自分の延長」のように感じていた母親（養育者）からしつけという形での規制がかけられるようになる。そうした要求に対し自己主張したり自分を抑える（コントロールする）という形で**自律性**を身につけていく。このとき，親の要求に応えられない自分を過度に恥じたり自分を抑えこむことで，自尊心や自己制御力を失う危険があり，これが自律性の対極にある**恥・疑惑**である。この時期を健全に乗り越えるには，子どもの言い分や思いをしっかりと受けとめる一方で，親の要求や正しいあり方を伝えていくことが大切である。この時期に，自分の意志を伝え人から伝えられるための道具である言葉が獲得されることも，子どもの成長には大きな意味があるといえよう。

　さらに，3, 4歳から5, 6歳頃の課題は**自発性対罪悪感**である（Erikson, 1950）。言葉を自由に操れるようになり遊びの世界も広がるこの時期，自分の要求を表現し，いろいろなことにチャレンジしようという**自発性**が高まってくる。しかし子どもが抱く要求や思いは，いつも周りに受け入れられるとは限らない。そうした経験の中で，図1.12に示すように**自己制御機能**（自己主張・実現と自己抑制）が発達を遂げていくことになるのであるが，まだまだ子ども同士のぶつかりや親との衝突経験も多い。そうした経験が**罪悪感**を生むことになるが，他方，そこでのトラブルが親の価値観や社会規範を内在化する契機にもなる。

　この時期，子どもたちが他者の心を推測し理解しようとする成長を遂げることが「**心の理論**」と呼ばれる研究を通して解明されつつある。図1.13は「心の理論」研究の中で使われる誤信念課題の発達を調べるのに使われる課題である（Baron-Cohen et al., 1985；佐藤, 2006）。こうした他者の欲求（人が「〜したい」と思っている）や信念（人が「〜だ」と考えている）の両方を適度に考慮できるよう成長していくことも，自発性を健全な方向に後押しする力となるのであろう。

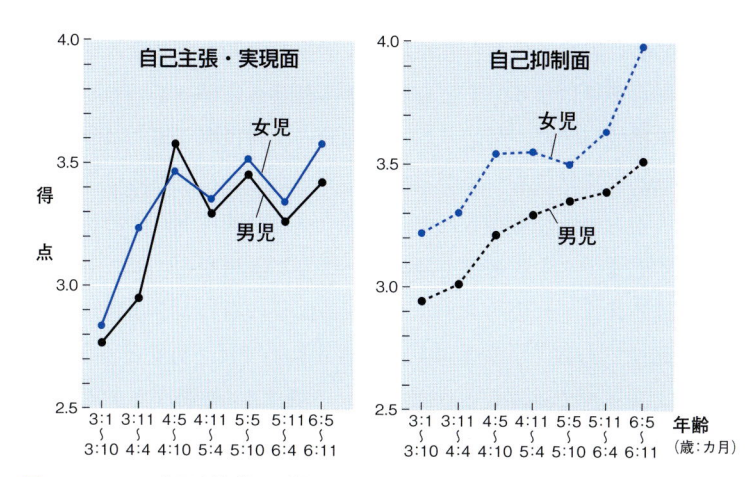

図1.12 2つの自己制御機能（自己主張・実現と自己抑制）の発達 (柏木, 1988)

図1.13 誤信念課題（サリーとアンの課題）(Baron-Cohen et al., 1985)
この課題では「サリーが出かけている間に，アンがやってきて，サリーがかごにしまったビー玉を箱に移してしまう」という話に続いて，「外から戻ってきたサリーがどこを探すか」と質問する。正答は「かごを探す」である。つまり，サリーが現実（ビー玉は箱の中にある）とは異なる誤信念（ビー玉はかごに入っている）をもっていることを理解できれば正答できる（佐久間, 2006）。この誤信念課題は3歳代では難しく，4歳代で可能になるといわれている（Wellman et al., 2001）。

3. 児童期（小学校低学年～高学年）

　小学生段階にあたるこの時期の課題は，**勤勉性対劣等感**であるとされる（Erikson, 1950）。家庭での養育者に加え，学校での先生やクラスメイトなど関わる人々も多様になり，子どもが生きる社会も広がっていく。そして学校では，本格的な学習が開始される。勤勉に学習に取り組めば周囲から評価され，それが自信にもつながっていく。しかし逆に，勤勉に学習できない場合，人からの承認も得られず，他者（クラスメイト）との比較により自信をなくしますます**劣等感**を深めてしまうことになる。

　この小学校時代は，社会的スキルや友だち関係の質に大きな変化や成長がみられる時期である。小学4年生～小学6年生では，男女ともに3～5人の友だちグループで遊ぶことが最も多い（**表1.4**；総務庁青少年対策本部，2000）。遊びの中身も，幼児期に慣れ親しんだ「ごっこ遊び」が減少し，ルールのある協同遊びや集団ゲームが増えていく。こうした仲間との遊びを通して，役割や責任，人への思いやりなどを身につけ，ルールやリーダーシップの必要性を学んでいくことになる。しかし一方で，幼児期の自己中心性をなかなか脱することができず勝手な行動で人とぶつかったり，逆に自分が出せずに人にのみこまれてしまったりというトラブルも多い。教師との異世代関係や子ども同士の同世代関係から人間関係を学ぶという点においても，学校における集団生活の意味は大きい。

4. 思春期（小学校高学年～中学生）

　児童期の後半にさしかかると，身体的にも精神的にも大きな変化が訪れる。この頃から中学生にかけての時期を**思春期**と呼ぶ。思春期は，子どもから大人に成長していく過渡期であり，心も体も大きく変化していく時期にあたる。子どもたちは，認知能力の発達とともに自己を客観視できるようになる。それと同時に，他人からの評価が気になり始め，人の目に振り回されることが多くなる。子どもの身体から大人の身体へと変化し，性的な発達による異性への関心や性衝動が高まってくるのも思春期の大きな特徴である。この「自己内の変化」とともに，自己と他者との関係も変貌を遂げる。

　まず親子関係においては，**反抗期**というプロセスを通して，依存・甘え

表1.4 仲よくしている友だちグループの人数 (総務庁青少年対策本部, 2000に基づき前田, 2004が作成)

(単位：%)

	男子			女子		
	小4	小5	小6	小4	小5	小6
いない	0.0	0.5	1.1	0.0	0.0	0.0
2人	3.5	2.5	2.7	10.8	6.1	5.1
3～5人	43.9	52.7	42.8	56.7	60.1	50.5
6～9人	15.8	20.4	22.5	14.0	16.6	24.0
10人以上	30.4	17.4	21.9	14.6	13.5	14.3
グループは決まっていない	5.3	6.0	7.5	3.2	3.7	5.1
わからない	1.2	0.5	1.6	0.6	0.0	1.0

表1.5 青年期における自立の4つの側面 (Hoffman, 1984に基づき平石, 2006が作成)

1. 機能的自立 (functional independence)
両親の援助なしに個人的で実際的な問題を管理し，それに向かうことのできる能力。

2. 態度的自立 (attitudinal independence)
青年と両親との間の態度や価値，信念などに関する分化。

3. 感情的自立 (emotional independence)
両親からの承認，親密さ，一緒にいたい気持ち，感情的なサポートなどの欲求に過度にとらわれていないこと。

4. 葛藤的自立 (conflictual independence)
両親との関係のなかで過度の罪悪感，不安，不信，責任感，抑制，憤り，怒りの感情を抱いていないこと。

という「タテ関係」から対等な「ヨコ関係」に変容していく。それは，親からの自立（心理的離乳）のプロセスでもある。思春期から青年期にかけての心理的自立には，表1.5にあげるような4つの側面があるが（Hoffman, 1984)，これらは互いに関連しつつも必ずしも同時に進行するものではない（平石，2006）。こうした課題を背負いつつ，子どもたちは親との関係を結び直していくのである。

親から離れ始めると同時に重要な位置を占めるのが，友だちとの関係である。この時期の友だちは，孤独を癒してくれる存在であると同時に，悩みの相談相手であり，生き方のモデルにもされる。

このように，心身ともに大きく変化し，自分を見つめると同時に人との関係を築いていくという課題も課される思春期は，様々な不安や悩みを抱えやすい。こうした悩みが外への攻撃となって行動化されたり，心身症という形を取って表現されたりするが，悩みや不安に直面し乗り越えることが人間としての成長につながることもある。この自己との出会い直しや自己内対話が，青年期に課題となるアイデンティティ形成の基盤となる。

5. 青年期（中学生〜高校生）

上記のような思春期的揺れ動きに翻弄された子どもたちも，進路を考える頃から徐々に落ち着きを取り戻し始める。自らの適性を考え合わせて実際の進路を選択し，自分の意思と責任で選択・決定をするという課題も目の前に迫ってくる。夢に向かって努力する一方で理想と現実の距離を直視したり，現実の自分に合わせて夢を再構築しなくてはならない事態もある。

この時期に課されるテーマがアイデンティティ獲得対アイデンティティ拡散（Erikson, 1950）である。「自分とは何か」「自分は本当は何がしたいのか」——こういった問いを通して自分と向き合い，自分自身を見つけていく作業が求められる。思春期で混乱した自己意識をひとまず統合するのであるが，それはけっして独りよがりな自己ではない。人との関係性，社会の中での位置づけに支えられた心理社会的な自分さがしの過程が重要になる。ただし，このアイデンティティ獲得へのプロセスは一直線的な変化ではなく，個人差も大きい。その獲得過程を半構造化面接による質的データから分析したのがアイデンティティ・ステイタス研究（Marcia, 1966)

表1.6 マーシャのアイデンティティ・ステイタス (Marcia, 1966；伊藤, 2006)

アイデンティティ・ステイタス	危　機	積極的関与	概　要
アイデンティティ達成	経験した	している	幼児期からのあり方について確信がなくなり、いくつかの可能性について本気で考えた末、自分自身の解決に達して、それに基づいて行動している。
モラトリアム	その最中	しようとしている	いくつかの選択肢について迷っているところで、その不確かさを克服しようと一生懸命努力している。
フォアクロージャー	経験していない	している	自分の目標と親の目標の間に不協和がない。どんな体験も幼児期以来の信念を補強するだけになっている。硬さ（融通のきかなさ）が特徴的。
アイデンティティ拡散	経験していない	していない	危機前：今まで本当に何者かであった経験がないので、何者かである自分を想像することが不可能。
	経験した	していない	危機後：すべてのことが可能であり可能なままにしておかなければならない。

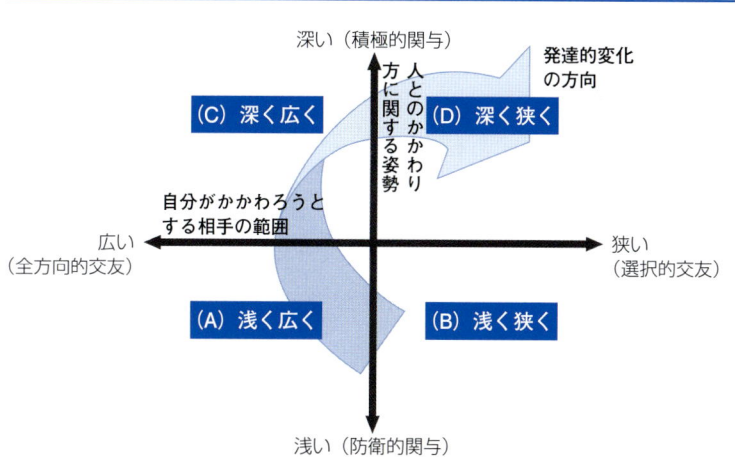

図1.14 友だちとのつきあい方の4パターンとその発達的変化（落合・佐藤, 1996aに基づき佐藤, 2006が一部改変）

である（表 1.6）。これによると，危機の経験と関与の有無により，アイデンティティ達成，モラトリアム，フォアクロージャー，アイデンティティ拡散の 4 ステイタスに分類される。

アイデンティティの模索が進むにつれ，友だち関係や親子関係も少しずつ安定してくる。友だち関係は，それまでの「群れ志向」を脱し，考え方や生き方が合う少数の友だちと親密な関係を築いていけるようになる。この変化については，「広く浅い関係から狭く深い関係へ」（落合・佐藤，1996b）と図式化される（図 1.14 参照；佐藤，2006）ように，質量ともに変容する。とはいえ，高校生はまだまだ不安定な年頃である。親子関係でいうと，「反抗期の消滅」や「反抗期の遅れ」が指摘されることも多い。親の庇護の元からなかなか自立できない若者（**パラサイト・シングル**；山田，1999）という現象につながる問題であるのかもしれない。

また友だち関係では，「嫌われたくない」という不安から，言いたいことも言えず過度に気を遣って疲れてしまうケースが増えている。こうした人間関係上のストレスから，リストカット等の自傷行為を続けたり，摂食障害や自殺に走るケースもみられる。

このように，自分自身と向き合えなかったり，模索の渦中から抜け出せなかったり，様々な形でアイデンティティ拡散の状態に苦しむ若者たちの姿がある。青年期は，様々な精神病理の好発期ともいわれ（図 1.15；清水，1990），それらの問題に対しては学校だけでなく医療機関等と連携しつつ対応することが必要である。

1.2.3　いくつかの発達理論から

このように，発達段階ごとの諸相を明らかにしようという切り口がある一方で，ある特性や能力が成長とともにどのように変容していくかを描き出した理論もある。ここでは，コールバーグの道徳性発達とセルマンとシュルツの友情の理解に関する発達モデルを紹介する。

1. コールバーグの道徳性発達

表 1.7 に示すように，コールバーグ（1969）はピアジェの認知発達理論を引き継ぎ，子どもがもつ「自分なりの正しさ（justice）」の枠組みが発

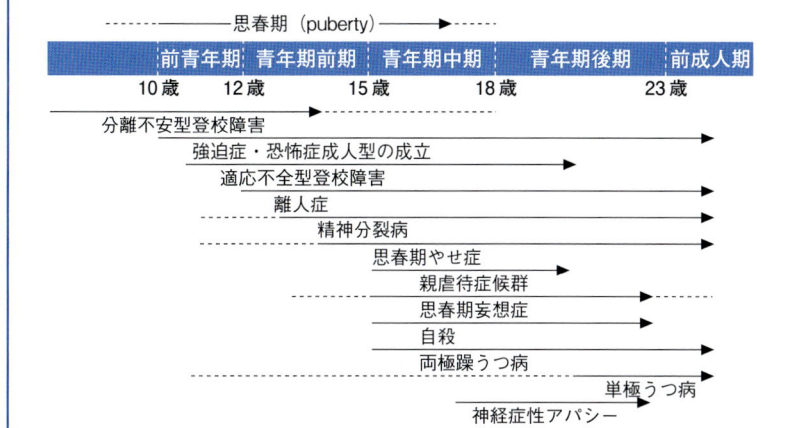

```
                    ←------ 思春期 (puberty) ------→
            │前青年期│青年期前期│青年期中期│ 青年期後期 │前成人期│
            10歳   12歳    15歳     18歳       23歳
     ←――――分離不安型登校障害――――――――――――――――→
         ←―――強迫症・恐怖症成人型の成立――――――――――――→
         ←―――適応不全型登校障害――――――――――――――→
            ←―離人症――――――――――――――――――→
            ←――精神分裂病―――――――――――――――→
                  ←――思春期やせ症―――――――――→
                    ←――親虐待症候群――――――→
                    ←――思春期妄想症―――――――→
                  ←―自殺――――――――――――→
                  ←―両極躁うつ病―――――――――→
                             ←―単極うつ病――→
                       ←―神経症性アパシー―→
```

図1.15 青年期好発病態の発現年齢 (清水, 1990)

表1.7 コールバーグの道徳性の発達段階 (Kohlberg, 1969；二宮, 2007)

水　準	段　階	概　要
前慣習的水準	1：罰と服従への志向	苦痛と罰を避けるために，大人の力に譲歩し，規則に従う。
	2：道具主義的な相対主義	報酬を手に入れ，愛情の返報を受ける仕方で行動することによって，自己の欲求の満足を求める。
慣習的水準	3：対人的同調，「良い子」志向	他者を喜ばせ，他者を助けるために「良く」ふるまい，それによって承認を受ける。
	4：「法と秩序」志向	権威（親・教師・神）を尊重し，社会的秩序をそれ自身のために維持することにより，自己の義務を果たすことを求める。
後慣習的水準	5：社会契約的な法律志向	他者の権利について考える。共同体の一般的福祉，および法と多数者の意志により作られた標準に従う義務を考える。公平な観察者により尊重される仕方で行為する。
	6：普遍的な倫理的原理の志向	実際の法や社会の規則を考えるだけでなく，正義について自ら選んだ標準と，人間の尊厳性への尊重を考える。自己の良心から非難を受けないような仕方で行為する。

達とともに質的に変化するプロセスを3水準6段階としてモデル化した。

まず第1の水準は**前慣習的水準**である。その第1段階は〈罪と服従への志向〉といわれ，罰を避け力のある者に服従する形で善悪の判断を行うという段階である。第2段階は，〈道具主義的な相対主義〉と呼ばれ，自分や人の要求を満足させるかどうかで善悪を決めるという特徴をもつ。

第2の水準は**慣習的水準**である。その前段階である第3段階は〈対人的同調，「よい子」志向〉と呼ばれ，周りの人々に評価されるかどうかで善悪を決め，ステレオタイプな「よい子」を志向するあり方である。これに続くとされるのが〈「法と秩序」志向〉の第4段階である。ここでは，権威・規則・社会秩序の維持に関心が向けられ，社会的秩序のために自分の義務を果たすということが求められる。

第3の水準が**後慣習的水準**である。その前段階は，他者の権利について考える〈社会契約的な法律志向〉である。法と多数者の意志によりつくられた標準に従うことが重視される。そして最高の段階とされるのが〈普遍的な倫理的原理の志向〉である。この段階では，自分で選んだ倫理的原理に従い，良心に基づいて善悪が決められる。

道徳性は，「個人的な利害」→「社会の規則や他者の期待といった約束事」→「社会規則を超越した個人の両親，人権，自由，愛」というように，善悪の判断基準が質的に変化することが指摘されている（図1.16；山岸，1985）。ただし，これらの発達段階は，必ずしも年齢的な区分と一対一に対応しているわけではない。また年齢的な発達差を縦断的に追いかけたコールバーグとクレイマー（1969）でも，青年期で4段階から5段階の間で一時的な退行（41/2段階）を示すケースが見出されているように，階段を上るように直線的な変化を示すわけではないといえそうである。

このコールバーグの理論に対しギリガン（1982）は，人間関係や共感などを主要原理とする女性の場合，男性の**公正の道徳性**とは異なるとして**配慮と責任の道徳性**の発達を理論化した（両者の対比については表1.8を参照）。それ以後も，様々な理論が展開されている。

2. セルマンとシュルツの社会的視点取得能力からみた友情理解の発達

社会的視点取得とは，他者の見方や立場で物事を考えたり感じたりする

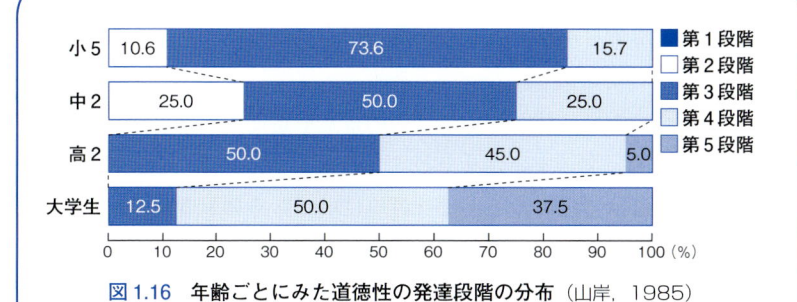

図1.16 年齢ごとにみた道徳性の発達段階の分布（山岸，1985）

	第1段階	第2段階	第3段階	第4段階	第5段階
小5	10.6	73.6	15.7		
中2		25.0	50.0	25.0	
高2			50.0	45.0	5.0
大学生			12.5	50.0	37.5

表1.8 コールバーグとギリガンの道徳性の発達理論の比較
(Brabeck, 1983；二宮，1992，および Gilligan, 1982)

	コールバーグの公正な道徳性	ギリガンの配慮と責任の道徳性
一番大事な道徳的義務	公正さ	非暴力／配慮
道徳性の構成要素	個人の尊厳 自己と他者の権利 公明正大さ 互恵性 尊敬 規則／合法性	関係性 自己と他者に対する責任 配慮 調和 同情 利己的／自己犠牲
道徳的ジレンマの特質	権利の対立	調和と関係性に対する恐れ
道徳的義務感の決定因	原理	関係性
ジレンマを解決する認知的過程	形式的／論理的な演繹的思考	帰納的思考
道徳的行為者としての自己の観点	分離していて，個別的	関連していて，愛着的
感情の役割	構成要素ではない	配慮，同情を誘発する
哲学的志向	理性的（公正さの普遍的原理）	現象学的（文脈的相対主義）
発達段階	Ⅰ．罰と服従 Ⅱ．道具的交換 Ⅲ．対人的同調 Ⅳ．社会体系と良心の維持 Ⅴ．権利と社会的契約の優先 Ⅵ．普遍的な倫理的原理	Ⅰ．個人的生存 ⅠA．利己主義から責任性へ Ⅱ．自己犠牲と社会的同調 ⅡA．善良さから真実へ（移行段階） Ⅲ．非暴力の道徳性

1.2 発達心理学と学校臨床心理学

ことを意味する。これは，より広義には対人関係における交渉能力や問題解決能力を含むものであり，人との関係の中で成長していく子どもたちの発達をとらえる有効な切り口の一つである。

セルマンとシュルツ（1990）は，社会的視点取得能力の観点からみた友情理解がどのように発達するかを5段階で提起した。まずレベル0「友情の自己中心的理解」では，たとえば「近くにいて，そのとき一緒に遊んでくれる人」を友だちとみなす。続くレベル1「友情の一方的理解」であり，「助けてくれるのが友だち」という理解がそれにあたる。レベル2「友情の互恵的理解」の段階では，友だち関係に互恵性と相互の調整という認識をもつようになる。ただしこのレベルでは都合の良いときだけの協同にとどまっている。さらにレベル3になると「友情の相互的理解」と呼ばれ，親密で相互に共有した関係を求めるようになる。そしてレベル4「友情の相互依存的理解」では，相手の独立と依存という2つの感情を統合する能力を通して友情を発展させることができる（二宮，2006）。

ただ，最近の子どもたちの友だち関係については，希薄化や選択化（相手によって関係の取り方を変える）が指摘されることが多い。岡田（2007）でも，現代青年の友人関係の特徴として，「群れて表面的に円滑な関係を求めること」「互いに傷つけ合わないように気を遣うこと」を通して「深い関わりをとらないこと」が見出されている。このように人間関係が希薄化したといわれる一方で，メールや携帯電話でのつながりに執着する若者たち——従来の発達理論で描かれてきた図式ではつかみきれない現代社会の光と影が，子どもたちの生活にも影響を及ぼしているといえよう。

1.2.4　発達心理学と学校臨床心理学

以上，発達心理学の領域で明らかにされてきた発達段階ごとの特徴と発達理論を概観してきた。これら発達・成長という側面から人間をとらえる発達心理学に対し，**心理臨床**は「人生の過程において生じる困難な出来事に対する心理援助の活動」（下山，2001）であると定義される。この発達心理学と臨床心理学をつなぐ理論として注目されるのが，**図1.17**に示すエリクソン（1971）の発達図式である。この図式の特徴は，一個人の発達

	1	2	3	4	5	6	7	8 (死への レディネス)
Ⅷ. 成熟期								統合性 対 嫌悪・絶望
Ⅶ. 成人期							生殖性 対 自己吸収	
Ⅵ. 初期成人期					連帯感 対 社会的孤立	親密さ 対 孤立		
Ⅴ. 青年期	時間的展望 対 時間的展望の拡散	自己確信 対 自己意識過剰	役割実験 対 否定的同一性	達成期待 対 労働麻痺	アイデンティティ 対 アイデンティティ拡散	性的同一性 対 両性的拡散	指導性の分極化 対 権威の拡散	イデオロギーの分極化 対 理想の拡散
Ⅳ. 学童期		↑		生産性 対 劣等感	労働アイデンティティ 対 アイデンティティ喪失			
Ⅲ. 遊戯期		(その後の現われ方)		主導性 対 罪悪感	遊戯アイデンティティ 対 アイデンティティ空想 ←(それ以前の現われ方)			
Ⅱ. 早期幼児期		自律性 対 恥・疑惑			両極性 対 自閉			
Ⅰ. 乳児期	信頼 対 不信				一極性 対 早熟な自己分析			
社会的発達／生物的発達	1. 口唇期	2. 肛門期	3. 男根期	4. 潜伏期	5. 性器期	6. 成人期	7. 成人期	8. 老熟期
中心となる環境	母	両親	家族	近隣・学校	仲間・外集団	性愛・結婚	家政・伝統	人類・親族
活力・気力	希望	意志力	目標	有能感	誠実	愛	世話	英知

図 1.17 エリクソンの発達図式 (エリクソン, 1971；西平, 2000)

を意味する時間軸を縦軸に据えると同時に，心理社会的観点ともいえる他者との関係や社会との関わりという関係性の横軸を組み込んだ点にある。さらに，人間の発達が一個人の中で完結するのではなく，世代を超えて受け継がれるという生涯発達的視点も組み込まれている。

　学校臨床心理学においても，子ども一人ひとりの育ち（発達・成長）を把握することは不可欠である。子どもたちが示す「今」のあり方は過去に根をもち，それは未来にもつながるのであるから，過去を見据えて今に関わると同時に，将来のために今予防できることを考えることも重要であろう。もう一つの視点として，その子どもが生きる器（家庭環境や学校・地域社会でのあり方）や，そこで展開される人間関係の中でその子どもを理解する見方も大切である。こうした学校現場で起こっている様々な現象に対しても，時間軸と社会的視点を組み込んだ発達臨床的な見方や対応が求められている。

1.3 教育心理学と学校臨床心理学

1.3.1 教育心理学とは

　教育心理学とは，鹿毛（2006）によると，「学ぶこと，育つこと，教えることにかかわる多種多様な問いにチャレンジしつづける学問」であると定義されている。ここでいう**教育**とは，狭義の「学校教育」ではなく，家庭教育や社会教育も含む広い意味での教育実践全般に関わることがすべてその対象となっている。この幅の広さを象徴するように，教育心理学の領域で研究されているテーマは多岐にわたる（**表 1.9**）。

　こうした多様なテーマの中でも，とりわけ教育心理学の中核ともいえるのが子どもの**学び**についての研究であり，それをもう一方で支えているのが「教育」のプロセスやメカニズム，方法や評価に関する領域である。そして，それらに加えて**学びと育ち**の主役である子どもの発達や人格形成など，広く子どもの成長に関わる領域がある。このように，教育心理学とは「教育そのもの」の中身を問うもの（授業を受ける子どもたち・授業をする教師たち，そしてそこで展開される授業内容を題材とて行われる授業開

表1.9 **教育心理学の研究領域**（日本教育心理学会，2003に基づき鹿毛，2006が一部改変）

発　　達	生涯にわたって個体の心身が変化していく現象 （例：アイデンティティ形成）
学　　習	体験を通して知識，技能，態度などを獲得していくこと （例：素朴理論）
性　　格	個人を特徴づける安定的な行動パターン（個性） （例：学習適性の個人差）
社　　会	人と環境（他者，文化，社会システムなど）のかかわり （例：学級風土）
教授過程	教えることと学ぶことのかかわり （例：発見学習）
測定・評価	学習，発達，教育の把握・判断とその情報活用 （例：指導と評価の一体化）
臨床・障害	適応困難という現象の解明，それへの対応と状況改善 （例：学習障害（LD））

発や授業研究など，学校現場を舞台として展開される実践研究と，それらを理論化・体系化することを目的とした研究），「教育を受ける子どもの成長」を明らかにしようとするもの（これらは発達心理学や臨床心理学の研究とも大きくオーバーラップする部分である），「教育が展開される場」に関する研究（学級風土や学校機能を明らかにしようとする研究など）と多岐にわたるが，それらを貫いているのが「学びと育ち」というテーマであるといえよう。

1.3.2 教育心理学の諸領域

教育心理学とはどういう学問か，代表的な領域について概観してみたい。

1. 学　習

学習の定義については，立場により異なっている。外から見た行動の変化を重視する**行動主義**の心理学では，学習を「経験に基づく行動の変化」と定義する。この行動理論の中で重視されるのは，**反復**（繰り返しの練習）と**強化**（賞罰のフィードバック）である。行動主義の立場に立つスキナーの考え方を応用したのが**プログラム学習**である。この方法によると，学習事項が細かく分割され問題が出される（スモールステップ），また学習者が出した回答の正誤がすぐに知らされる（即時フィードバック）ことで学習を進めていく方法である（表 1.10）。

他方，学習を知識構造の変化ととらえるのが**認知主義**である。この，行動主義では光が当てられなかった人間の内部にあるシステムを明らかにしようとするのが認知心理学である。認知主義が注目するものとしては，**潜在学習**（行動には現れないが，強化刺激がなくとも行われている学習），**洞察**（課題状況の認知的把握がなされたことによる急激な変化），**観察学習**（他者の行動を観察することによって行動が変化すること）などがある。

この認知理論から派生しつつも，知識が構成されていくプロセスが社会的な相互作用を通じて進行することを重視するのが**社会的構成主義**の立場である。その学習が行われる状況に注目するという意味から**状況論的アプローチ**とも呼ばれる（三者の比較については表 1.11 参照）。

こうした学習によりめざされるものの一つが**知識の獲得**である。知識が

表1.10 プログラム学習における4つの原則 (Skinner, 1968；植木, 2006)

1. スモールステップ
　習得すべき事柄を一度に教えるのではなく，できるだけ細かく分け，それら一つひとつを無理なく着実に習得していけるように，問題内容と問題配列を構成するべきである。
　なお，各問題の内容はそれぞれ前内容までに習得している事柄をほんの少しだけすすめる程度にし，学習者が「小さな歩み」でつねに正しい解答を行えるようにしたほうが効果的である。

2. 積極的反応
　各問題に対する解答は，学習者自身が産出するように働きかけるべきである。つまり，教師が用意したいくつかの選択肢の中から正解を選ぶような形式は，原則として用いないほうがよい。

3. 即時フィードバック
　教師はフィードバックのタイミングを遅延させてはならない。学習者が回答したらただちに正解を知らせるべきである。

4. 自己ペース
　学習者がそれぞれ自分に合ったペースで，個別に学習を進められるように配慮したほうが効果的である。

表1.11 知的行動を研究する立場 (市川, 1995)

	行動理論	認知理論	状況理論
学習とは	刺激・反応の連合	知識構造の構築	文化的実践への参加
キーワード	反復・強化／条件づけ	情報処理／表象	正統的周辺参加（LPP）
特徴的な方法論	統制された実験	情報処理モデル	民族誌的観察・記述
背景となる学問	進化論／神経生理学	人工知能／情報科学	社会学／文化人類学

1.3 教育心理学と学校臨床心理学

定着するということは，すなわち長期記憶を形成することにほかならない。では，この知識獲得を促進する要因には，どのようなものがあるのであろうか。1つめは，その教材への興味（知的好奇心ともいわれる）である。2つめは，学習材料そのものに意味づけを行うことである。その上で3つめに知識を整理する枠組み（スキーマ）が必要になる。このスキーマが知識獲得に重要な役割を果たすことを示したのが，オーズベルの**有意味受容学習**という考え方である。

学習指導のもう一つの目標が**問題解決**である。デューイ（1910）によると，人間の問題解決過程には5つのステップがあるとされる（**表1.12**）。記憶された知識も，こうして日々の問題解決に使われることで，より生かされることになる。

この学習する力を支えるものの一つに認知能力がある。この認知能力の発達を段階としてとらえたのが**認知発達段階説**である。その代表であるピアジェは，認知能力は目の前にあるものを見たり触ったりしながら知識を獲得するに認知構造（感覚運動期）から，抽象的な論理的思考が可能になる操作期へと2つの段階に分かれると考えた（**表1.13**）。この発達段階の順序は一定であるとされ，発達が社会文化的な影響を受ける点は考慮していない（山森，2006）。

これに対し，社会や文化的文脈の中で自己と他者が互いに関わりあうことを重視したのが社会的構成主義であり，その代表としてあげられるのがヴィゴツキーによる**社会文化的理論**である。ヴィゴツキーは発達の最近接領域という概念を提唱した。これは，子どもが自力ではまだできないが，年長者の助けによって解決できる課題の範囲を意味している。教育は，子どもとの関係の中で，この最近接領域に働きかけ，発達を促していくものであるといえよう。

2. 意欲と動機づけ

学習を進めるには，認知や知識の発達と同時に「行動を起こし，それを一定の方向に維持していく」**動機づけ**が重要となる。動機づけは目的とするものの違いにより2つに分けられる。一つは，賞罰のためや目標のための手段として行動する**外発的動機づけ**である。そしてもう一つが，活動自

表 1.12　問題解決の過程（Dewey, 1910；森，2006）

a. 問題の認識
　問題解決の第一段階は，解決するべき問題が存在することを認識することである。さまざまな事象・現象を観察したとき，そのなかに何らかの矛盾を感じたり，自分のもっている既有知識と食い違う点を発見したときなどに問題の認識が生じる。

b. 問題点の把握
　問題の認識が生じると，次の段階では，何が問題であるのか，どこに問題があるのかを明確に把握しなければならない。

c. 仮説（解決法）の着想
　問題点の把握がなされると，次の段階では，その問題を解決するための仮説（解決法）の着想がなされる。この段階は，直観的なひらめきの形をとることが多いが，それまでには何度かの試行錯誤を繰り返すこともある。

d. 仮説（解決法）の検討
　解決法が着想されると，次の段階では，文献を調べたり，事実を吟味したりすることによって仮説（解決法）の評価がなされる。また，複数の仮説（解決法）が着想された場合には，それらの比較検討がなされる。

e. 仮説（解決法）の選択
　問題解決の最後の段階では，比較検討された仮説（解決法）のなかから最善と思われるものが選択される。この段階ですべての仮説が不適切であることがわかれば，仮設を修正したり，新しい別の仮説（解決法）の着想が必要となる。

表 1.13　ピアジェによる発達段階（田島，1997 に基づき山森，2006 が作成）

感覚運動期 （0 歳〜2 歳頃まで）	ことばの使用によらず，自分の目の前にあるものを見たり触れたりすることによって，自分をとりまく世界と認知の適応をはかる時期。
前操作期 （2 歳頃〜7 歳頃まで）	実物によらなくても，ことばなどを用いた知的活動が可能となるが，具体物の見えに影響され，理論的思考は十分に行われない時期。
具体的操作期 （7 歳頃〜11 歳頃まで）	具体物や具体的状況においてのみ論理的思考が可能である時期。
形式的操作期 （11 歳頃以降）	帰納，演繹など，言語や記号を用いた抽象的な論理的思考が可能となる時期。

非自己決定的	非動機づけ	外発的動機づけ				内発的動機づけ	自己決定的
	調整なし	外的調整	取り入れ的調整	同一視的調整	統合的調整	内発的調整	
	やらない	叱られるからやる	やらないと不安だからやる	重要だからやる	手段としてだがやりたいからやる	面白いからやる	

図 1.18　自己決定の段階（Ryan & Deci, 2000 に基づき上野，2008 が作成）

体を目的とする**内発的動機づけ**である。その後，ライアンとデシ（2000）は，この2つを二項対立的にとらえるのでなく，1次元的にとらえようという**自己決定理論**を提唱した。これによると，外発的な動機づけ段階から，学習の重要性や面白さに気づき，内発的動機づけに変わっていくという自己決定の段階（**図1.18**）が示された。

　もう一つ，やる気を後押しするものの一つが「やればできる」という期待である。バンデューラは，この「このようにすれば成功できる」という見込みを**結果期待**，その行動を実行する自信を**効力期待**と呼んだ（**図1.19**）。とりわけ，個人に知覚された効力期待を**自己効力**と呼び，達成場面における自己効力の重要性を強調した。

3. 授業と教育評価

　教育評価とは，「教育的な営みに対し点数をつけること」と狭く考えられがちであるが，これはもっと多面的な意味をもつ。まず評価の測定（数量的に対象をとらえること）や評価（測定された結果に対し，主観的な価値づけや解釈を行うこと），さらには質的・量的双方を含めた対象の把握プロセス（アセスメント）まで多様である。また，この評価は，指導への活用を含み込んだものでなければならない（指導と評価の一体化）。つまり，「教師の学力観を教育目標（ねがい・ねらい）として具体化する」→「それらを基準として一人ひとりの学習過程や成果を多様化評価方法によって把握する」→「その情報に基づいて教育実践の成果を教育目標との関連で判断する」→「教示が自らを振り返り，次の実践の再構想をする。その評価情報を子どもに伝達するなどにより活用する」というダイナミックな発展的循環過程であるといわれる（**図1.20**；鹿毛，1997）。

　この評価方法の代表的なものとしては**表1.14**にあげたように多様なものがある。いずれの場合も，長所・短所両方あるので，これらを組み合わせたり（たとえば，客観性が高い質問紙法と，子どもについて深く把握できる問答法を併用するなど），子どもの発達段階や測定したい側面に応じて使い分けるといった工夫が必要である。

　では，実際に，学習の評価はどのような流れで行われるのであろうか。ある単元に入る前に，子どもの学習状況などを把握するための評価を**事前**

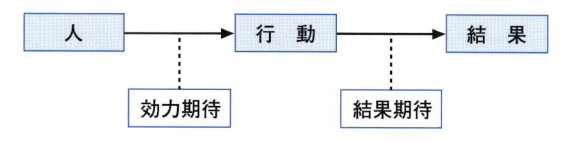

図1.19 効力期待と結果期待 (鹿毛, 1998)

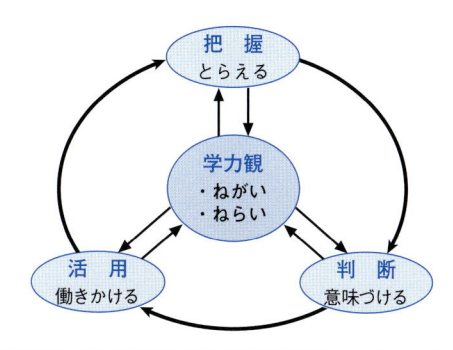

図1.20 教育評価の発展的循環過程 (鹿毛, 1997)

表1.14 評価方法の種類と内容 (梶田, 2002に基づき八木, 2008が作成)

評価方法	評価方法の内容	使用できる発達段階
標準テスト	多くの子どもに事前に実施した結果をもとに得点を解釈する基準が作られた(標準化された)テストである。	性格などの内容によっては幼児から利用できる。
教師作成テスト	もっとも一般的な評価方法であり、教師が評価する問題を作り、その結果を解釈するテストである。	小学校入学後に頻繁に使用される。
質問紙法	標準テストや教師作成テストと同様であるが、回答に正答誤答の区別がない。	自己評価の手立てなど、小学校以後に使用される。
問答法	教師が子どもに対面して面接し、口答によって実態の把握をしたり、テストをする。	広範囲の資料を得るために、幼児から利用できる。
観察記録法	子どもがさまざまな活動を行っているときの態度や発言などを観察し、教師が事前に用意した基準に基づいて評価する。	遊び、実験・観察、探索・探検などの活動に対して幼児からよく使用される。
レポート法	レポートや作文を書かせて、教師が事前に用意した基準に基づいて評価する。	小学校上級生から使用できるが、中学生から使用されることが多い。
製作物法	製作された作品や絵画、実演や演技を教師が事前に用意した基準に基づいて評価する。	幼児から使用できるが、中学生から使用されることが多い。

1.3 教育心理学と学校臨床心理学

的評価（レディネステストなど）という。授業が実施され単元が進む途上で行う評価が**形成的評価**である。この結果次第で，学習活動を調整したり，成果を確認することにより，さらに授業そのものを発展することが可能となる。そして，単元終了時に行われるのが**総括的評価**である。これは，ひとまとまりの学習内容を学級単位の一斉指導で教える**完全習得学習（マスタリー・ラーニング）**の考えに基づくものである。評価の基準としては，集団全体のデータから基準を設定し解釈を行うため主観が入りにくい相対評価と何らかの教育目標や内容に照らした基準を用いる絶対評価とがある。

これに対し，総合的な学習の時間が目標とする「自ら学び自ら考える力の育成」の評価する方法として開発されたのが，**ポートフォリオ評価**である。これは，学習者が学習の過程で収集した資料やメモ，作品などを学習ファイル（ポートフォリオ）に保存し，それを使って学習を振り返ったりその後の学習を修正したりという方法である。ポートフォリオ評価については，**ルーブリック**という評価基準（西岡，2001）を用いる。**表1.15**にあげるように，評価基準が言語的・質的にあらわされており，より高次の能力を評価するのに有用であるとされる。

4. 学級集団と教師――児童生徒関係

教師の期待が学級集団に及ぼす影響を研究したローゼンタールとジェイコブソンは，教師の期待と同じ方向に子どもたちの学業成績や行動が変化することを見出し，これを**ピグマリオン効果**と呼んでいる。これ以外にも，学級集団に及ぼす教師の影響の一つである教師のリーダーシップに関する**PM理論**がある。これは，リーダーシップ行動を，集団の目標達成を促す行動（P行動；Performance）と集団の維持を促す行動（M行動；Maintenance）の組合せから4つのタイプで理解しようという理論である（**図1.21**）。子どもたちが教師のことをPM型リーダーだと感じている場合は，学級生活に対する満足度が高く学級集団にまとまりがあると認識されることが明らかになっている（三隅・矢守，1989）。

これに対し，学級集団をとらえる方法としては，モレノにより考案された**ソシオメトリックテスト**がある。これは，勉強や遊びを一緒に行いたい子ども（選択）や，一緒に行いたくない子ども（排斥）を答えさせ，その

表1.15 ポートフォリオ評価法におけるルーブリック
(西岡, 2001；村山, 2006)

5―素晴らしい	生徒は，探究した課題を明瞭に述べ，その重要性について確かな理由を提示する。導き出され，提示された結論を支持する具体的な情報が提示される。話し方は人をひきつけるものであり，文章の構成はつねに正しい。アイ・コンタクトがなされ，発表の間中維持される。準備をしたこと，組織立てたこと，トピックに熱心に取り組んだことについての強い証拠が見られる。視覚的な補助資料が，発表を最も効果的にするように用いられる。聞き手からの質問には，具体的で適切な情報で，明瞭に返答する。
4―とてもよい	生徒は，探究した課題とその重要性を述べる。導き出され，提示された結論を支持する適切な量の情報が与えられる。話し方や文章の構成は，ほぼ正しい。準備をし，組織立てたという証拠，および熱心にトピックに取り組んだという証拠が見られる。視覚的な補助資料に言及し，用いる。聞き手からの質問には，明瞭に答える。
3―よい	生徒は，探究した課題と結論を述べるが，それを支持する情報は4や5ほど説得力のあるものではない。話し方や文章の構成は，ほぼ正しい。準備したり組織立てたりしたという証拠がいくつか見受けられる。視覚的な補助資料についての言及がある。聞き手からの質問に返答する。
2―さらに努力を要する	生徒は探究した課題を述べるが，完全ではない。課題に答える結論は与えられない。話し方や文章は理解できるものの，いくつかの間違いがある。準備したり組織立てたりしたという証拠が見られない。視覚的な補助資料に言及したりしなかったりする。聞き手からの質問には，最も基本的な返答しか返ってこない。
1―不十分	生徒は，課題やその重要性を提示することなしに発表する。トピックは不明瞭で，適切な結論も述べられない。話し方はわかりにくい。準備をした様子はなく，組織立ってもいない。聞き手からの質問に対して，最も基本的な返答しか与えないか，まったく返答しない。
0	口頭発表は行われなかった。

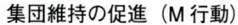

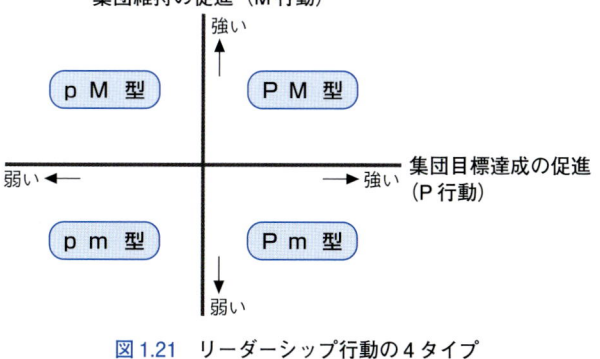

図1.21 リーダーシップ行動の4タイプ

結果から学級集団における子どもの交友関係をとらえるというものである。ただし,「好きな子ども」「嫌いな子ども」の名前を書かせるという方法に関しては,倫理上の配慮が必要であろう。

これ以外にも,「楽しい学校生活を送るためのアンケートQ-U」(河村,2006)がある。これは,学級満足度尺度と学校生活意欲尺度からなっており,その結果をもとに図1.22にあげるような4群が抽出できる。

5. 適応とパーソナリティ

学習に直結しないが,学ぶ主体である子ども自身を対象とした研究領域に,適応とパーソナリティに関するものがある。パーソナリティとは「個人とその物理的・社会的環境とのかかわりにおける個人差を規定する,ある特徴的な思考,感情,行動の様式」と定義される。

パーソナリティのとらえ方には類型論と特性論という2つの枠組みがある。前者は,パーソナリティをいくつかの類型(タイプ)に分類し説明する立場であり,クレッチマーやシェルドン,ユングなどがある。人を直観的に理解しやすいという反面で,どれか一つの類型に分類できない人もいる。後者は,パーソナリティを複数の特性からなる集合体としてとらえるもので,オールポートやアイゼンクが代表である。特性論はパーソナリティを多面的に理解できる反面で,人を全体像としてとらえることが難しくなるという弱点もある。

この2つの考えを融合させたものにY-G(矢田部-ギルフォード)性格検査がある。これは,12の性格因子について評価した上で,その得点をもとに5つの類型に分類できるというものである。

このY-G性格検査のように質問紙法で測定するものとしては,これ以外にもMMPI(ミネソタ多面式人格目録)やビッグファイブ(表1.16)などがある。また,何らかの作業を課し,その結果から判断するものとしては,内田クレペリン精神検査やベンダー・ゲシュタルト検査などがある。これらに対し,より自由度の大きい測定方法として投影法があげられる。たとえば,SCT(文章完成法)やTAT(主題統覚検査),P-Fスタディ(絵画欲求不満テスト)などがある。

これらパーソナテリティの違いにより,子どもに適した教授方法に違い

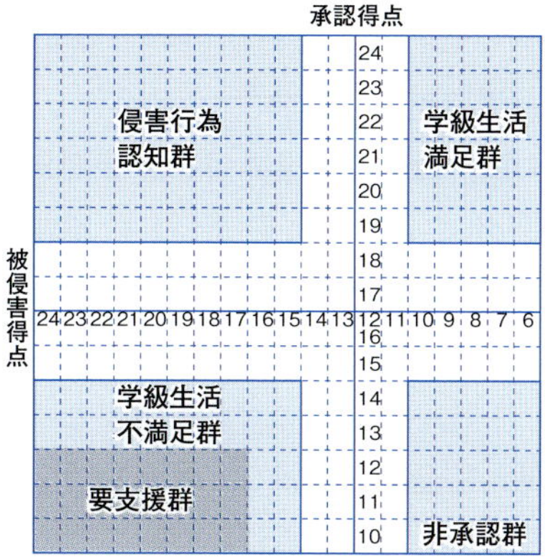

図1.22 「いごこちのよいクラスにするためのアンケート」の結果をまとめるためのグラフ（河村, 2006）
承認得点は, 自分の存在や行動がクラス内で認められていると感じている程度を意味し, 被侵害得点はいじめやひやかしなどの対人的なトラブルに巻き込まれていると感じている程度を表すものである。

表1.16 ビッグファイブの下位次元（Costa & McCrae, 1992：安藤, 2009）

神経症傾向	外向性	開放性	調和性	誠実性
不安	温かさ	空想	信頼	コンピテンス
敵意	群居性	審美性	実直さ	秩序
抑うつ	断行性	感情	利他性	良心性
自意識	活動性	行為	応諾	達成追求
衝動性	刺激希求性	アイデア	慎み深さ	自己鍛錬
傷つきやすさ	よい感情	価値	優しさ	慎重さ

1.3 教育心理学と学校臨床心理学

があることを示したのが，適性処遇交互作用（ATI；図1.23）という概念である。この交互作用に注目して，学習指導の最適化を考えるという視点は，教育方法の有効性を評価する際にも重要である。

1.3.3 教育心理学と学校臨床心理学

上記に述べてきたのは，教育心理学の中心的な領域であるが，広義の教育心理学には，これ以外に「臨床」「障がい」の領域が含まれる。この2つについては，学校臨床心理学とも大きく重なる領域である（具体的には2章以下で述べていくことにする）。

学校臨床心理学を，「問題行動への対応だけでなく，児童生徒の育成，発達を促進する予防的・開発的な取組など教育活動全体を通して，課題解決モデルを構築し学校システムに位置づけ機能させる」ことを目的とした学問とするならば，そこに一貫しているキーワードは「学校教育」であり「臨床」であり「実践」であろう。とりわけ，教育心理学と学校臨床心理学との接点もこの3点にある（1.4.1項参照）。

教育心理学の中でも，先述のような中核的なテーマに加えて，昨今は臨床的な関心や実践を志向する研究が増えてきた。これを実践研究といい，秋田・市川（2001）によれば，「研究者が対象について働きかける関係を持ちながら，対象者に対する援助と研究（実践）を同時に行っていく研究」，すなわち「教育実践を通しての研究」と定義される。さらにその特徴としては，「人々が生活・教育の行為として実践を行う場での現象と過程を分析解明し，「子どもが日々行っている実践」に研究者がかかわりながら研究する」という二重入れ子構造をもつ点が指摘されている。実践研究という新しいジャンルの誕生により，教育心理学の中でも，「教育現場を対象にする研究」から「教育現場に貢献する研究」へ，そして「実践を通しての研究（研究者が対象について働きかける関係を持ちながら，対象者に対する援助と研究を同時に行っていくもの）」（秋田・市川，2001）へと，新たな展開がみられているといえる。

こうした流れとともに，研究方法にも様々な広がりがみられている。質問紙や実験という手法に加え，質的なデータによる研究が進められている。

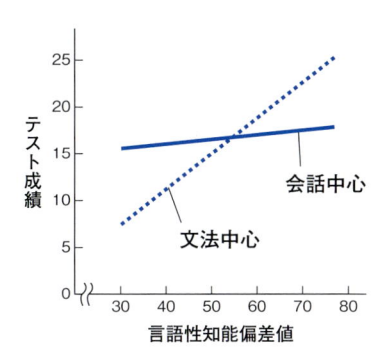

図 1.23 英語学習指導における ATI（安藤ほか, 1992）

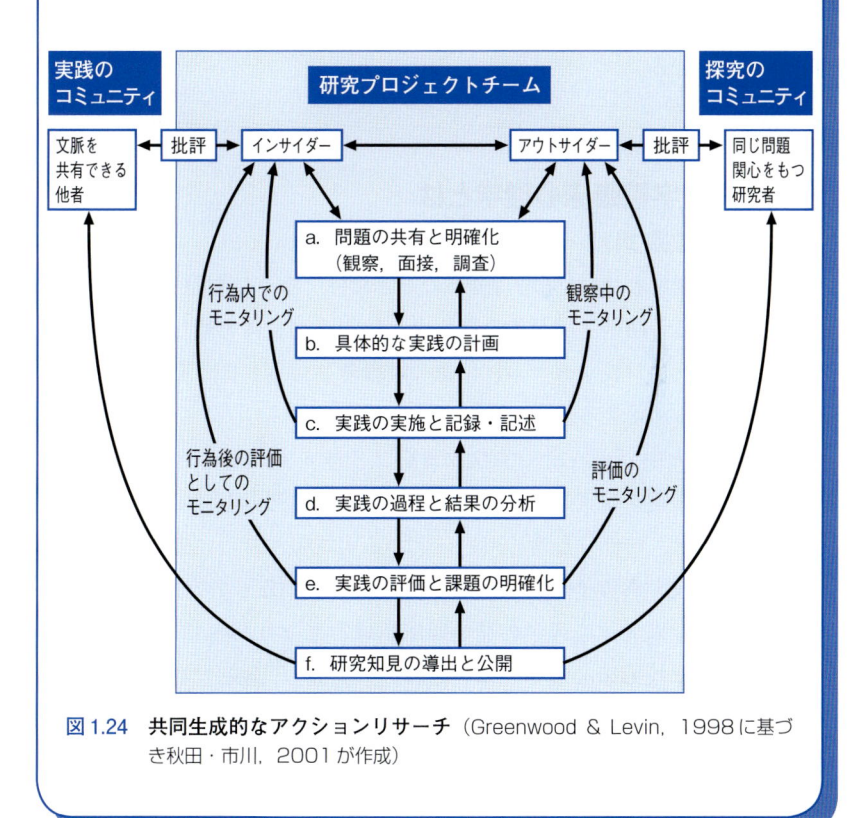

図 1.24 共同生成的なアクションリサーチ（Greenwood & Levin, 1998に基づき秋田・市川, 2001 が作成）

1.3 教育心理学と学校臨床心理学

たとえば，半構造化面接によるインタビュー法や談話分析を用いた研究，一つの事例を丁寧に追い記述していくケーススタディ，フィールドワークやアクションリサーチによる参加型研究など，実践の中身を描き出す手法が次々と開発されている。教育心理学の中でもとくに注目される方法の一つであるアクションリサーチ（図 1.24）とは，「実践の場で起こる問題，実践から提示された問題を分析し探究して，そこから導かれた仮説にもとづき次の実践を意図的に計画実施することにより問題への解決・対処をはかり，その解決過程をも含めて評価していく研究方法」（秋田・市川，2001）である。

学校臨床心理学とは，教育心理学そのものが「実践」を志向し，学校や教育実践の担い手との協働関係を築く中で，自らも主体となりうる実践そのものが大きな位置づけを獲得してきた歴史において，新たに誕生した学問であるといえる。

1.4 学校臨床心理学とは

1.4.1 その位置づけ

学校臨床心理学とは，「問題行動への対応だけでなく，児童生徒の育成，発達を促進する予防的・開発的な取組など教育活動全体を通して，課題解決モデルを構築し学校システムに位置づけ機能させる」ことを目的とした学問領域であるといえる。

臨床心理学の中でも，広く学校教育をフィールドとし，そこで起こる様々な現象（問題，病気，障がいといった「影」の部分だけでなく，成長，発達という「光」の部分も含めて）に関わる実践の学と言い換えることもできよう。主役である子どもたちの「育ち」に関わるという点において，学校臨床心理学は発達心理学の発達臨床領域と重なりあっている。また，教育心理学と学校臨床心理学とは，「教育」「実践」「臨床」というキーワードで相互に深く結びついており，研究テーマや方法論についても大きく重なり合っている。さらに，学校臨床が対象とするのは，学校教育全般であるため，教育学についての理論や研究成果についての知見も不可欠である

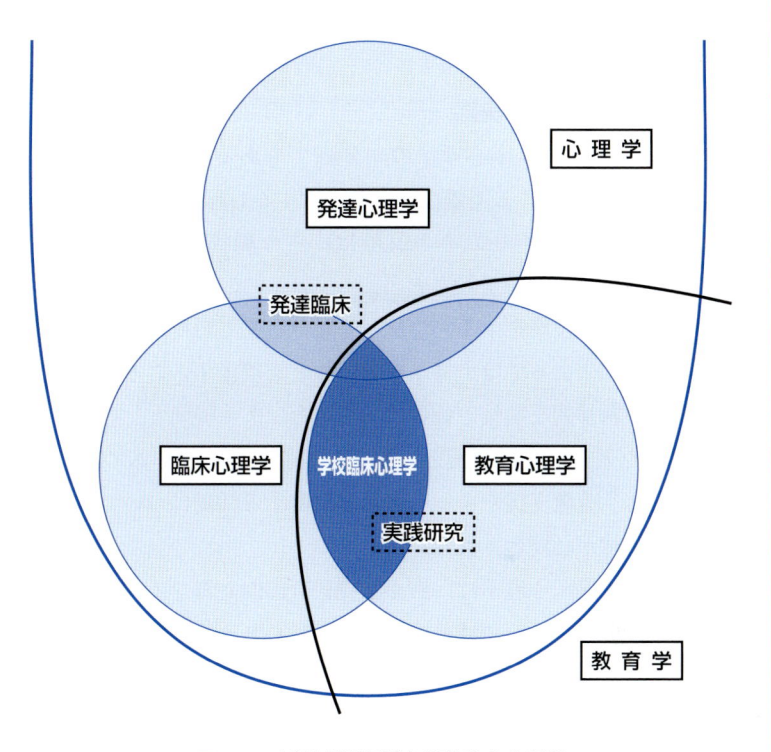

図 1.25 近接学問領域と学校臨床心理学
臨床心理学のうち学校教育現場をフィールドとする分野，教育心理学のうち実践研究と大きく重なる。発達心理学のうち発達臨床といわれる領域とリンクする。

といえる。こうしたことより，学校臨床心理学を「学ぶ」「実践する」にあたっては，臨床心理学・発達心理学・教育心理学，そして教育学という広い領域について通じていることが望まれるのであり（これら領域間の包摂関係については図 1.25 参照），何よりもまず，実践者一人ひとりが学校教育全般，そしてそこで展開されている教育実践に対する深い関心と希望をもつことが肝要であると考える。

1.4.2 学校臨床心理学の実際

学校臨床心理学は，臨床心理学の一分野でもある。心理臨床活動は，「人生の過程において生じる困難な出来事に対する心理援助の活動」（下山，2001）と定義される。そしてその実際は，主な職場や仕事内容から表 1.17 にあげるような 5 つに分類される。

学校臨床は，教育現場を中心的なフィールドとしているが，その支援の対象や関わる内容によっては，様々な専門性とも協働することが求められる。たとえば，精神的な病気が背景にある場合は医療機関と，虐待などの問題が発覚したときは福祉領域と，非行や犯罪に絡むケースの場合は司法・矯正機関と，就職支援やキャリア教育に関する活動については労働・産業領域との連携が必要とされる。

このように学校臨床心理学は，広く学校教育に関わるフィールドで起こる課題に対し，様々な専門領域と協働しつつ行われる心理援助活動であるといえよう。そしてその支援には，以下にあげる 3 つが想定される。これら 3 つの支援活動は，学校心理学（石隈，1999）でいう「三次的教育援助」「二次的教育援助」「一次的教育援助」に通じる部分が多く，図 1.26 に示すような包摂関係にあると考えられている。

一つは，学校現場で起こっている様々な「問題」に対して進められる**問題解決的支援**である。ここでいう「問題」には，不登校やいじめ，非行という，従来の生徒指導で対応が議論されてきたテーマに加え，とくに昨今話題にあげられることが急増している発達障害や虐待，自傷行為への対応への理解や対応も含まれる。さらに，高校現場では大きな課題となっている中途退学者への支援まで，幅広い「問題」が含まれる。内容によっては，

表1.17　臨床心理士の職域と仕事の内容（下山，1999）

職　域	職　場	仕事の内容
教　育	学校内の相談室，大学の学生相談室・教育センター，各種教育相談機関等	児童期，思春期，青年期の発達成長の援助を行う。方法としては，本人に対する心理援助のほかに親との面接や教師へのコンサルテーションを行う。学校臨床や学生相談は，この領域の活動である。教師との協働が重要となる。
医療・保健	病院・診療所（精神科，心療内科，小児科，老年科等），保健所，精神保健センター，リハビリテーションセンター等	病気やけが等のために医学的治療を必要とする人の心理面での援助を行う。心理テスト等を用いたアセスメントや心理療法のほかにデイケアやコンサルテーション等の活動を行う。医師，看護師等の医療関係者との連携が重要となる。
福　祉	児童相談所，療育施設，心身障害者福祉センター，女性相談センター，障害者作業所，各種福祉機関等	心身の障害者への福祉を心理面で援助する。生活全般と関わる心理援助が多くなり，臨床心理的地域援助が活動の中心となる。ケースワーカーや福祉関係公務員との協働が重要となる。
司法・矯正	家庭裁判所，少年鑑別所，刑務所・拘置所，少年院，保護観察所，警察関係の相談室等	社会的処遇を決定する際に心理面での調査を行うための，心理テストをはじめとする臨床心理査定が重要となる。また，処遇の遂行や矯正に向けての臨床心理面接も重要な仕事となる。裁判官等の司法関係者や警察官等との協働が重要となる。
労働・産業	企業内相談室，企業内健康管理センター，安全保健センター，公立職業安定所，障害者職業センター	青年期，成人期を対象に職業生活の遂行の援助を行う。企業内での相談では，職場内へのコンサルテーションなどの臨床心理的地域援助やライフサイクルの発達課題を考慮した臨床心理面接が行われる。職業相談では，職業適性を調査する臨床心理査定が重要となる。上司等との協働が行われる。

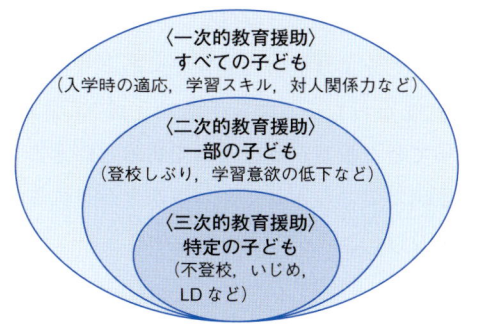

〈一次的教育援助〉
すべての子ども
（入学時の適応，学習スキル，対人関係力など）

〈二次的教育援助〉
一部の子ども
（登校しぶり，学習意欲の低下など）

〈三次的教育援助〉
特定の子ども
（不登校，いじめ，LDなど）

図1.26　3段階の心理教育的援助サービス（石隈，1999）

医療機関や相談機関など学校外の専門機関とも連携しつつ対応することが求められる。このような子どもたちのサインをすばやくキャッチするには，担任教師一人の目だけでは十分ではない。立場の違う複数の教師に加え，内容に応じて学校内外の専門家も含みこんだ援助チームによるアセスメントが必要になる。このアセスメントには，**表 1.18** にあげるような方法があるが，学校で教師が行うには教室場面や学校生活の中での面接や観察が中心になる。「ふだん」をよく知り日常的・継続的に関わることができる教師だからこそ見えるサインもあるだろう。

　そして2つめは，**予防的支援**である。教師が，そして家庭と学校とが連携しつつ，子どもたちが大きな問題として抱えてしまう前に予防すると同時に，なるべく早期のうちにそのサインに気づく力が必要とされる。学校で行われる予防的な援助サービスとしては，ストレスをうまく処理するためのスキル学習，非行防止や犯罪被害防止を目的とした非行防止教育，飲酒・喫煙・大麻・覚醒剤などの違法性や危険性を学習する喫煙防止教育，薬物乱用防止教育などがある（八並，2010）。

　そして3つめに，すべての子どもたちを対象に行われるのが，より豊かな成長を支えるための**開発的支援**である。構成的グループ・エンカウンターや対人関係ゲームなどを導入して対人関係スキルを高めたり，将来への生き方指導などを取り入れたり，授業や特別活動などの時間を使って，主に集団（学級）を対象に行われることが多い。学校臨床心理学がクリニックや病院などでの心理援助と異なるのは，事が起こってからの援助だけでなく，学校教育の中で大きな問題に発展するのを防げるという可能性，さらには健康な子どもたちをより健康に成長できるような発展性を有している点にある。その意味からも，この「予防的支援」「開発的支援」こそ，本来学校教育が担ってきた教育・支援活動であるといえよう。

　学校教育と心理臨床とのコラボレーションが生かされるこれら3つの支援活動の実際については，2章以降で紹介したい。

1.4.3　学校臨床心理学の目的

　学校臨床心理学は，実際にどのような目的に向かって展開されているの

表1.18 アセスメントの諸技法（下山, 2000）

面接法 (会話を通して情報を得る)	臨床面接法	心理援助のための面接。被面接者の話を中心にした非構造性が特徴で，面接者は被面接者の話を共感的に聴くことが重視される。
	調査面接法	情報収集のための面接。面接者は調査目的にそった質問を系統的に行うので，構造的な面接となる。的確な情報を得ることが重視される。
観察法 (行動をみることで情報を得る)	自然観察法	日常場面を観察する。状況を含めて対象の自然な状態を把握できるが，多様な要因が介在するので，焦点が絞りにくい。
	実験観察法	観察の目的に合わせて観察する状況に統制や操作を加える。観察場面の条件が対象に影響し，行動が不自然になりやすい。
	組織観察法	自然観察を効率的に行うために，観察の場面や時間を限定し，観察内容とその基準を明確にして観察する。
検査法 (課題の遂行結果を情報とする)	知能検査	知的機能を測定し，知能指数（IQ）を算出する。代表的なものとして，ビネー式，ウエックスラー式（成人用：WAIS，児童用：WISC）がある。
	人格検査	質問紙法と投影法がある。質問紙法は簡便であるが，被検者の意識の影響を受ける。投影法は無意識を含め測定できるが，検査者の熟練を要する。 ● 質問紙法：MMPI，TPI，Y-G検査，CMIなど。 ● 投影法：ロールシャッハテスト，TAT，風景構成法，箱庭，文章完成法，P-Fスタディ，描画テストなど。
	神経心理学検査	ベントン視覚記銘検査，MRI，PETなど。

であろうか。

1. 教育活動に直接関わっていく実践

まず1つめの目的は，**教育活動に直接関わっていく実践**である。ここでめざされるのは「机上の空論」ではなく，学校臨床現場で実際に活用できる手法や支援の開発である。様々な面接技法や治療技法，教師へのコンサルテーションの手法，外部機関との連携方法，実際の教育や支援の中で使える尺度やアセスメント方法の開発など，そのテーマは学校における心理臨床活動全般にわたる。その現場の特殊性を活かした独自のオリジナルな技法の開発から，他のフィールドで行われてきた心理臨床技法を学校臨床現場に応用するという形のものまで様々である。以下に，その一つを紹介してみたい。

教職員とスクールカウンセラーの協働の中から生まれた「不登校予備軍の早期発見と対応」をめざした一つの実践研究がある（三浦，2006）。具体的には，①学校嫌い感情，②ストレス出来事の経験頻度（学校ストレッサーはどのようなことか），③ストレス反応（どのようなストレス症状をしてしているか），④他者からのソーシャルサポート（学級担任や友人，両親に対する信頼感はどの程度あるか）からなる「心の健康診断」を実施し，その結果をもとに**表 1.19** のようなプロフィール票を作成する。ここから推測できる情報と学級担任がもっている情報（児童生徒の最近の様子，家庭の状況，学校内外でのエピソード等）とを総合することで，「不登校予備軍」の程度を判断するものである。

この「心の健康診断」の結果をもとに，学級担任がスクールカウンセラーと情報・意見交換を行い，具体的な「次の一歩」を考えていく（その一例が**表 1.20** に示されている）。この，教師と支援者（スクールカウンセラー）とが協力しつつ一緒につくり上げていくプロセスそのものが，学校臨床心理学的実践の特徴であり，大きなメリットである。

2. 活動の効果の検証

2つめの目的は，活用調査研究，効果測定研究などによる**活動の効果（成果）の検証**があげられる。実践者が自らの活動を，第三者的な目で評価し，その実践がもつ意義について検討するもの，開発された活動モデル

表1.19 ストレスに関するプロフィール票の一例(三浦,2006に基づき三浦,2008が作成)

ストレス反応(得点が高いほどストレス症状が強い)					
パーセンタイル	60	70	80	90	
不機嫌・怒り	1以下 2	3 4	⑤ 6	7 8	9 10 11 12
抑うつ・不安	0	1	2	3 ④ 5	6 7 8 9以上
無気力	2以下 3	4	5	6 7	8 ⑨ 10以上
身体的反応	1以下 2	3	4	5 6	7 8 9 10 ⑪ 12
学校ストレッサー(得点が高いほど嫌な出来事を多く経験している)					
パーセンタイル	60	70	80	90	
学業	4以下 5	6	7	8 9	⑩ 11 12
友人関係	1以下	2	3	④ 5	6 7 8 9 10以上
教師との関係	1以下	2	3 4	5 ⑥	7 8 9 10以上
ソーシャルサポート(得点が低いほど「サポートされていない」と感じている)					
パーセンタイル	60	70	80	90	
父親	4	5 6	7 8	9	10 ⑪ 以上
母親	4 5 6	7 8	9	10	⑪ 12以上
担任教師		4 5	6 7	8	⑨ 10以上
友人	4 5 6 7	⑧ 9	10	11	12以上

(注) グレーのゾーンに得点がある場合は注意を要する。

表1.20 調査結果から考えられる特徴と働きかけ例(三浦,2006に基づき三浦,2008が作成)

変数		得点が高い(サポートの場合は低い)場合に考えられる特徴	働きかけの例
ストレス反応	不機嫌・怒り	イライラしている/些細なことでも怒ったり反発するなど	生活ノートや日常で不安定な心理状態について話せるよう促す/肯定的な言葉がけを積極的に行う/学校等に訴える身体症状が怠け等によるものではなくストレス性のものである可能性を考慮するなど
	抑うつ・不安	気分が落ち込んでいる/心配や不安が強いなど	
	無気力	意欲の減退/やる気のなさ/あきらめ気分など	
	身体的反応	頭痛や疲労感などの身体症状がある	
学校ストレッサー	学業	学業困難/成績へのプレッシャーなど	学業困難の場合は補習に誘う/成績へのプレッシャーが強い場合は生活ノート等で気持ちを話せるよう促すなど
	友人関係	仲間になじめない/疎外感がある/友人関係のトラブルなど	気の合いそうな級友と同じ班にする/トラブルのある級友と席を離す/両人が話し合う場を設定する/生活ノートで事情を話せるよう促すなど
	教師関係	教師からの叱責/嫌味を言われたと感じているなど	必要最低限の叱責のみとする/叱った日は生活ノートでフォローの言葉をかける/部活動顧問等への不満を話せるよう促すなど
ソーシャルサポート	父親	父親の関わりが少ない/理解されていないと感じている/信頼できないなど	得点が低い場合は家庭での肯定的な関わりを増やすよう話し合う/高い場合は、悩み(ストレッサー得点が高い内容等)を話すよう促したり宿題を見てもらうなど働きかけのキーパーソンとして活用するなど
	母親	母親の関わりが少ない/理解されていないと感じている/信頼できないなど	
	担任教師	教師の関わりが少ない/理解されていないと感じている/信頼できないなど	得点が低い場合は生活ノートや日常で積極的に肯定的な言葉がけを行うなど
	友人	仲の良い友人がいない/自分を理解していると思える友人がいない/信頼できないなど	気の合いそうな級友と同じ班にする/得点が高く仲良しがいる場合は働きかけのキーパーソンとして活用するなど

の有効性や課題の検証を目的としたものなどがある。たとえば，スクールカウンセラー活用調査事業が開始され，それが制度化されるにあたっては，様々な形で効果測定研究が行われた。

　実際にスクールカウンセラーが配置された学校の評価を調べた伊藤（2000a）によると，スクールカウンセラーに対する期待や評価は総じて高く（図 1.27 に見るように，得点のレンジが 1 ～ 4 点で調査した結果，4つの活動に対する評価はすべて中央値（2.5 点）を大きく超えているだけでなく，実際にスクールカウンセラーを配置した学校の評価の方が高い），それは勤務日数の増加や常勤化を求める現場の声からも裏づけられた。また同時に，心理臨床の専門性に対しても，次々起こる「問題」への理解と対応に悩む教師の要望は強いことが明らかになった。ただし，その評価も，スクールカウンセラーの「教師に対する情報交換のスタイル」により違いのあることが確認された。

　表 1.21 および図 1.28 に示すように，消極的な開示しかしないスクールカウンセラーよりも，積極的に情報開示を行うスクールカウンセラーの方が，教師による評価（スクールカウンセラー活動への満足度，領域別満足度）が高い。この結果はつまり，教師自身が「相談内容について教えてほしい」＝「自分も子どものことをよく知っておきたい」という思いを強くもっていることを裏づけるものと考えられる。こうした教師の思いを受けて，学校現場における守秘のあり方，情報共有の方法が考える必要性に大きな示唆が得られたといえる。

　ただし，この実践の評価については，実践者自らが行うには様々な難しさがある。どこまで学校や子どもの実際を俎上に載せられるか，学校現場には守秘の問題が大きく立ちはだかっている。さらに，学校現場では日々新たな出来事が起こるため，一つひとつの関わりの成否をきちんと検討し，その結果に基づいて次の関わりを計画するという積み重ねは容易ではない。学校現場の動きに巻き込まれ外の目を失うと，自らを客観的に正しく評価できなくなる。一方，常に外の目で眺めているだけでは「冷たい評価」に終わってしまう。つまり，実践評価を行うには，フィールド内部に目をもち学校に巻き込まれつつも，自らの実践を外部からの目で冷静に，かつ温

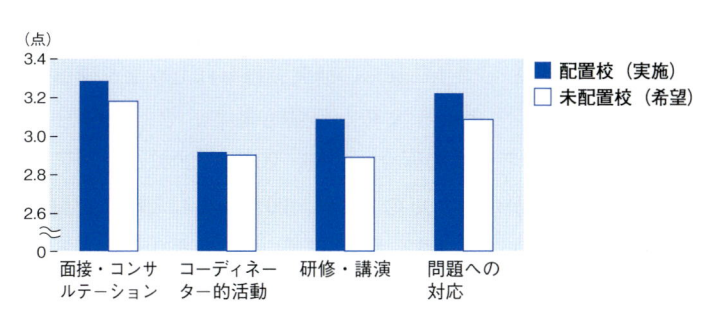

図1.27 スクールカウンセラー4領域の活動に対する教師の満足度
（伊藤，2000aに基づき伊藤，2000bが作成）

表1.21 スクールカウンセラーとの開示スタイル別にみた教師の満足度①
（伊藤，2000a；伊藤，2000b）

(単位：校（％）)

	満 足	どちらでもない	不 満 足
SCから話してくれた	619 (80.0)	153 (19.8)	2 (.3)
聞いたら話してくれた	223 (39.1)	333 (58.4)	14 (2.5)
聞かなかった／答えない	8 (15.1)	28 (52.8)	17 (32.1)

（注） $\chi^2(4)=458.75^{**}$。SCはスクールカウンセラーの略称。

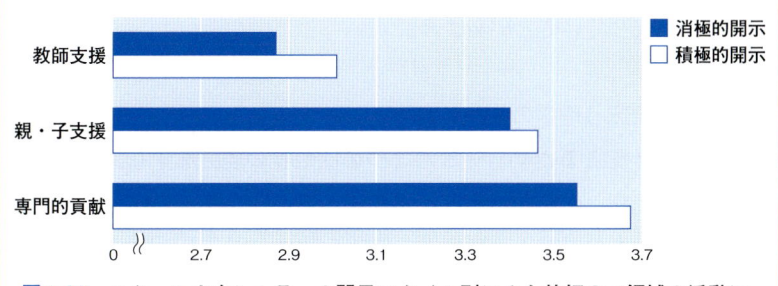

図1.28 スクールカウンセラーの開示スタイル別にみた教師の4領域の活動に対する満足度②（伊藤，2000aに基づき伊藤，2008が作成）

1.4 学校臨床心理学とは

かく眺めるというアンビバレントさを抱えることが必要になる。

3. 研究成果の理論化・モデル化

そして3つめの目的として，これらの研究で得られた成果を**理論化・モデル化**して第三者に示すという大切な作業もある。その一例として図1.29 にあげたのは，筆者自身の研究（伊藤，2000c；2007）や，学校現場での心理臨床活動の中から得た知見（伊藤，2010）をもとに作成したモデルである。教師がバーンアウトする背景には，子どもたちが抱える問題があり，その対応で疲弊し多忙に追いこまれていく教師の姿がある。また，そのバーンアウトが原因になって問題状況の深刻化や人間関係の悪化という事態が起こり，さらに子どもの問題をますます大きくし，それがまた教師の疲れを増幅させていく……という「子どもの荒れと教師の疲れの悪循環」を描き出したモデルである。こうしたモデルを他の実践者と共有し次なる実践につなげていくためにも，データによる裏づけ作業や実践を通してのモデルの検証と修正（理論・モデルの再構築作業）は不可欠であろう（図 1.30）。

以上のように，学校臨床実践がめざす目的は様々であるが，学校（学校関係者，学校組織，時には学校を含むコミュニティ全体）を対象とした実践内容を丁寧に記述し検討を重ねることから出発しているという点では共通している。子どもたちや学校現場の現状を把握し，それにどのような実践が必要か，そしてその実践はどんな意味があるのか等々，実践を通して（多くの場合は，実践に関わりながら）解明していくことが，学校臨床心理学の根幹を成しているといえよう。

1.4.4 学校臨床心理学の生かし方

それでは，学校臨床心理学の知見はどういう形で学校教育に還元されるのだろうか。それが生かされる場としては，まず**生徒指導**がある。生徒指導とは「一人一人の児童生徒の個性の伸張を図りながら，同時に社会的な資質や能力・態度を育成し，さらに将来において社会的に自己実現ができるような資質・態度を形成していくための指導・援助である」（文部科学省）という定義が示すとおり，児童生徒に対する学校生活全般についての

【子どもの問題】
- いじめ
- 学級崩壊
- 非行・逸脱
- LD, ADHD

【教師の問題】
- 多忙
- ストレス
- 保護者との葛藤

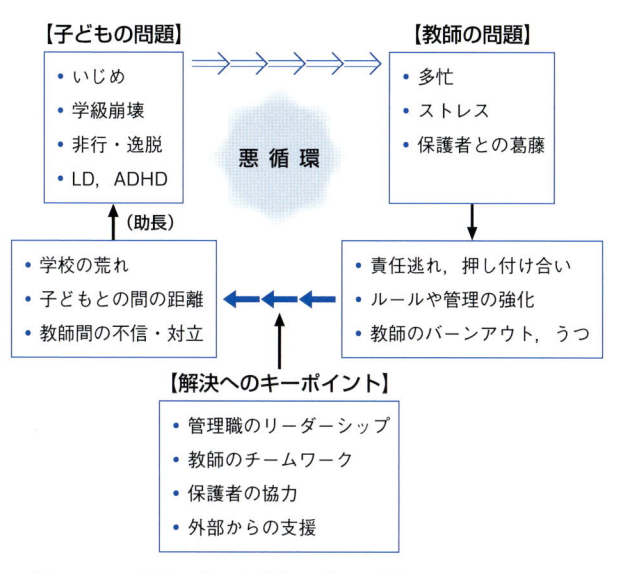

悪循環

(助長)

- 学校の荒れ
- 子どもとの間の距離
- 教師間の不信・対立

- 責任逃れ，押し付け合い
- ルールや管理の強化
- 教師のバーンアウト，うつ

【解決へのキーポイント】
- 管理職のリーダーシップ
- 教師のチームワーク
- 保護者の協力
- 外部からの支援

図1.29　子どもの荒れと教師の疲れの循環図（伊藤，2006）

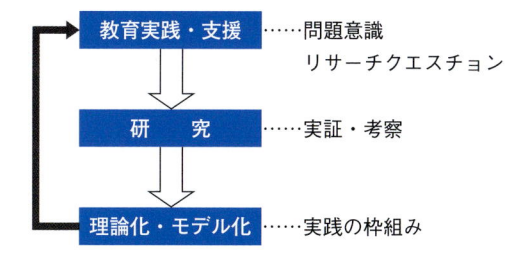

教育実践・支援 …… 問題意識　リサーチクエスチョン

研　究 …… 実証・考察

理論化・モデル化 …… 実践の枠組み

図1.30　学校臨床心理学における実践と研究の円環関係

1.4　学校臨床心理学とは

指導を含みこむ大きな概念である（その意味では，個への対応だけでなく，学級経営や学級づくりという「子ども集団・学級」という単位での指導の面も，その対象となる）。このように生徒指導は，教科教育をも含む学校教育すべての基盤にあるということもできよう。

　この生徒指導の一領域として，様々な問題解決的支援との関係が深いのが **教育相談** である。学校現場で教師に求められるのは，「専門家としての完全なカウンセラー」ではなく，「教師でありながら，心理臨床の知見にも通じているカウンセラー的素養を兼ね備えた教師」である。先にあげたような様々な困難さ（問題）を抱えた子どもたちを支援するための教育相談の場で求められるのは，「学校現場で生かせる学校臨床心理学」を身につけた教師なのであろう。ただし，内容によっては，養護教諭やスクールカウンセラーなど異なる専門性をもつ立場との関係づくりが求められる。

　スクールカウンセラーと教師を例にとってあげてみる（図1.31；宇留田，2003）。まず **コーディネーション** とは，相談室に来た生徒をカウンセリングによって援助しながら，必要に応じて教師に協力を依頼するようなケースである。一方，スクールカウンセラーが，生徒への接し方に悩む教師の問題解決を援助するのが **コンサルテーション** にあたる。さらに，スクールカウンセラーと教師がチームを組み話し合いを重ねながら生徒へのアプローチを考え役割分担をしつつ支援を実行していく場合は **コラボレーション** といわれる。また，混同されがちなカウンセリングとコンサルテーションの例を図1.32（西山，2010）に示す。学校内においても，また学校と専門機関との間においても，これら様々な協力関係を築き，使い分けながら協働していくことが求められよう。

　また，この延長として，学習障害（LD）や広汎性発達障害等の特別な支援を要する子どもたちに対する **特別支援教育** の場でも，学校臨床心理学の知見は有効である。特別支援教育は，特別支援学校・学級だけで行われるのではなく，また特別支援コーディネーターだけが行うものでもない。

　図1.33に示すように，特別な教育的支援を要する児童生徒は，通常学級に6.3%在籍しているといわれる。従来の特殊教育の対象者に加え，LDやADHD，高機能自閉症など新たな対象者が加わる形で，新しい特別支

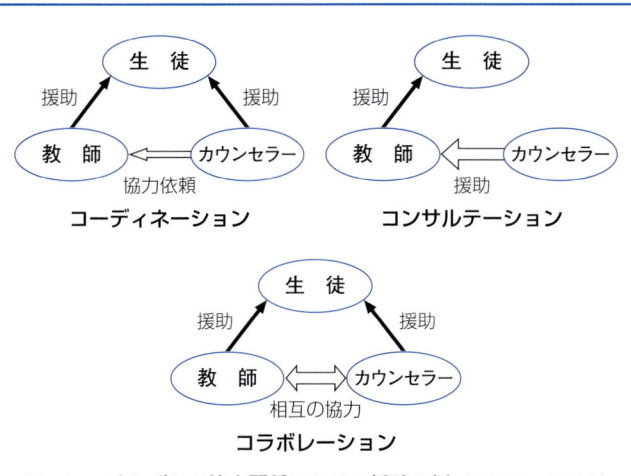

図 1.31 それぞれの協力関係における援助の例（宇留田，2003）

(a) カウンセリング

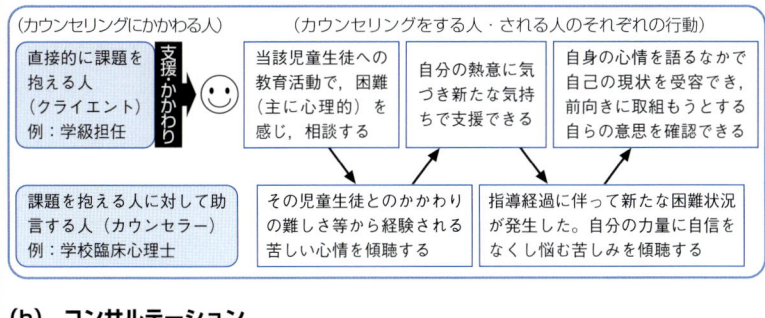

（カウンセリングにかかわる人）	（カウンセリングをする人・される人のそれぞれの行動）
直接的に課題を抱える人（クライエント）例：学級担任	当該児童生徒への教育活動で，困難（主に心理的）を感じ，相談する → 自分の熱意に気づき新たな気持ちで支援できる → 自身の心情を語るなかで自己の現状を受容でき，前向きに取組もうとする自らの意思を確認できる
課題を抱える人に対して助言する人（カウンセラー）例：学校臨床心理士	その児童生徒とのかかわりの難しさ等から経験される苦しい心情を傾聴する → 指導経過に伴って新たな困難状況が発生した。自分の力量に自信をなくし悩む苦しみを傾聴する

(b) コンサルテーション

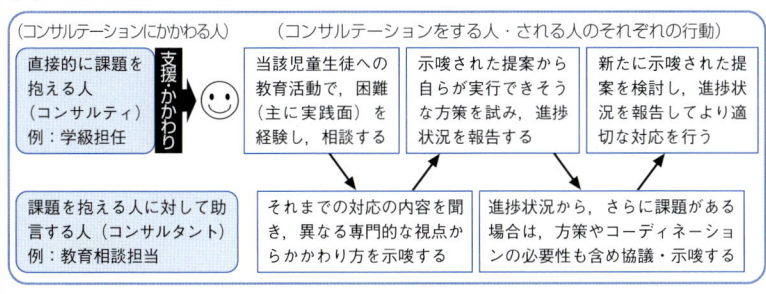

（コンサルテーションにかかわる人）	（コンサルテーションをする人・される人のそれぞれの行動）
直接的に課題を抱える人（コンサルティ）例：学級担任	当該児童生徒への教育活動で，困難（主に実践面）を経験し，相談する → 示唆された提案から自らが実行できそうな方策を試み，進捗状況を報告する → 新たに示唆された提案を検討し，進捗状況を報告してより適切な対応を行う
課題を抱える人に対して助言する人（コンサルタント）例：教育相談担当	それまでの対応の内容を聞き，異なる専門的な視点からかかわり方を示唆する → 進捗状況から，さらに課題がある場合は，方策やコーディネーションの必要性も含め協議・示唆する

図 1.32 対処に迷う児童生徒についてのカウンセリングとコンサルテーション例（西山，2010）

援教育が展開されつつある。つまり，すべての教師が，学校臨床心理学の知見を生かしつつ教育活動全体で実践していかねばならない支援である。

そしてさらに，**進路指導（キャリア教育）**も，学校臨床心理学の知見が生かされる場の一つである。学校現場で行われる進路指導（キャリア教育）とは，狭い意味での進路選択に限定されるのではなく，子ども自身の社会的自立をめざし広く人間の生き方そのものに関わる教育実践である。そこで獲得がめざされる力には，図1.34にあげるような4つの能力があげられるが，これらは人間としての生きる力に通じるものであるといえる（詳しくは2.2.3項参照）。

以上，教師から子どもたちへの関わりを中心に述べてきた。しかし，学校臨床心理学では，子どもたちに指導する側である「教師への支援」も対象とされる。子どもやクラスのことを別の角度から考える「教師へのコンサルテーション」，その際に必要となる「教師とのコーディネーション（協働）」，さらに悩み疲れている教師を支える「教師へのカウンセリング」まで，幅広い支援が必要とされる。さらに，学校を組織として考えると，様々な問題に直面する管理職の学校経営力の向上や，保護者対応等をめぐる支援の必要性なども，学校臨床心理学の重要なテーマの一つにあげられよう。

以下に続く章では，学校臨床心理学の実際について考えていきたい。

A：学習障害
4.5%

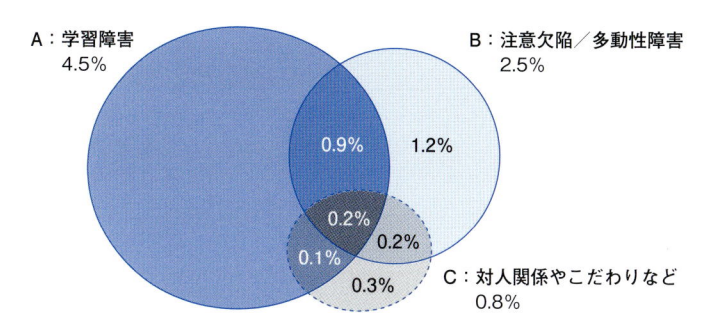

B：注意欠陥／多動性障害
2.5%

0.9%　1.2%

0.2%

0.1%　0.2%

0.3%

C：対人関係やこだわりなど
0.8%

図 1.33 学習面や行動面で困難を示すと担当教師が回答した児童生徒の割合
（文部科学省，2004；長島，2007）

人間関係形成能力
- 自他の理解能力
- コミュニケーション能力

情報活用能力
- 情報収集・探索能力
- 職業理解能力

キャリア発達

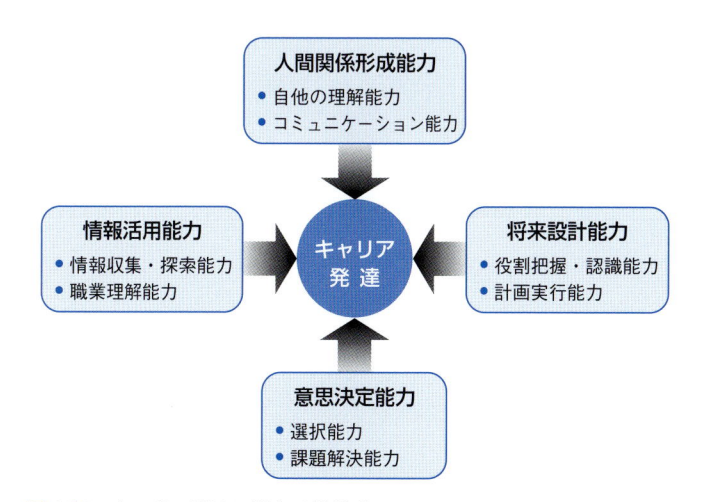

将来設計能力
- 役割把握・認識能力
- 計画実行能力

意思決定能力
- 選択能力
- 課題解決能力

図 1.34 キャリア発達に関わる諸能力（文部科学省，2006に基づき作成）

1.4　学校臨床心理学とは　**63**

学校臨床心理学の展開

　学校臨床心理学は，学校教育現場をフィールドにして，子どもたちの学びや育ちを支える実践に関わる学問である。その領域としての展開は，学校教育の「生徒指導」「進路指導」「教育相談」「特別支援教育」の領域に広く展開され，教師への支援につながってこよう。

　生徒指導領域では，これまでの多くの学校教育でみられた叱咤激励型の生徒指導ではなく，広く生徒指導の背景を踏まえて，児童生徒を中心とした円環的な仮説生成型の思考による教育活動で，教師の自己理解に基づく生徒指導として，開発的な生徒指導へのパラダイムの転換を提案している。

　進路指導領域では，キャリア教育の重要性を指摘し，新たな学校臨床心理学の柱として，キャリア・カウンセリングとキャリア教育を展開している。

　教育相談領域では，教育相談とは何かを展開し，教育相談担当者，スクールカウンセラー，教育相談機関の声と現状についてまとめ，教育相談領域の重要性を指摘している。

　特別支援教育の領域では，2007年度からの学習指導要領改訂により新しい制度として始まった「特別支援教育」について解説し，教師が子どもをどう理解し，どのように関わっていくことが大事なのかを「臨床の知」をキーワードに展開している。

　教師への支援は，教師の不適応，うつ病，バーンアウトと深刻化する教師のメンタルヘルスの背景を分析し，個人として学校としての対策を学校臨床心理学の視点からまとめている。

2.1 生徒指導に活かす

2.1.1 背　景

　文科省の資料から**生徒指導**の定義についてまとめていきたい。生徒指導資料『生徒指導の手引き』（文科省，1965）において，生徒指導の目標を「すべての生徒のそれぞれの人格のよりよき発達を目指すとともに，学校生活が生徒のひとりひとりにとっても，また学級や学年，さらに学校全体にとっても，有意義に，興味深く，そして充実したものになるようにすること」とし，機能の重要性を強調している。また，この時代の「非行対策は，本来生徒指導の消極的な面である」と述べ，学校における生徒指導の考え方・扱い方に誤りがあることを当面の大きな問題であるとしている。

　元来，生徒指導の意図は，**自己指導能力の育成**である。目的は「人間の尊厳という考え方に基づき，ひとりひとりの生徒を常に目的自身として扱う。それは，内在的価値をもった個人の自己実現を助ける過程であり，人間性の最上の発達とする」とある。生徒指導の機能を促進するため，集団指導，援助・指導を行う。

　生徒指導の機能は，教育課程の領域（教科，道徳，特別活動，総合的な学習の時間），生徒指導体制，教育相談（方法，連携，研修，教育相談室運営と施設設備）により構造化され，促進される（図2.1）。

　『生徒指導の手引き』（文科省，1965）は，教育課程の基準の改訂，生徒をとりまく社会の状況などの変化から，生徒指導と教育課程，学校における生徒指導体制，青少年非行の現況と原因などの所要の改訂により，『生徒指導の手引き［改訂版］』（文科省，1981）が刊行されている。

　小学校生徒指導資料1『児童の理解と指導』（文科省，1982）では，学校教育の「質的な面」に問題点があるとし，小学校における生徒指導の一層の充実と徹底が要請されている。

　生徒指導を機能面から理解すること，学校が抱える教育課題を解決するためのシステム構築が求められていること，小学校における生徒指導が要請されたことがわかる。しかし，これらのことは『生徒指導の手引き』が改訂される間，学校現場で推進されていたのかは大いなる疑問である。

問題解決的カウンセリング

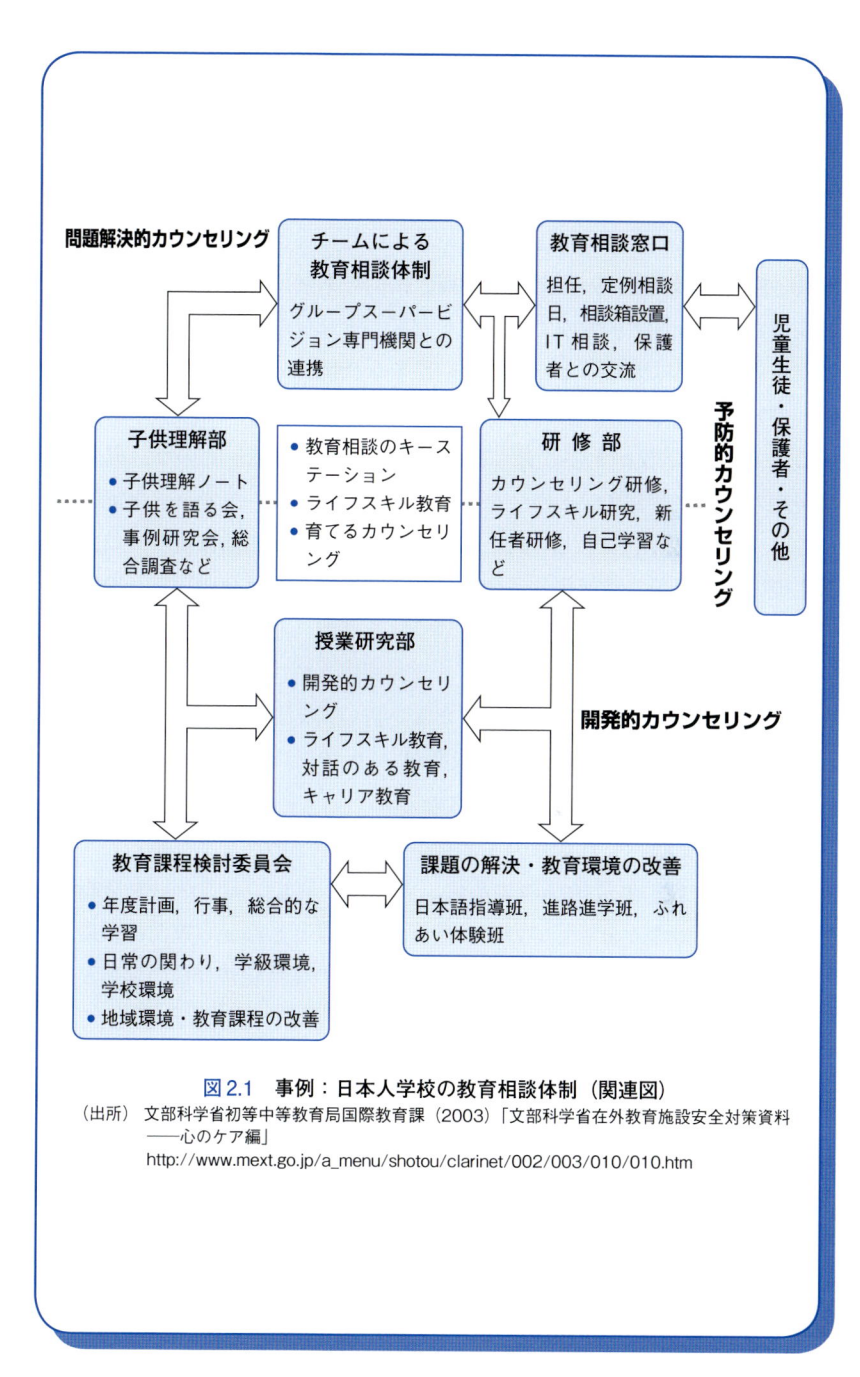

```
┌─────────────┐   ┌─────────────┐
│ チームによる  │   │ 教育相談窓口 │
│ 教育相談体制 │←→│ 担任，定例相談│←→ 児
│ グループスーパー│ │ 日，相談箱設置，│   童
│ ビジョン専門機関との│ │ IT相談，保護│   生
│ 連携        │   │ 者との交流  │   徒
└─────────────┘   └─────────────┘   ・
       ↕                ↕           保
┌─────────────┐ ・教育相談のキース ┌─────────────┐護
│ 子供理解部  │  テーション     │ 研 修 部    │者
│ ・子供理解ノート│ ・ライフスキル教育│ カウンセリング研修，│・
│ ・子供を語る会，│ ・育てるカウンセリ│ ライフスキル研究，新│そ
│  事例研究会，総│  ング          │ 任者研修，自己学習な│の
│  合調査など │                │ ど          │他
└─────────────┘                └─────────────┘
       ↕                                ↕       予
       ↓     ┌─────────────┐            │       防
             │ 授業研究部   │            │       的
             │ ・開発的カウンセ│            │       カ
             │  リング       │            │       ウ
             │ ・ライフスキル教育，│         │       ン
             │  対話のある教育，│   開発的カウンセリング│セ
             │  キャリア教育 │            │       リ
             └─────────────┘            │       ン
                    ↕                    │       グ
┌─────────────┐   ┌─────────────┐
│ 教育課程検討委員会│←→│ 課題の解決・教育環境の改善│
│ ・年度計画，行事，総合的な│  日本語指導班，進路進学班，ふれ│
│  学習      │  あい体験班 │
│ ・日常の関わり，学級環境，│           │
│  学校環境  │             │
│ ・地域環境・教育課程の改善│            │
└─────────────┘   └─────────────┘
```

図2.1　事例：日本人学校の教育相談体制（関連図）
（出所）文部科学省初等中等教育局国際教育課（2003）「文部科学省在外教育施設安全対策資料
　　　──心のケア編」
　　　http://www.mext.go.jp/a_menu/shotou/clarinet/002/003/010/010.htm

2.1　生徒指導に活かす　**67**

生徒指導資料第20集・生徒指導研究資料第14集『生活体験や人間関係を豊かなものとする生徒指導――いきいきとした学校づくりの推進を通じて：中学校・高等学校編』（文科省，1988）において，「生徒指導とは，本来，一人一人の生徒の個性の伸張を図りながら，同時に社会的な資質や能力・態度を育成し，さらに将来において社会的に自己実現ができるような資質・態度を形成していくための指導・援助であり，個々の生徒の自己指導能力の育成を目指すものである。そして，それは学校がその教育目標を達成するためには欠くことのできない重要な機能の一つなのである」と定義している。

ここでは，「学校がその教育目標を達成するため機能」という，具体的で現在の学校マネジメントにつながる視点がみられる。しかし，生徒指導へのニーズは，確かな学力の向上，規範意識・基本的生活習慣の育成，児童生徒の問題行動の深刻化・多様化など，複雑化した社会問題を反映している。たとえば，児童生徒との関係づくりを基盤とした授業が展開されていないとしたら，未だに学校が抱える教育課題を解決するために構築されたシステムが機能していないことになる。言い換えれば，生徒指導が機能した教育活動が展開されていない状態が，『生徒指導の手引き』が発行された1965年以降も続いていることになる。

八並（2008）は，これからの生徒指導を生徒指導の理念と仕事としての生徒指導の関係，生徒指導の体系化・実践化を示し，実践から生徒指導学・実践基準づくりを示している。機能論を背景としながら専門的援助サービス論による吟味の必要性を述べ，生徒指導の体系化が今後の課題と提言している（図2.2，図2.3）。

2010年文科省は，**生徒指導提要**を発表した。生徒指導提要（文科省，2010）は，生徒指導の機能と役割をより明確にしているとともに，学校現場で小学校段階から高等学校段階において，組織的・体系的な生徒指導をすすめられるよう意図された内容となっている。また，学校種間の連携，複雑化・多様化する児童生徒をめぐる課題について，児童生徒全体への指導と個別の課題ごとの指導の基本的な考え方，発達障害についての理解と支援のあり方についても取りまとめられている。これが最新の生徒指導に

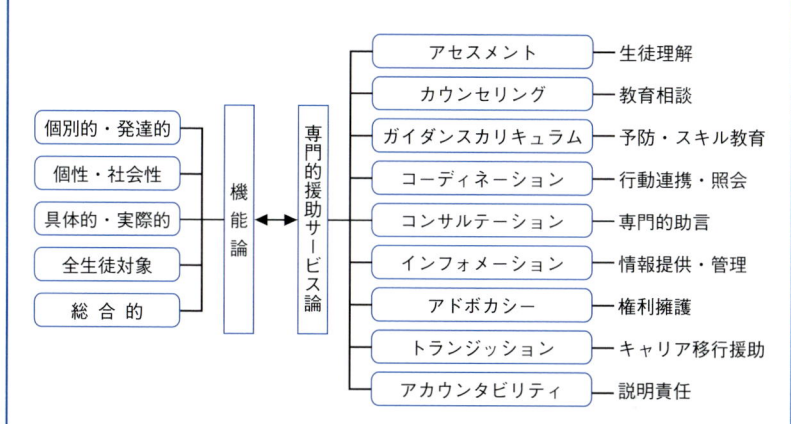

```
┌──────────────┐                          ┌──────────────┐ ─ 生徒理解
│個別的・発達的│                      ┌──│ アセスメント │
└──────────────┘                      │  └──────────────┘
┌──────────────┐  ┌───┐  ┌─────┐      │  ┌──────────────┐ ─ 教育相談
│個性・社会性  │  │機 │  │専門的│      ├──│カウンセリング│
└──────────────┘  │   │  │援助  │      │  └──────────────┘
┌──────────────┐  │能 │↔ │サー  │      │  ┌──────────────────┐ ─ 予防・スキル教育
│具体的・実際的│  │   │  │ビス  │──────┼──│ガイダンスカリキュラム│
└──────────────┘  │論 │  │論    │      │  └──────────────────┘
┌──────────────┐  │   │  │      │      │  ┌──────────────┐ ─ 行動連携・照会
│ 全生徒対象   │  └───┘  └─────┘      ├──│コーディネーション│
└──────────────┘                      │  └──────────────┘
┌──────────────┐                      │  ┌──────────────┐ ─ 専門的助言
│  総 合 的    │                      ├──│コンサルテーション│
└──────────────┘                      │  └──────────────┘
                                       │  ┌──────────────┐ ─ 情報提供・管理
                                       ├──│インフォメーション│
                                       │  └──────────────┘
                                       │  ┌──────────────┐ ─ 権利擁護
                                       ├──│  アドボカシー │
                                       │  └──────────────┘
                                       │  ┌──────────────┐ ─ キャリア移行援助
                                       ├──│ トランジッション│
                                       │  └──────────────┘
                                       │  ┌──────────────┐ ─ 説明責任
                                       └──│アカウンタビリティ│
                                          └──────────────┘
```

図 2.2　生徒指導の理念と仕事としての生徒指導の関係 (八並, 2008)

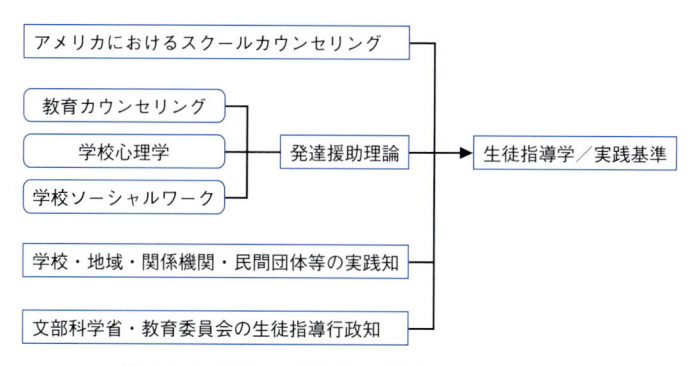

```
┌──────────────────────────────┐
│アメリカにおけるスクールカウンセリング│─┐
└──────────────────────────────┘ │
┌──────────────┐                   │
│教育カウンセリング│─┐              │
└──────────────┘  │              │
┌──────────────┐  │  ┌─────────┐   │   ┌───────────────┐
│  学校心理学  │──┼──│発達援助理論│──┼──▶│生徒指導学／実践基準│
└──────────────┘  │  └─────────┘   │   └───────────────┘
┌──────────────┐  │              │
│学校ソーシャルワーク│─┘              │
└──────────────┘                   │
┌────────────────────────────┐   │
│学校・地域・関係機関・民間団体等の実践知│──┤
└────────────────────────────┘   │
┌────────────────────────────┐   │
│文部科学省・教育委員会の生徒指導行政知│──┘
└────────────────────────────┘
```

図 2.3　生徒指導の体系化・実践化 (八並, 2008)

2.1　生徒指導に活かす

対する考え方である。

　以上のように生徒指導は定義づけられるが，生徒指導における課題を解決するには，教育活動全体における領域と機能，生徒指導と学校教育相談の理解が必要になる。生徒指導の背景には，第2次世界大戦前にアメリカのガイダンスが職業・進路指導へ導入された経緯がある。坂本（1977）は，「当時のわが国の Guidance は，児童・生徒の分析と診断の研究・実践に焦点がおかれていた」と述べている。その後，生徒指導主事が配置（1964年～）され，『生徒指導の手引き』（文部省，1965）など，小・中学校生徒指導資料が文部省から刊行されている。学校教育相談の背景は，カウンセリング（相談）と考える。学校教育において生徒指導と学校教育相談を両輪ととらえる考えもあるが，『生徒指導の手引き［改訂版］』（1981）では生徒指導に含まれる構造である。

　学校教育相談は，生徒指導と同様，児童生徒理解をもとに相談活動が展開される。相談技法は，その時代に注目されている理論，実践，スキルが導入されている（来談者中心療法，行動療法，内観法，論理療法，交流分析，認知行動療法，家族療法，ライフスキル，構成的グループ・エンカウンター，ソーシャルスキル・トレーニング，ピア・サポート等）。

　両者は，その時代々人間が抱える心の問題を解決しながら構築されたアメリカのカウンセリング心理学の影響を受けている。つまり，学校教育において児童生徒理解に基づく問題の解決に応じて，生徒指導の育成機能，学校教育相談の相談機能を選択することが求められている（**表 2.1**）。

　校務分掌は，生徒指導部の中に学校教育相談が含まれたり，両者が独立したものがみられる。しかし，現在は学校マネジメントの観点から，学校組織が機能しているか否かが問われていると考える。原理からとらえると，生徒指導に教育相談が含まれる，または重なるイメージである。生徒指導の内容において，対象の児童生徒が心理的，適応上の問題を抱えていれば，学校教育相談の相談の形態が用いられる，といった理由からである。さらに，生徒指導主事，生徒指導担当，教育相談担当は同じ**カウンセリングマインド**をもって教育活動を推進することが求められる。

　カウンセリングマインドは，和製英語である。ここでは「身につけてい

表2.1 **生徒指導，学校教育相談の原理と形態**（文部省，1981に基づき作成）

生 徒 指 導	学校教育相談
● **原理**：学校教育目標を達成するための機能の一つ	● **原理**：子どもの人格発達を援助することを目的とする教育の機能
● **育成**：自己指導能力（自己受容，自己理解をもとに，自己課題を自ら解決する能力）	● **育成**：自律・自立
● **育成の留意点**： ①自己存在感を与える ②共感的人間関係を育成すること ③自己決定の場を与え自己の可能性の開発を援助すること	● **育成の留意点**： ①個人の発達を促す ②問題解決の仕方，能力，スキルを身につけさせる ③カウンセリング関係において援助する
● **広義**：学校教育のあらゆる場において発揮される教育機能	● **対象**：学校教育に関わる，心理的問題，適応上の問題を抱えた児童生徒，保護者，教員
● **狭義**：基本的生活習慣，校則遵守，問題行動への指導内容：学業指導，個人的適応指導，社会性・公民性指導，道徳性指導，進路指導，健康・安全指導，余暇指導	● **形態**：面接，電話，訪問による相談 ● **相談**：カウンセリング，コンサルテーション，アセスメント，相談室運営，相談活動

るカウンセラーとしての態度を基盤に，自身が学んだ様々な援助・指導法を児童生徒が抱えている心理的，適応上の問題解決に応じて確立していく能力」と考える。たとえば，来談者中心療法を基盤に，交流分析，認知行動療法，家族療法，構成的グループ・エンカウンター，ピア・サポートを解決すべき問題により用いる。

生徒指導・学校教育相談では，開発的・予防的な指導，問題行動へ援助・指導を，集団，個別の形態によりこれまでのカウンセリングマインドからカウンセリングスキルに活かして行ってほしい。

2.1.2　パラダイム転換

生徒指導の課題に，児童生徒への援助・指導の方法を優先することがあげられる。先に方法ありきの立場である。先に有効とされている援助・指導の方法を投入条件に用い，児童生徒の姿や実態に応じず，多様な方法から選択する過程もみられないまま，結論を有効であるとつけていることである。当然，児童生徒理解に始まる生徒指導の概念を包括しないものとなる。生徒指導の指導観は，先に児童生徒ありきである。

次に，生徒指導を仮説検証型の直線的な思考の流れで行うことへの疑問である。プレ（事前）とポスト（事後）の比較により，実践への投入条件を評価することが教育活動なのであろうか。教師による教育活動の継続化を阻害し，円環的な問題解決の思考が成立しにくく，実態を生かす仮説生成の活動から乖離してしまう。最後に，対象が児童生徒の問題行動に終始し，教師の自己理解から生徒指導が行われていないことである。

したがって，以下のような**パラダイム転換**が求められる。
(1) 先に児童生徒ありき
(2) 円環的な仮説生成型の思考による教育活動
(3) 教師の自己理解に基づく生徒指導

1. 児童生徒理解のアセスメント

ここでは，**児童生徒理解**のアセスメントについて，質問紙法の活用から述べる。質問紙法の特徴から，テスターにとって容易に活用できるので，安易さが危惧される。この安易さは，テスターが活用する質問紙の理論背

表 2.2 児童生徒理解のアセスメントによるレポート作成のポイント

指導者	所属・職名，氏名，対象の記述はとくに守秘義務の立場から細心の配慮と扱いが求められる。教育活動での活用は，個人情報としての扱いが遵守されるべきである。
対象	実践の対象は，幼児や児童生徒だけではない。保護者・家族，担任の教師も含まれる。指導者の立場により対象が限定される。また，立場からの実践をとおして，限界の範疇を学ぶ。対象は匿名でアルファベットでAから表現するなどの工夫が必要である。対象の氏名のイニシャルは避けたい。場合によるが，氏名が匿名であっても，性別，校種，学年の記述により個人が特定できないよう未記入にする。
問題の概要	問題の概要は，対象の主訴を具体的に，場面や行動を正確に記述する。この時点では解釈せず，ありのままをとらえることである。ありのままにとらえるには，指導者の枠が問われる。枠の基準となる知識，人間観が記述の表現に如実に表れる。 対象の行動，態度の否定だけにとどまらず，人間としての存在までに広がり，教育観を疑われるような記述表現に陥らないよう吟味が必要である。
資料	資料は，問題行動がなぜ生じたかを探究するために資料を収集する。問題行動の理解に必要な資料とは，援助・指導につながる内容である。しかし，対象の生育歴，学校生活の様子，教育資源，環境としての家族歴等々，すべてあげるのでなく，あくまでも理解に必要な資料がキーワードである。資料に指導者の解釈が混在しないようにしたい。単元，授業に関わる児童生徒の実態を把握し，理解に基づいた構成，設計する過程と同様である。質問紙法などのテストについては結果だけでなく，実施月日，状況，考察を加える。
理解	問題行動がどのような要因によって生じているか，資料に基づいて理解する。理解する過程で，資料にない内容からの新たな仮説が生じたら，その内容を資料に加筆することを薦める。
指導方針	どのような方法で援助・指導を進めるのか具体的に書く。対象の児童生徒に対してだけでなく，保護者，学級集団・級友等への援助・指導を行う場合はそれぞれに分けて記述する。指導者の立場により，チームや連携態勢による援助・指導を展開する場合，具体的にまとめる。
指導経過	● 円環的な行為：指導方針に基づいた援助・指導の結果，対象がどのように変容したかを明らかにする。 〈記述の基本原則〉 　具体性の原則……抽象的な記述を避け，事実を具体的に記述する。 　継過性の原則……時間の経過にそって記述する。 　相互性の原則……対象と指導者との相互のやりとりを中心に記述する。 指導経過において，新たな問題の概要は記述されているが，新たな理解に必要な資料や資料に基づく理解，指導方針の検討・改善まで述べた事例レポートは，ごくわずかである。記述の基本原則は，直線的な教育実践を示すものでなく，問題の概要の把握から援助・指導までの円環的な教育実践を螺旋的につなぐ行為であることを理解してほしい。 ● 背景からの理解：聴くことにより，対象を背景から理解することが構成される。 カウンセリングは，時代のニーズに応えたモデルである。ニーズに応える過程は，対象が表出する「わかってほしい」訴えを明らかにすることである。相互関係のもとに，ともに問題解決のゴールを目指す育成モデルであることに気づいておく。次に「今，ここで」の理解である。援助・指導で，今，ここでの感情や考え，行動に視点を整理するのは当然である。より重要なことは，今，ここで起こっていることが，背景からのつながりの延長上にあることである。さらに，相互関係による「今，ここで」を理解する。援助・指導場面において，どのような関係が構築されているのかがポイントになる。
まとめと課題	・どのような援助・指導がどのような結果に結びついたのか ・面接過程で生じたこと ・この事例から，何が分かり，何が問題として残ったのか ・対象の変容と，理解，指導方針との関連 ・対象の今後の課題について
テーマ	テーマは，最後に記入する。主訴や問題が何であるか，一目で分かるようにする。また，手法や対象等を副主題として記述してもよい。重要なのは，読み手の援助・指導につながる事例からの学びを述べられるかである。

景や作成過程を理解せず実施し，データを処理し数値からのみ児童生徒理解を進めている点である。また，データ処理による量的（定量的）研究法（平井，2000）における，数値間の相関関係や因果関係を仮説検証から児童生徒理解を行う段階，過程を省いていないだろうか。

「**エゴグラム**」は，デュセイ（1980）が **TA**（Transactional Analysis）の理論をもとに，性格パターンを表示するため直観的な行動観察の方法を考案したものである。日本においては，TAを**交流分析**と訳し，エゴグラムを質問紙法として，一般にはTEG（東大式エゴグラム），ANエゴグラムなどが現在用いられている。質問紙法としてのエゴグラムを例にとれば，児童生徒理解はエゴグラムを用いたテストだけでは不十分である。テストを実施する事前において，類型レベルの自我状態について構造，機能から理解し，特性レベルの5つの自我状態をとらえ，習慣反応レベル質問項目それぞれを理解することが求められる。

活用においては因子分析のモデル（杉浦，2000）の「因子の抽出の実際」の流れをとる（図2.4）。背景にあるカテゴリーが，どのようなコンセプトにより，手順を経ているか，思考過程を辿り因子を見出す作業が不可欠と考える。質問紙による評定が，被験者の質問項目への反応結果から概念を構成し理解する，作成とは逆の思考を行うのである（図2.5）。

2. 背景からのアセスメント

理論背景から理解することは，生徒指導の援助・指導の基礎となる。**カウンセリング心理学**（渡辺，1996）は，生徒指導・教育相談の背景となる理論である。様々なカウンセリング技法の先駆者は，事例研究によりカテゴリーを構築し理論としてまとめている。方法論だけが，知識伝達の方法により普及されるとしたら，生徒指導における援助・指導の資質向上は望めない。児童生徒らの生い立ち，社会的背景，理論を構築するために対象とした事例，その過程を学ぶことが重要である。方法論を知識，資料として獲得しても，使える，使えないの思考過程に陥る。

「(1) 先に児童生徒ありき」への回答は，量的な理解の質問紙法，質的な理解のカウンセリング技法にしても，咀嚼なしにカテゴリーを使用しないことである。

観測変数　[項目1] [項目1] [項目1]

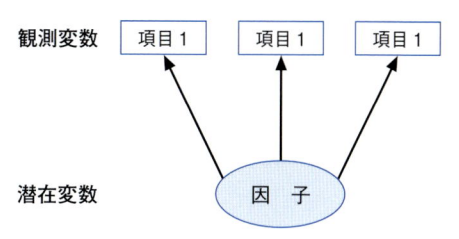

潜在変数　（因　子）

a. 理論的モデル

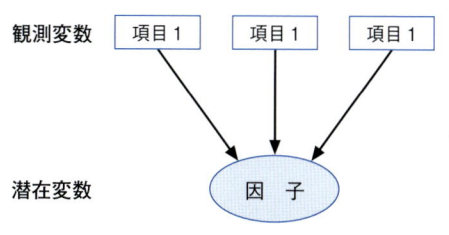

観測変数　[項目1] [項目1] [項目1]

潜在変数　（因　子）

b. 因子の抽出の実際

図2.4　因子分析モデル（杉浦, 2000）

類型レベル　（自我状態）

特性レベル　(CP) (NP) (A) (FC) (AC)

習慣反応レベル　[質問項目] [質問項目] [質問項目] [質問項目] [質問項目]

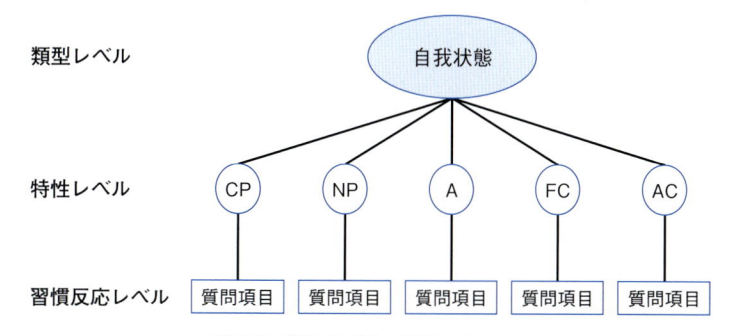

図2.5　階層モデル（懸川, 2002）

理解の流れは，背景を把握し，得られた事象をつなぐことである。この流れ知っている技法に依存するのでなく，はじめに児童生徒ありきの立場による実態を重視した教育活動を展開することである。背景から理解する行為が傾聴だからである。

3. フィールドワークに学ぶ

背景から理解する体験過程を保証するのは，フィールドワークである。カウンセリング研修に実際に取り入れられている分野である。研究対象のフィールドから得られる事象を用い，新たなカテゴリーを構築する体験過程をとおして，身につけられる。フィールドワークの参与観察は，仮説生成のスタイルをもつフィールドワークの一手法である。

小林・齋藤（2000）が，フィールドワークを用いた児童生徒理解のあり方を，不登校児童生徒の参加するサマーキャンプをフィールドとして研究した手順を図2.6に示す。

（1）仮説生成からの事例研究　仮説をもたずにフィールドに入る参与観察は，そこに表出されている行為や言葉だけを行うのではない。

フィールドにおける解釈過程（箕浦，1999）は，フィールドに関わる人の意味空間を，表出される行動・言葉・モノから観察し，そこでの人間関係および背景となる社会システム，歴史，文化的意味体系から，参与観察者の意味空間にとらえ直し，解釈したものをエスノグラフィーとして書き表すまでを意味する。フィールドワークで表出されたデータを網羅的に収集し，整理・分析・解釈の過程を円環的に行う仮説生成の流れは，児童生徒への援助・指導に不可欠のものと考える。

仮説生成の流れを，事例研究に置き換え，実態把握，課題の明確化，指導方針の設定，援助・指導の過程を円環的に行うことを提案したい。このスタイルなら，指導者が，今ここでの実態に即応することが可能であり，対象児童生徒の「代弁者」としての共感的態度をとることができる。児童生徒への援助・指導のまとめを，「実態把握→診断→指導方針の設定→援助・指導→変容の評価」のように直線的にとらえ，型どおりにレポートを記述することを否定する立場はとらない。児童生徒の問題行動の背景を，身を置いている意味空間をいかに解釈し，行動するかにある。

① フィールドを選定する

↓

② フィールド全体を把握する

↓

③ リサーチ・クエスチョンを決める

↓

④ フィールドに入り，参加観察による情報収集を行う

↓

⑤ 網羅的に収集したデータからフィールドノーツを作成する

↓

⑥ 観察結果を読む解くための理論枠組みや範疇（カテゴリー）を探索し，データを整理・分析・解釈しながら仮説を生成する

　　　データ整理 → 分析 → 解釈 → 仮説生成 →（循環）

↓

エスノグラフィーを記述する

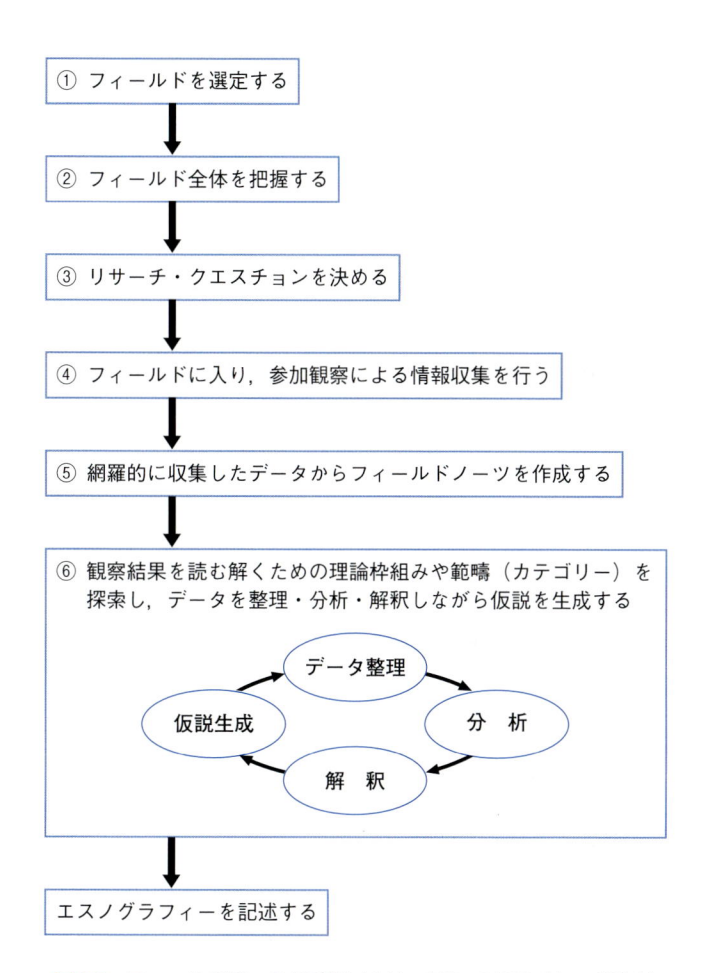

図2.6　フィールドワークの手順（小林・齋藤, 2000より一部改変）

2.1　生徒指導に活かす　　77

(2) フィールドワーク体験　指導者は，知的伝達により得られた知識理解だけでは，子どものニーズに応じた行動へ移すことはできない。また，課題解決の体験をとおして，知識と行動と感情が真に融合できるのである。

　フィールドへの参加は，一般的にそこに既存する人との関係づくりから始まる。参与観察者の研究の立場とフィールドに存在する一人の人間としてのアイデンティティの確立が，これからの得られる新たな知見や生成する仮説に影響を与えていく。仮説生成は，研究対象としてのフィールドに身を置き，見えてくるものから「問い」を決定する。問いを携えつつフィールドで行う**フィールドノーツ**の作成は，表出していることを網羅的に書きこんでいく作業であり，訓練である。問いをとらえ直しながら，観察結果を読み解くための新たな理論の枠組みやカテゴリーを探索し，円環的に観察データを整理・分析・解釈する体験は，課題解決の過程であり，仮説生成をゴールとしている。仮説生成は既存の理論やカテゴリーの引用でなく，見えてきた事象へのラベリングを行うのである。

　「(2) 円環的な仮説生成型の思考による教育活動」への回答は，フィールドワーク体験のすすめである。

4. 体験学習による自己理解

　「(3) 教師の自己理解に基づく生徒指導」に対しては，**体験学習**に視点を置く。

　酒庭・田野入（2001）は，ライフスキル，構成的グループ・エンカウンター，プロジェクト・アドベンチャー，ソーシャルスキルなど，既存のカテゴリーから共通性をとらえ体験学習の過程を見出すことに試みている。それぞれのエクササイズ，プログラムの体験学習の過程からモデル化を図った（図 2.7）。この体験学習の過程において，教師は自己理解を深めてほしい。円環的に実施されるグループ体験が，構成員に内在化されたとき，問題解決の思考過程が身につくと考えるからである。

　身につくことによる変容は，教師の態度・心情である（表 2.3）。態度は，思考・感情，行動から構成されているものととらえる。態度の3つの観点は，問題を解決する場合のパターン化にも活用できる。何か新しい物事に取り組む場合，自分の考えをもってから行動する人，意欲を喚起させ

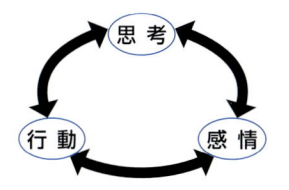

グループ体験
- 思考：理解，比較，考える
- 行動：作業，ロールプレイ
- 感情：感じる

図 2.7　体験学習の過程（酒庭・田野入，2001）

表 2.3　カウンセリング技法の活用について（河田，2002 より一部改変）

心情・態度	カウンセリング技法	カウンセリング技法を授業場面で活かした場合に期待される効果	教育相談的態度による応答
受容	繰り返し	発言したことを繰り返しいってもらうことで，児童が，教員が自分の気持ちや考えを分かってくれていることに喜びを感じる。児童の意見をそのまま板書することもこれにあたる。	「単純な受け止め」：児童に対して，「はい」「そう」などの簡単な言葉で受け止めたり，その発言を繰り返したりすること。
受容 共感	明確化	自分の意見に自信のない児童や何といっていいのかよく分からない児童の助けとなる。	「内容の受け止め」：児童が発言した事柄や内容から良いところ見つけ，わかりやすく要約して教員の言葉で児童に返していくこと。
受容	ポジティブフィードバック	良いところを指摘して褒められた児童が自己肯定感を高めるだけでなく，それを聞いている周りの児童もその子を肯定的にとらえられるようになり他者肯定感も高まる。	
受容	リフレイミング	物事を多面的かつ前向きに考えるようになり，学習意欲が高まる。	
受容 共感	傾聴	児童に対する共感的理解であり，受容することである。児童は認められたことで教員に対する信頼感を増す。たとえば，ネームプレート（児童の氏名を書いたもの）を使用することで児童が自分の存在を板書の中で確かめられるようにすることもこれにあたる。	「感情の受け止め」：児童の発言やそこに込められている感情を受け止めて，教員の言葉でかえしていくこと。たとえば，「うれしかったんだね」「分からなくなったの」などと声をかけること。「笑顔・まなざし」，「うなずき」「スキンシップ」
自己一致	自己開示	教員がありのままの自分をさらけ出して自分の感情や体験や考えを表現するだけでなく，教員としての面目とか体裁を気にするのではなく，分からないことは分からないということ。そこから子どもと一緒に考えていこうとする姿勢が生まれる。	「素直な気持ち」：教員の心の中に起こる自然で素朴な感情や気持ちを，態度や言葉でありのままに児童に表明していくこと。たとえば，「よく気がつくね」「なるほど」「よく分からないから，もう一度いってくれるかな」などと応答すること。

2.1　生徒指導に活かす

て次に移る人，まずは行動する人など，個性やその置かれた環境により異なることがこの過程を辿っても理解できる。

2.1.3 開発的な生徒指導のデザイン

フィールドワーク体験，ワークショップでの体験学習を活かして，生徒指導が機能する教育活動を構築することを提案する。①学校が抱える教育課題を明確にする，②課題解決のための育成する能力を意図する，③仮説生成の円環的に継続するモデルに体験学習の過程を取り入れる，④学習内容の系統性，児童生徒の発達段階を重視して計画を作成する，といったことがあげられる。育成にあたっては，児童生徒への健全育成を目的とした教育活動を展開する。

山本（2001）は，構成的グループ・エンカウンターの基礎や理論を踏まえ，エクササイズを開発する活動を実践的模索として，エクササイズを体験するのみでなく，開発に参画することで主体性や個性が輝き出してくると述べている。手段としてのエクササイズについて，「ねらいを『スムーズに，効果的に，楽しく』達成するためにユースフルな手段がエクササイズである」と示し，さらに，「ねらいは，開示・表現能力，対人関係能力，グループ促進能力などの育成にかかわっている。現実を見すえ，状況に応じて設定される。当然ながら，さらに細分化し焦点をしぼりこんでいく」と，細分化したねらいの設定について示唆している。

開発的な生活指導のデザインにおいて，**潜在的カリキュラム**の視点が有効である。安彦（2003）は，カリキュラムを潜在的カリキュラムと計画・展開・結果カリキュラムにより明確化している。潜在的カリキュラムは，計画・展開・結果カリキュラムの学習成果とは別に身につく能力の内容を指している。生徒指導は，カリキュラムにおいて機能し，学習が成立する。そして，潜在的カリキュラムの身につく能力として相互コミュニケーションが確立される（図 2.8）。

教師と生徒の関わりの中では，相互コミュニケーションの確立なしに生徒指導は機能しない。教育活動における学習は相互コミュニケーションにより促進されるため，一方的な知識伝達だけのコミュニケーションでは，

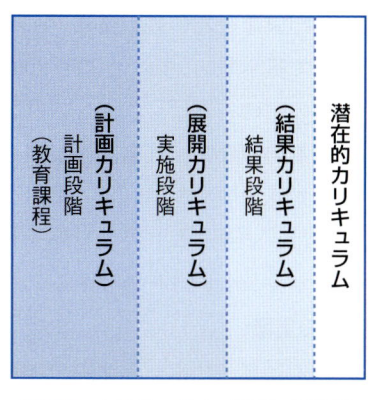

図2.8 カリキュラム（安彦，2003）

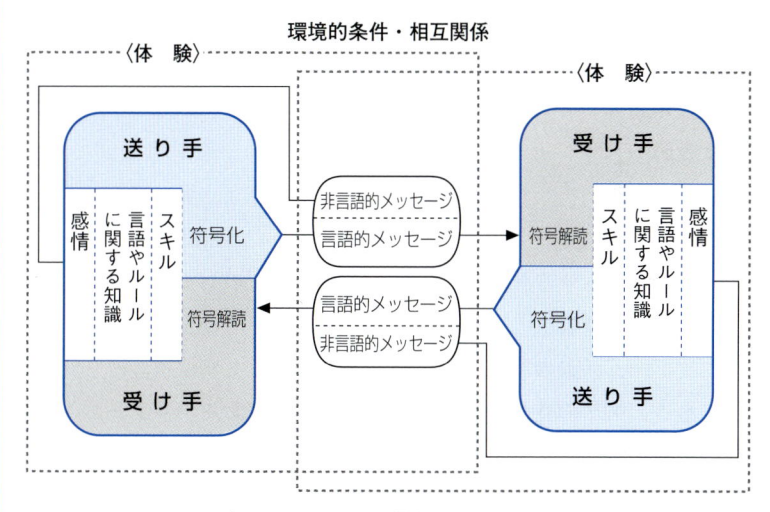

図2.9 コミュニケーション過程（酒庭・田野入，2001）

教師と生徒の自己理解を阻害するだけでなく，関係性の中での学習は成立しない（図2.9）。

ショーン（2001）は，専門家を**行為の中の省察**（reflection in action）に基づく，反省的実践家として提示している。佐藤（2001）は，その訳者としての序文において「行為の中の省察は，状況との対話として遂行される活動中の思考に限定されるものでない。行為語の省察と行為についての省察を含んでおり，自己との対話を展開している」と述べている。

生徒指導における専門性は，デザインしたカリキュラムにおいて，児童生徒との相互コミュニケーションという行為にあると考えられる。

1. 生徒指導計画デザインの実際

ここでは，カナダにおけるピア・サポート活動の実際から述べる。外在化された生徒指導計画が機能することで，デザインされた体験過程が児童生徒に内在化され，育成が図られる（図2.10）。ピア・サポート活動で育成する児童生徒の能力は，問題解決能力である。

（1）児童生徒理解　ピア・サポート活動は，生徒を対象に行ったアンケート調査による児童生徒理解から始まっている。結果から，大人が何をすべきか考え，ピア・サポート活動が展開された経緯がわかる。児童生徒観は，生徒の意識をポジティブにとらえた立場が示されており，「なぜ，子どもは教師やカウンセラーに相談しないのだろう」という疑問でなく，彼らがもつ「仲間に相談するよさ」を生かそうという立場が理解できる。

（2）資源を活用する　ピア・サポート活動では，仲間をより良く支援できるようサポートする側が**トレーニング**受ける。トレーニングを受けたサポーターは，教育資源として仲間支援のサポート活動を行う。

ピア・サポート活動の特徴の一つは，トレーニングが位置づけられていることである。第2の特徴は，**個人プランニング**である。トレーニングで得られた知識・スキルをもとに，サポーターが仲間支援のサポート活動に向けた事前の段階で支援の計画を立てる。カナダで視察した学校における個人プランニングには，「勉強がわからない子へ教えてあげる」「けがをした子への対応」「困っている子に声をかける」などがあり，日本における係，当番の内容と似ている。違いは係，当番の仕事をする前に，トレーニ

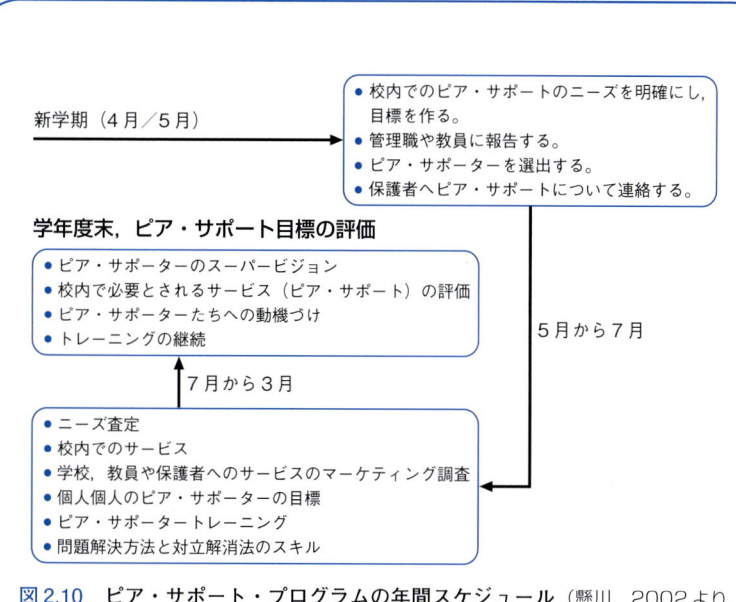

新学期（4月／5月）　→
- 校内でのピア・サポートのニーズを明確にし，目標を作る。
- 管理職や教員に報告する。
- ピア・サポーターを選出する。
- 保護者へピア・サポートについて連絡する。

5月から7月

学年度末，ピア・サポート目標の評価
- ピア・サポーターのスーパービジョン
- 校内で必要とされるサービス（ピア・サポート）の評価
- ピア・サポーターたちへの動機づけ
- トレーニングの継続

7月から3月

- ニーズ査定
- 校内でのサービス
- 学校，教員や保護者へのサービスのマーケティング調査
- 個人個人のピア・サポーターの目標
- ピア・サポータートレーニング
- 問題解決方法と対立解消法のスキル

図2.10　ピア・サポート・プログラムの年間スケジュール（懸川，2002より一部改変）

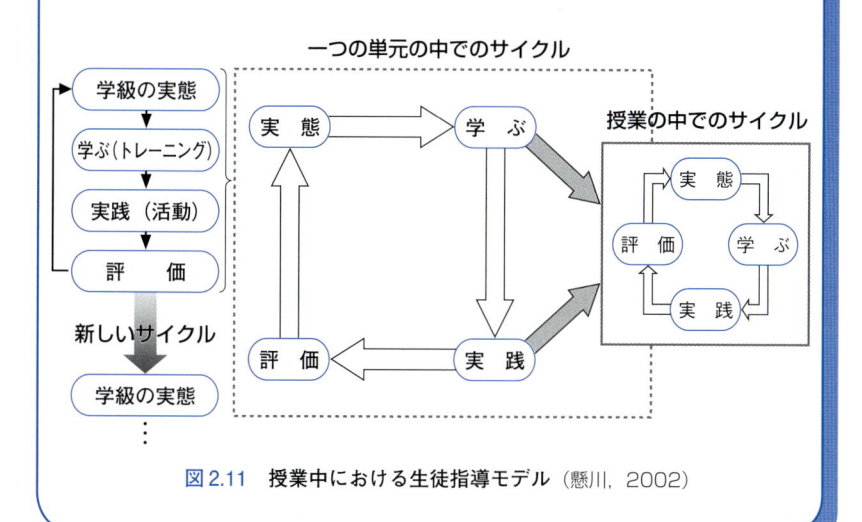

図2.11　授業中における生徒指導モデル（懸川，2002）

2.1　生徒指導に活かす

ングを位置づけていることである。今後トレーニングの視点は，生徒指導における育成モデルへの活用だけでなく，教育相談においても不可欠なものと考える（図 2.11）。

カナダにおける主なトレーニング・プログラムの基本的なものは，コミュニケーションスキル，傾聴，問題解決，対立解消などのスキルであった。これは，カナダでの児童生徒の実態，学校におけるニーズによりデザインされたものである。

個人プランニング例とトレーニング・プログラムを見ると，サポーターの学びがわかる。サポーターは，トレーニング・プログラムによる体験学習をもとに，仲間支援の内容を計画する。しかし，理解したカテゴリーをそのまま計画するのでなく，個人プランニング例が支援のニーズに応じた内容になっているからである。ここに学びの過程がみられる。サポーターは，個人プランニングに表出した学びを，仲間支援において行動化として試みる。

(3) **スーパービジョン**　　プランニング中に考えたことが，そのとおりに実行できない場合もある。ピア・サポートの次の特徴は，実際に支援した内容をスーパーバイザーへ報告し，次のサービスのためによりよい方法を得るための**スーパービジョン**が設定されていることである。ここから，新たなトレーニング内容の設定とトレーニングへと継続され，円環的な活動が展開される。ピア・サポート活動の円環的な活動が機能することで，支援された児童生徒とサポーターは問題解決能力を身につけるのである。さらに，問題解決場面を生徒指導計画に設計した教師も，学校が抱える教育課題を解決できる。児童生徒と教師相互が成長できる活動である。

2. モデルの応用

三村は，授業中における生徒指導の視点から学級が抱える課題解決のモデルを設計し，具体的にプログラムを作成し実践している（表2.4）。学級のニーズに応じるという視点で，プログラム作成とトレーニング内容に独自性と創造性を発揮している（懸川，2002）。

3. 協働モデル

ピア・サポートを教育活動へ位置づけることにより，協働モデルを提案

表 2.4　クラス全員が取り組むプログラム（全員が行うサポートプログラム）
（三村の実践に基づき懸川，2002 が作成；一部改変）

	時期	テーマ	学習内容
実態把握	5月	「自分を知ろう①」	・自分の特性について考える。
	6月	「学級の実態把握」	・アンケートの実施，学級の課題の把握。
	7月	「自分や友達を知ろう②」	・自分から見た自分のよさ，他人から見た自分のよさを，「ジョハリの窓」を活用して整理する。
トレーニング	9月	「気持ちを聴き取ろう」	・気持ちを非言語的な表現活動 ①（2分：寂しさ，混乱，怒り，不安，幸福） ②（2分：興奮，怒った，がっかり，悲しい，不安，不満，うれしい）
		英語で自己表現	・英語授業の表現活動で，ロールプレイを実施する。 ・9月から10月にかけて，5時間計画で行う。
	10月	「上手に自己主張をしよう」	・言語をとおした表現活動：4人グループで，役者①，役者②，監督，観客の役割を決めて「相手のことを考えない」「相手のことを気にしすぎる」「自分と両方を考える」タイプのロールプレイをする。
		「冷たい聴き方，暖かい聴き方」	・2人一組で組をつくり，Aは最近楽しかったことを語り，Bは態度と言葉で否定的にそれを聞く（ロールプレイ）。
問題解決	10月	「互いに励まし合い助け合おう（目標及び活動づくり）」	・KJ法を用いて，合唱コンクールに向けての学級としての取組と，生徒一人ひとりの目標を立てるとともに，級友を励まし助ける活動を考える。
	10月〜11月	「互いに励まし合い助け合おう（活動）」	・合唱コンクールに向けて，それぞれが目標をもって取り組み，それを発表し合い，それに対して助け合う活動を1から2週間の間互いに行う。
	12月	生徒会人権学習	・生徒会本部役員による寸劇とそれを受けての学級での話し合い活動。
		活動の評価　実態の再確認	・活動をとおして学んだこと，考えたこと，感じたことを，振り返り成果を明らかにする。 ・アンケートの実施，学級の課題の把握。
トレーニング	1月	ボランティア講演会の実施	・東京福祉大　大橋先生による講演。ボランティアの意義や生きがい，感動的な実践の紹介等。
		ボランティアの意義と実技	・高齢者との接し方のトレーニング（福祉施設の職員による講義と実技の学習）。
問題解決	1月	「一人ひとりの課題をつくろう」	・ボランティア体験をする個々のサポートに対する目標を作成する。
		ボランティア活動	・愛老園，寿の郷などの高齢者施設での体験活動。
評価	2月	振り返り	・活動をとおして学んだこと，考えたこと，感じたことを，振り返り成果を明らかにする。

する（図2.12）。地域・学校・家庭からのニーズをもとに，地域と学校の活動を連携させ，思いやり，問題解決能力の育成を意図性を基盤とした協働モデルである。今後の生徒指導の展開は，狭義の問題行動への対応から，既存の地域・学校・家庭の教育資源を有効に活用できる可能性の検討からスタートしたコミュニティの構築が不可欠である。

2.2 進路指導に活かす

進路指導は，教育現場において教師が行う児童生徒の「生き方」についての指導と援助である。現行の学習指導要領の基盤となった第15期中央教育審議会答申（1996）「21世紀を展望したわが国の教育の在り方について――子供に「生きる力」と「ゆとり」を」の中に，「教育は，子供たちの「自分さがしの旅」を扶ける営みとも言える」という一文がある。これは，学校教育として進路指導が果たす役割の重要性を示唆している。しかしながら，教育現場の現状は，進路指導が上級学校への進学指導（出口指導）に偏重していたことや，若年層におけるフリーター志向の増大，ニートに関わる諸問題，少子化（図2.13）に伴う高等教育機関への進学率の向上（図2.14）とモラトリアム傾向の強化等，多様な課題や問題が山積している。

現在，学校教育上の進路指導は，その名称を「**キャリア教育**」と変更している。本節では，はじめにキャリア教育の概要と進路指導との関連について整理をしていく。次に，児童生徒の進路指導に活かす学校臨床心理学の展開などについて述べる。

2.2.1 キャリア教育の概要

1. 職業指導から進路指導へ

（1）変　遷　進路指導を遡ると，大正期の**職業指導**から発展してきたことがわかる。職業指導とは，"vocational guidance" の訳語（入澤，1921）であり，中学校や高等学校での職業指導が教育課程の内容となったのは，戦後六・三・三・四制の単線型の学校体系のもとに告示された昭和

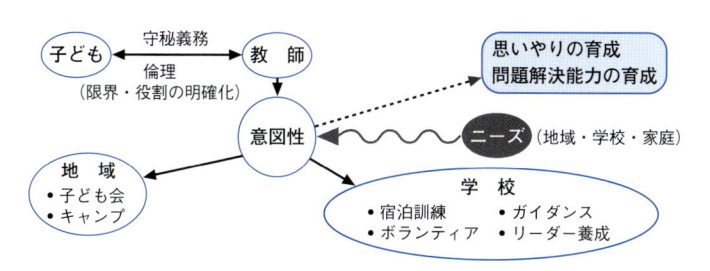

図2.12 学習モデルとしてのピア・サポート（懸川, 2001）

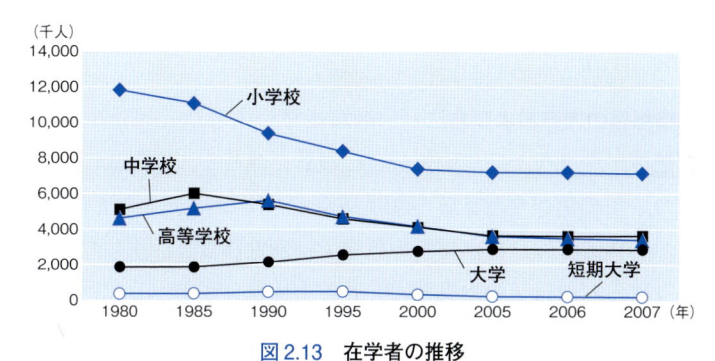

図2.13 在学者の推移

（出所）総務省統計研修所編（2009）「第59回日本統計年鑑 平成22年」より作成
http://www.stat.go.jp/data/nenkan/index.htm

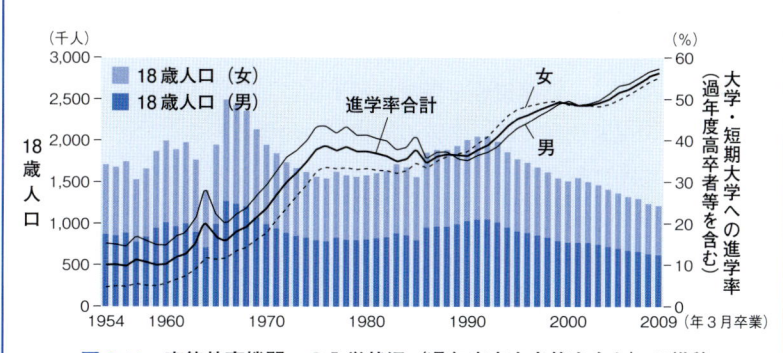

図2.14 高等教育機関への入学状況（過年度高卒者等を含む）の推移

（出所）文部科学省（2009）「平成21年度学校基本調査速報」調査結果の要旨
http://www.mext.go.jp/b_menu/toukei/001/08121201/1282588.htm

（注）18歳人口＝3年前の中学校卒業者及び中等教育学校前期課程修了者数

$$進学率 = \frac{大学・短期大学入学者数（過年度高卒者含む）}{18歳人口}$$

26（1951）年版学習指導要領である。そこでは，職業家庭科に職業指導が位置づけられ，職業指導の教員免許も設けられた。当時の主な指導内容は①職業の内容や就職先などの情報を与えること，②生徒の適性や興味などを含む自己理解に関すること，③選職の相談と助言等，の3点であった。

1954年には職業指導主事が法的に位置づけられることになる。その後，高度経済成長に伴う高校進学率の上昇（図2.15）を受けて職業指導は生徒の生き方の指導に方向が拡大することになり，名称が「進路指導」へと変わることになった。また，進路指導は各教科，道徳の時間，特別活動などの教育課程全領域で行われるようになるが，主には学級担任が年間指導計画に基づき特別活動の時間に担当した。

(2) 進路指導の内容および方法　　進路指導の内容は①児童生徒に自分の個性や適性，環境などについての自己理解をさせる，②生徒に上級学校や職業についての情報を与える，③進路決定をするときに援助する，の3点である。具体的には，自己理解の指導では適性検査を活用したり体験活動の場を設ける。上級学校や職業について生徒自らが調べる学習活動をとおして情報の活用能力を育てる。進路決定の際には，個別進路相談を行う。

2. 進路指導からキャリア教育へ

(1) 進学指導の問題──学校教育からの偏差値追放　　進路指導は，学校の教育活動全体をとおして発達段階に応じ意図的計画的に実施されるものである。そのために，進路指導主事が法定主任として位置づけられている。しかし，実際の進路決定では，学校の成績（いわゆる内申点）や業者テストの偏差値を基準に行われ，個人の適性や興味関心など十分には反映されていない現実がみられた。

文科省（当時，文部省）は，進路指導の部分である進学指導が業者テストによる偏差値に過度に依存している状況と高等学校中途退学生徒（図2.16）の増加改善をめざして，全国の学校に通知を出した。これは，「業者テストの偏差値を用いない入学者選抜の改善について」という教室からの偏差値追放を指示したものである。その後，入試制度は多様化し，高校入試における推薦入学制度，大学入試における受検（受験）科目の削減やAO入試等が導入されている。このように偏差値による進学指導の改善は

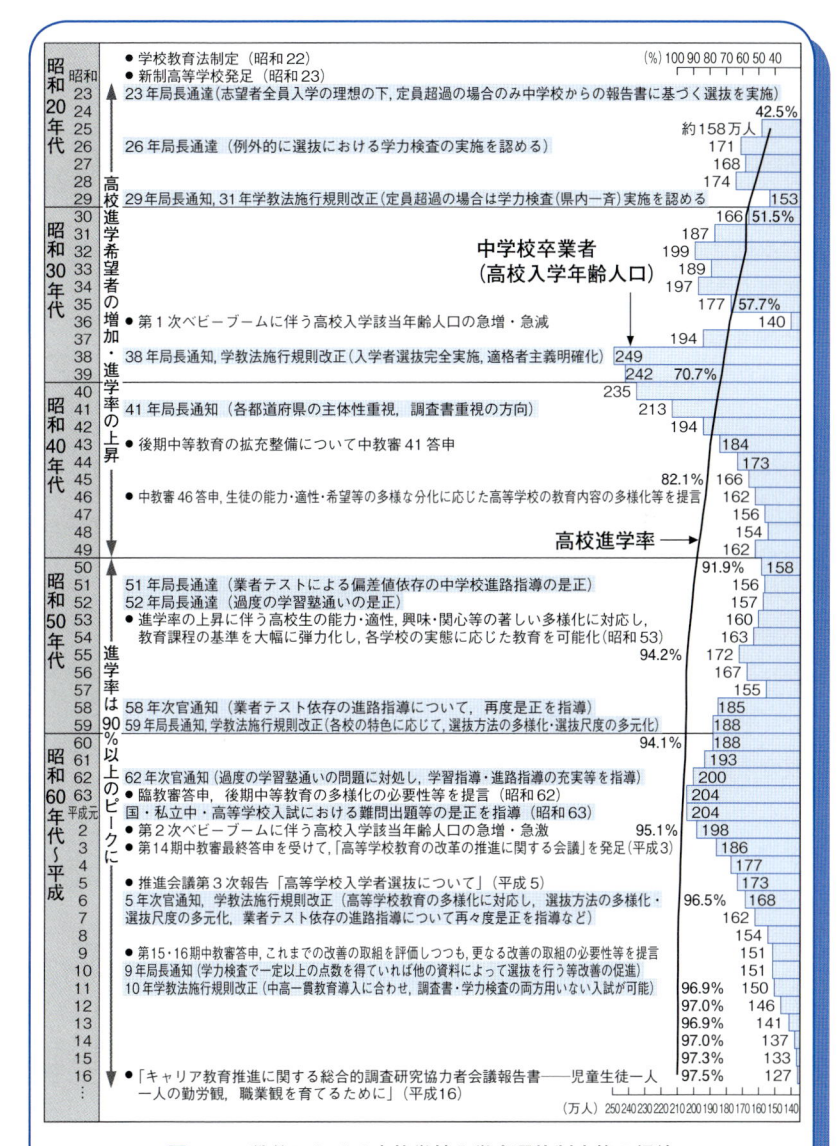

年代		事項	中学校卒業者数(万人)	高校進学率(%)
昭和20年代	昭23	● 学校教育法制定（昭和22） ● 新制高等学校発足（昭和23） 23年局長通達（志望者全員入学の理想の下，定員超過の場合のみ中学校からの報告書に基づく選抜を実施）	約158万人	42.5%
	24			
	25		171	
	26	26年局長通達（例外的に選抜における学力検査の実施を認める）	168	
	27		174	
	28			
	29	29年局長通知，31年学教法施行規則改正（定員超過の場合は学力検査（県内一斉）実施を認める	153	
昭和30年代	30		166	51.5%
	31		187	
	32		199	
	33		189	
	34		197	
	35		177	57.7%
	36	● 第1次ベビーブームに伴う高校入学該当年齢人口の急増・急減	140	
	37		194	
	38	38年局長通知，学教法施行規則改正（入学者選抜完全実施，適格者主義明確化）	249	
	39		242	70.7%
昭和40年代	40		235	
	41	41年局長通知（各都道府県の主体性重視，調査書重視の方向）	213	
	42		194	
	43	● 後期中等教育の拡充整備について中教審41答申	184	
	44		173	
	45		166	82.1%
	46	● 中教審46答申，生徒の能力・適性・希望等の多様な分化に応じた高等学校の教育内容の多様化等を提言	162	
	47		156	
	48		154	
	49		162	
昭和50年代	50		158	91.9%
	51	51年局長通達（業者テストによる偏差値依存の中学校進路指導の是正）	156	
	52	52年局長通達（過度の学習塾通いの是正）	157	
	53	● 進学率の上昇に伴う高校生の能力・適性，興味・関心等の著しい多様化に対応し，教育課程の基準を大幅に弾力化し，各学校の実態に応じた教育を可能化（昭和53）	160	
	54		163	94.2%
	55		172	
	56		167	
	57		155	
	58	58年次官通知（業者テスト依存の進路指導について，再度是正を指導）	185	
	59	59年局長通知，学教法施行規則改正（各校の特色に応じて，選抜方法の多様化・選抜尺度の多元化）	188	
昭和60年代〜平成	60		188	94.1%
	61		193	
	62	62年次官通知（過度の学習塾通いの問題に対処し，学習指導・進路指導の充実等を指導）	200	
	63	● 臨教審答申，後期中等教育の多様化の必要性等を提言（昭和62） ● 国・私立中・高等学校入試における難問出題等の是正を指導（昭和63）	204	
平成	2	● 第2次ベビーブームに伴う高校入学該当年齢人口の急増・急減 ● 第14期中教審最終答申を受けて，「高等学校教育の改革の推進に関する会議」を発足（平成3）	204	95.1%
	3		198	
	4		186	
	5	● 推進会議第3次報告「高等学校入学者選抜について」（平成5） 5年次官通知，学教法施行規則改正（高等学校教育の多様化に対応し，選抜方法の多様化・選抜尺度の多元化，業者テスト依存の進路指導について再々度是正を指導など）	177	
	6		173	96.5%
	7		168	
	8		162	
	9	● 第15・16期中教審答申，これまでの改善の取組を評価しつつも，更なる改善の取組の必要性等を提言 9年局長通達（学力検査で一定以上の点数を得ていれば他の資料によって選抜を行う等改善の促進）	154	
	10		151	
	11	10年学教法施行規則改正（中高一貫教育導入に合わせ，調査書・学力検査の両方用いない入試が可能）	151	
	12		150	96.9%
	13		146	97.0%
	14		141	96.9%
	15		137	97.0%
	16	● 「キャリア教育推進に関する総合的調査研究協力者会議報告書——児童生徒一人一人の勤労観，職業観を育てるために」（平成16）	133	97.3%
			127	97.5%

図2.15　戦後における高等学校入学者選抜制度等の経緯

（出所）文部科学省ウェブページより作成　http://www.mext.go.jp/a_menu/shotou/career/05010502/011.pdf

（注）高校進学率は，中学校卒業者のうち，高等学校等の本科・別科，高等専門学校に進学した者（就職進学した者を含み，浪人は含まない）の占める比率である。ただし，昭和58（1983）年までの高校進学率には，高校の通信制課程（本科）への進学者を除く。

2.2　進路指導に活かす　　**89**

進められたが，本来の進路指導がめざす生き方の指導にまでは至っていないのが実情であった。

(2) キャリア教育の登場　バブル経済崩壊後，日本社会では先述の如く諸問題が山積していた。この頃「キャリア教育」という言葉が公文書に登場し，その後，文部科学省（以下，文科省）から「キャリア教育推進に関する総合的調査研究協力者会議報告書——児童生徒一人一人の勤労観，職業観を育てるために」（文科省，2004；以下，「報告書」）が公表され，2004年4月より「新キャリア教育プラン推進事業」が始まった。

キャリア（career）とは，「経歴，履歴，生涯，生活手段，職業，成功，出世」など，多くの意味をもつ名詞であるが，現在はそのまま「キャリア」として使われることが多くなってきている。前述の報告書（2004）によれば，キャリアとは，「個々人が生涯にわたって遂行する様々な立場や役割の連鎖及びその過程における自己と働くこととの関係付けや価値付けの累積」と定義されている。また，キャリア教育については，キャリア概念に基づき，「児童生徒一人一人のキャリア発達を支援し，それぞれにふさわしいキャリアを形成していくために必要な意欲・態度や能力を育てる教育」と定義され，キャリア教育は，小・中・高等学校のすべての学校で，全教育活動を通して推進していくことが示された。

2.2.2　キャリア・カウンセリング

1. キャリア・カウンセリングとは

従来，キャリア・カウンセリング（career counseling）は，職業指導（vocational guidance）と同義に解釈されていた。しかし，「生き方」を考えさせることが進路指導の骨子に移り変わるとともに原語を使用するようになってきた。キャリア・カウンセリングは，「職業選択だけではなく進学も含め，あらゆる問題を対象とするカウンセリング」（國分，1994）であり時間的制限がある難しいものである。

さて，前述の報告書（2004）において，キャリア教育の基本方針（キャリアに関する個別あるいはグループ単位でのカウンセリングの機会の確保と質の向上）と推進方策（すべての教員が基本的なキャリア・カウンセリ

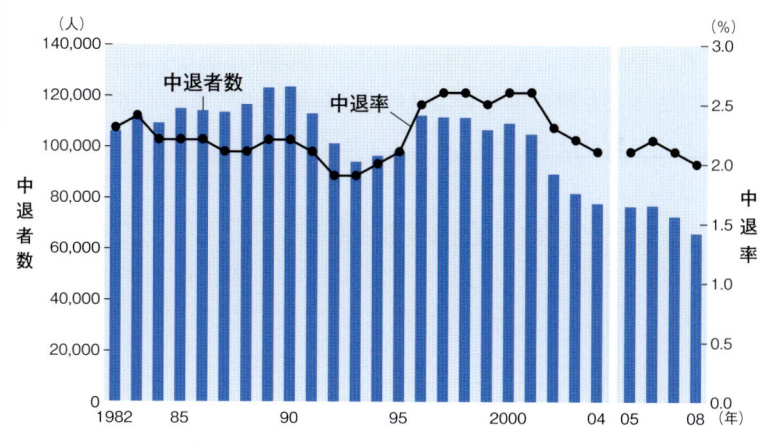

図2.16　高等学校における中途退学者数および中途退学者率の推移

（出所）文部科学省（2009）「児童生徒の問題行動等生徒指導上の諸問題に関する調査」
http://www.mext.go.jp/b_menu/houdou/21/08/_icsFiles/afieldfile/2010/03/12/1282877_1.pdf

（注）調査対象は，2004年度までは公・私立高等学校，2005年度からは国立高等学校も調査。中途退学率は，在籍者数に占める中途退学者数の割合。

2.2　進路指導に活かす

ングを行うことができるような研修の充実）が明確に示された。そこでは，キャリア・カウンセリングの内容とその重要性について，次のように述べられている。

「学校におけるキャリア・カウンセリングは，子どもたち一人一人の生き方や進路，教科・科目等の選択に関する悩みや迷いなどを受け止め，自己の可能性や適性についての自覚を深めさせたり，適切な情報を提供したりしながら，子どもたちが自らの意志と責任で進路を選択することができるようにするための，個別またはグループ別に行う指導援助である。…（中略）…キャリア・カウンセリングには，カウンセリングの技法，キャリア発達，職業や産業社会等に関する専門的な知識や技能などが求められることから，こうした専門性を身に付けた教員を養成していく必要がある。また，基本的なキャリア・カウンセリングについては，すべての教員が行うことができるようになることが望まれる」。

2. 担任が行うキャリア教育――中学校を例として

担任は，進路指導において生徒の不安や悩みを受け止めながら個に応じた進路選択のために必要な情報を準備したり，基礎学力の補充のための補習授業をしたりなど多様な援助をしてきた。したがって，名称こそ変わったもののキャリア教育と大差ないと考えてもよい。これからの学校教育の中で必要なことは，キャリア教育を特別活動の枠だけでなく，教育活動全体を通して（図 2.17），いつ頃，誰が，どこの授業（時間）で，どのような内容を，どのように指導していくことが必要であるかという観点で見直し，生徒のキャリア育成を発達段階に応じて構造化していくことである。また，進路選択は中学生にとって強いストレスとなるので，適宜，キャリア・カウンセリングを実施していくことが求められる。

2.2.3 キャリア教育に活かす学校臨床心理学の展開

1. キャリア教育の能力目標

「小学校・中学校・高等学校キャリア教育推進の手引――児童生徒一人一人の勤労観，職業観を育てるために」（文科省，2006）では，キャリア教育において身につけさせる力を例示している（表 2.5，および図 1.34

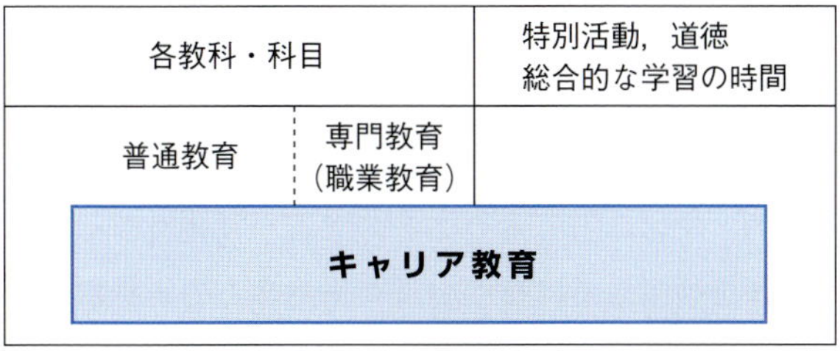

各教科・科目		特別活動，道徳 総合的な学習の時間
普通教育	専門教育 (職業教育)	
キャリア教育		

図 2.17　各教科・領域等とキャリア教育

（出所）文部科学省（2004）「キャリア教育の推進に関する総合的調査研究協力者会議報告書
——児童生徒一人一人の勤労観，職業観を育てるために」
http://202.232.86.81/b_menu/shingi/chousa/shotou/023/toushin/04012801/002/010.pdf

表 2.5　キャリア発達に関わる諸能力（文部科学省，2006）

領域	領域説明	能力説明
人間関係形成能力	他者の個性を尊重し，自己の個性を発揮しながら，様々な人々とコミュニケーションを図り，協力・共同してものごとに取り組む。	**自他の理解能力**：自己理解を深め，他者の多様な個性を理解し，互いに認め合うことを大切にして行動していく能力。
		コミュニケーション能力：多様な集団・組織の中で，コミュニケーションや豊かな人間関係を築きながら，自己の成長を果たしていく能力。
情報活用能力	学ぶこと・働くことの意義や役割及びその多様性を理解し，幅広く情報を活用して，自己の進路や生き方の選択に活かす。	**情報収集・探索能力**：進路や職業等に関する様々な情報を収集・探索するとともに，必要な情報を選択・活用し，自己の進路や生き方を考えていく能力。
		職業理解能力：様々な体験等を通して，学校で学ぶことと社会・職業生活との関連や，今しなければならないことなどを理解していく能力。
将来設計能力	夢や希望を持って将来の生き方や生活を考え，社会の現実を踏まえながら，前向きに自己の将来を設計する。	**役割把握・認識能力**：生活・仕事上の多様な役割や意義及びその関連等を理解し，自己の果たすべき役割等についての認識を深めていく能力。
		計画実行能力：目標とすべき将来の生き方や進路を考え，それを実現するための進路計画を立て，実際の選択行動等で実行していく能力。
意思決定能力	自らの意志と責任によりよい選択・決定を行うとともに，その過程での課題や葛藤に積極的に取り組み克服する。	**選択能力**：様々な選択肢について比較検討したり，葛藤を克服したりして，主体的に判断し，自らにふさわしい選択・決定を行っていく能力。
		課題解決能力：意思決定に伴う責任を受け入れ，選択結果に適応するとともに，希望する進路の実現に向け，自ら課題を設定してその解決に取り組む能力。

参照)。具体的には以下，4領域について説明をしている。
(1) **人間関係形成能力**：他者の個性を尊重し，自己の個性を発揮しながら，様々な人々とコミュニケーションを図り，協力・共同して物事に取り組む力を育成すること。
(2) **情報活用能力**：学ぶこと・働くことの意義や役割及びその多様性を理解し，幅広く情報を活用して，自己の進路や生き方の選択に生かす力を育成すること。
(3) **将来設計能力**：夢や希望を持って将来の生き方や生活を考え，社会の現実を踏まえながら，前向きに自己の将来を設計する力を育成すること。
(4) **意思決定能力**：自らの意志と責任でよりよい選択・決定を行うとともに，その過程での課題や葛藤に積極的に取り組む力を育成すること。

2. キャリア教育推進の基本

報告書(2004)では，学校におけるキャリア教育推進の基本方向として，①働くことへの関心・意欲の向上，②それを学ぼうとする意欲を向上させること，を示している。そして，キャリアに関する学習と教科・領域の学習との相互の補完性を重視している。

たとえば，兵庫県で1998年より実施されている「トライやる・ウィーク」のような**社会体験事業**(**職業体験**)を教科と有機的に関連づけることがあげられる(図2.18)。そこでは，進路への関心や意欲を高める工夫が学習意欲と結びつくものと考えられている。また，児童生徒のキャリア発達の状況を正しく把握し，キャリア・カウンセリングの機会と質を向上させることや，個に応じたキャリア発達の支援を行っていくことが当面の目標となっている。この意味において，アメリカの**スクールカウンセリングプログラム・ナショナルスタンダード**(The National standards for school counseling programs by the American School Counselor Association；ASCA)が示したカウンセリング・プログラムは示唆に富むものといえよう。

3. 学校臨床心理学の展開のために

本節の最後に，学校臨床心理学をキャリア教育に活かす展開について考えてみたい。何らかの課題や困難を抱えもつ児童生徒の在籍する学校臨床の場において，彼らの支援者である教師やスクールカウンセラーと「自分

(a) 体験した生徒の評価

「トライやる・ウィーク」は，どんな1週間でしたか

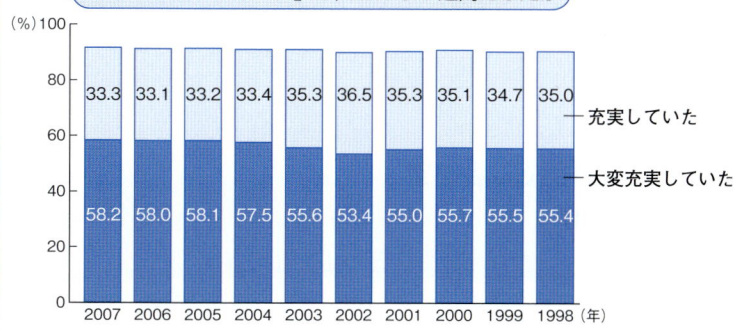

年	大変充実していた	充実していた
2007	58.2	33.3
2006	58.0	33.1
2005	58.1	33.2
2004	57.5	33.4
2003	55.6	35.3
2002	53.4	36.5
2001	55.0	35.3
2000	55.7	35.1
1999	55.5	34.7
1998	55.4	35.0

(b) 受け入れ先・地域・保護者の評価

生徒の成長に関して大きな成果があった

	そう思う	どちらかといえばそう思う
受入先	41.1	56.3
地域	50.0	46.9

「トライやる・ウィーク」はよい体験である

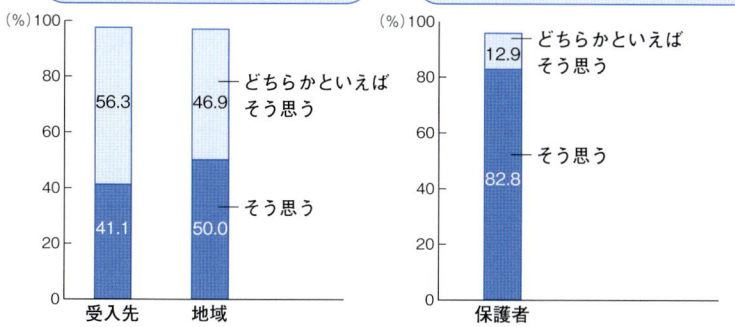

	そう思う	どちらかといえばそう思う
保護者	82.8	12.9

図2.18　トライやる・ウィークへの評価（2007年1月調査）（兵庫県教育委員会，2008）

「トライやる・ウィーク」とは，兵庫県の公立中学校2年生全員を対象として行っている1週間（課業日5日間）の職場体験実習である。

2.2　進路指導に活かす

の子どもの専門家」の保護者を加えた合同チームによる心理教育的援助サービスを行っていくことが学校臨床心理学の基本となる。

　学校教育の場では，個に応じて集団指導（学級指導など）と個別指導をバランスよく行い，学校心理学に基づく援助（アセスメント，コンサルテーション，コーディネーション等）や，特別支援教育で用いられる具体的な手法を活かしていくことが求められる。そのためには，隣接領域の諸研究の知見や学問体系を理解しておくことが必要であるといえよう。

2.3 教育相談に活かす

2.3.1 教育相談とは

　文科省（2010）では，**教育相談**の意義を「教育相談は，一人一人の生徒の教育上の問題について，本人又はその親などに，その望ましい在り方を助言することである」と述べている。

　また，文科省（2009a）では，「教育相談は児童生徒を中心に置くが，学校の中だけで行われるものではなく，家庭，地域など様々な場所において行われている相談活動と連携し，必要に応じてネットワークを構築し，一体的に実施していく必要性がある。学校内での教育相談は，すべての教職員が児童生徒に接するあらゆる機会を捉え，あらゆる教育活動の実践の中で行うことが大切であり，決して特定の教職員だけが行うものではなく，すべての教職員が行うものである。そのため学校内の教育相談体制（組織）においても，一人一人の教職員の力量は大切であるが，校内の各組織と連携が図られ，機能的な体制が構築されていることが大切である」と連携とネットワークの必要性，教育相談組織の構築を指摘し，**図 2.19** のような概念図を例示している。

　平成 20（2008）年 7 月に閣議決定した**教育振興基本計画**では，今後 5 年間に総合的に計画的に取り組むべき施策として「いじめ，暴力行為，不登校，少年非行，自殺等に対する取組の推進」をあげており（**表 2.6**），中央教育審議会答申の中でも，カウンセリングの充実，スクールカウンセラーに相談できる体制の充実を述べている（**表 2.7**）。

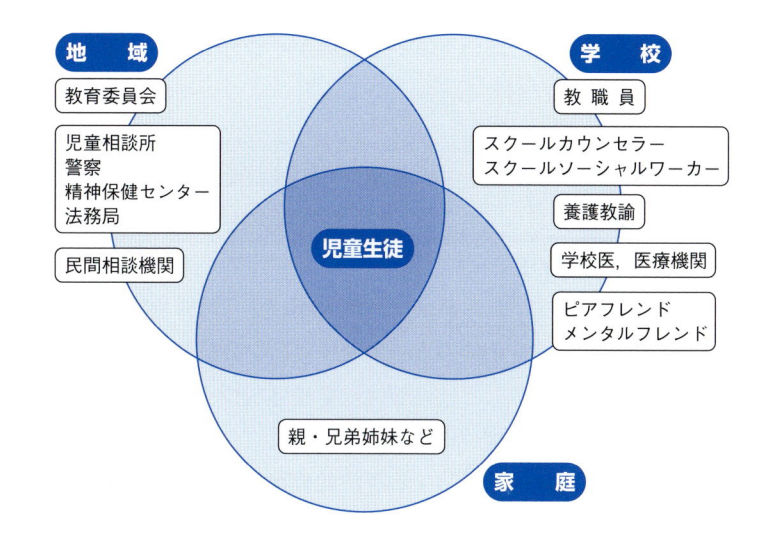

図2.19 教育相談体制の概念図（文部科学省，2009aより一部改変）

地域：教育委員会／児童相談所，警察，精神保健センター，法務局／民間相談機関

学校：教職員／スクールカウンセラー，スクールソーシャルワーカー／養護教諭／学校医，医療機関／ピアフレンド，メンタルフレンド

家庭：親・兄弟姉妹など

中心：児童生徒

ピアフレンドとは，児童生徒の自助組織で，悩みを抱えている同級生や後輩への相談活動などを行う存在である。メンタルフレンドとは，大学等において心理や教育に関する学科について学んでいる人，いわば「お兄さん」「お姉さん」的な存在にあたる大学生などを学校や家庭，教育支援センター等に派遣し，子どもや保護者への支援を行う存在である。

研究者の教育相談に対する定義を概観すると，松原（1994）は「児童・生徒の問題を中心に，学校教育を背景とした諸問題の解決や適応，人格的成長を図るための学校カウンセラーが援助・助言する活動」と狭義に定義し，國分（1994）は「児童・生徒が学校生活を送るプロセスで出会うであろう諸問題を解決する援助関係である。ここでいう諸問題とは学業不振・友人関係・進路・部活・親子関係・異性関係・不登校などが例である」と機能的に定義している。高野（2002）は，「学校教育が人格の望ましい発達をめざすものであることはいうまでもないが，特に望ましい考え方や行動に焦点をしぼった教育がスクールカウンセリングなのである」と教育全般に定義づけている。また村山（2001）のいうように，日本での戦後最大の教育改革がスクールカウンセラー事業として進行する中で，教育相談を学校現場でのスールカウンセラーによる心理的援助とらえる知見も多い（徳田，2001；氏原，1991）。

　これらの研究を踏まえて，本書では，教育相談を「教育機関である学校で実施され，すべての児童生徒の人格的発達援助を目標とし，児童生徒の人格発達を促すものである」と定義づけ，**学校体制づくり**と**援助サービス機能**で分類したい。学校体制づくりでは，児童生徒の自己実現を援助する開発的教育相談，問題傾向を予防する予防的教育相談，問題をもった児童生徒に対する問題解決的教育相談の体制づくりの活動であり，援助サービス機能では，児童生徒への援助，教師・保護者への援助，それらの援助のための基盤になる心理・教育アセスメント活動を中心と位置づけたい。

2.3.2　教育相談担当者の声

　中村・相馬（2006）は，全国の教育相談担当者に質問紙調査を実施し，教育相談担当者の声を集約している。いくつかの内容を検討したい。

1.　学校におけるストレス要因

　現在の学校におけるストレス状況については様々な要因があげられる。児童生徒との関係をはじめとして，同僚・管理職との人間関係，職場をとりまく状況などが大きなストレス要因として考えられる。教育相談担当者の多くが，職場をとりまく状況，とりわけ「多忙・時間の不足」（364人，

表 2.6 教育振興基本計画（抜粋）（文部科学省，2008）

第3章　今後5年間に総合的かつ計画的に取り組むべき施策
(4) 特に重点的に取り組むべき事項
◎豊かな心と健やかな体の育成
　○いじめ，暴力行為，不登校，少年非行，自殺等に対する取組の推進
　　　いじめ，暴力行為，不登校，少年非行，自殺等への対応の推進を図るため，外部の専門家等からなる「学校問題解決支援チーム」や，「非行防止教室」等を有効活用し，関係機関等と連携した取組を促進する。
　　　教育相談等を必要とするすべての小・中学生が，スクールカウンセラーやスクールソーシャルワーカー等による相談等を受けられるよう促す。
◎手厚い支援が必要な子どもの教育の推進
　○不登校の子ども等の教育機会についての支援
　　　不登校の児童生徒への学校内外における相談体制の整備を進めるなど，不登校の子ども等の教育機会について支援を図る。

表 2.7 中央教育審議会答申「新しい時代を拓く心を育てるために——次世代を育てる心を失う危機」（抜粋）（中央教育審議会，2008）

第4章　心を育てる場として学校を見直そう
(二) 小学校以降の学校教育の役割を見直そう
③カウンセリングを充実しよう
　(a) スクールカウンセラーに相談できる体制を充実しよう
　(イ) 近年，文部省では，学校におけるカウンセリング能力の充実を図るため，臨床心理士などの心の問題について高度に専門的な知識・経験を有する専門家をスクールカウンセラーとして学校に配置する実践的な調査研究を推進してきた。それらの学校において，スクールカウンセラーは，子どもたちや教員あるいは保護者に適切な助言を行ったり，保護者と教員との間の仲立ちを行うことなどを通じて重要な役割を果たしてきている。（略）
　　　このように，スクールカウンセラーの果たす役割は極めて重要であり，子どもたちの心の問題の多様化・複雑化という状況を踏まえると，すべての子どもがスクールカウンセラーに相談できる機会を設けていくことが望ましいと考える。

54%）に最も多くの困難を感じていた（図 2.20）。また，児童・生徒（学生）との関係では，「生徒指導上の問題」で困難を感じているとの回答が最も多く（163 人），「学習指導」（125 人）や「保護者との関係」（124 人）がそれに続き，「児童・生徒（学生）との関係づくり」（87 人）ついては困難であると指摘する声は比較的少ない。ただし，同僚との人間関係に困難を感じるとの回答も全体の 3 分の 1 近くあり（193 人），同僚との人間関係の難しさを感じているのも少なくないようである。

現在の職場，とくに学校教育現場においては，一部の学校でみられるタイムカードによる時間管理，授業以外の雑務の多さやゆとりのない勤務状況などから生じるストレスを感じていることが少なくないと思われる。現在の職場をとりまく状況に困難を感じていないという回答が 45 人にすぎず，一方で「多忙・時間の不足」に困難を感じているのは 54%（364 人）にのぼり，ストレス要因の中でも最も大きい数字を示している。

高度情報社会化の進む中で，学校の文化的価値や社会的評価の相対的低下（83 人，13%），地域社会の変化（60 人，9%），世間やマスコミの教員バッシングなどがストレス要因としてあげられるが，その点は今回の調査では大きな困難としては指摘されなかった。また，めまぐるしく変わる現在の教育行政のあり方（104 人，16%）についても，多くは大きな困難として受けとめていないようである（図 2.20）。

2. 教育相談活動を充実させるために重要と思うもの

学校における教育相談活動を充実させるために最も重要なこととして，職場の管理職の理解（155 人，21%）および同僚の理解（121 人，17%）という回答が最も多く，同僚・管理職との人間関係や職場の協力関係が教育相談活動を活性化するための大きな前提であると考えていることが多いことがうかがえる（図 2.21）。次いで，教育相談担当の力量向上を指摘する回答が多く（143 人，20%），教育相談の有効性に対する認知を得ることの重要性が指摘されていると思われる。

また，教育相談担当の法的整備の重要性を指摘する回答も多く（131 人，18%），担当者の多くが，学校内外で社会的認知を得ることが教育相談活動を円滑に進めるために重要なポイントであると考えていることがうかが

その他
6人（1%）

学校に対する社会的評価
83人（13%）

無し
45人（7%）

地域社会の変化
60人（9%）

多忙・時間の不足
364人（54%）

教育行政
104人（16%）

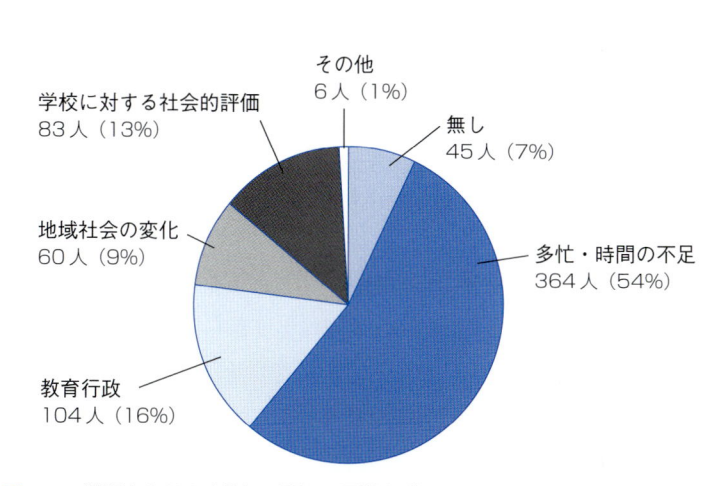

図2.20　職場をとりまく状況に関して困難を感じていること（中村・相馬，2006）

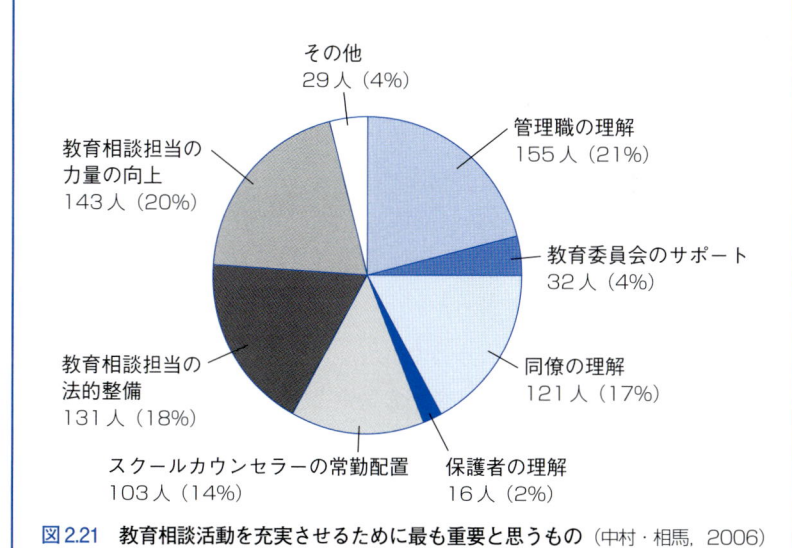

その他
29人（4%）

教育相談担当の力量の向上
143人（20%）

管理職の理解
155人（21%）

教育委員会のサポート
32人（4%）

教育相談担当の法的整備
131人（18%）

同僚の理解
121人（17%）

スクールカウンセラーの常勤配置
103人（14%）

保護者の理解
16人（2%）

図2.21　教育相談活動を充実させるために最も重要と思うもの（中村・相馬，2006）

える。

　さらに，教育委員会のサポート（16人，2%）や保護者の理解（16人，2%）といった外部からの働きかけには多くを期待していないことも指摘されている。スクールカウンセラーの常勤配置（103人，14%）が教育相談活動を充実させる上できわめて重要であるという声も多くあった。外部からの働きかけについては，今後検討すべき問題の一つであると思われる。

2.3.3　スクールカウンセラー等の現状

　スクールカウンセラーは，1995（平成2）年度から154校に臨床心理士等を派遣する「スクールカウンセラー活用調査委託研究事業」ということで始まった。6年間の調査研究事業を踏まえて，2001年4月1日より，**5か年計画**で臨床心理士等を全国の公立中学校に配置する本格実施となり，スクールカウンセラーが日本中の中学校に配置されることになった。

　その骨子は**図2.22**のようにまとめられる。当初，スクールカウンセラー制度が導入された段階で，学校側の反発も一部みられたが，伊藤（2000），本間（2001；2002）によると着実に学校・保護者からは受け入れられている。とりわけ，教育相談体制が組織的に機能している所では成果があがり，円滑な関係ができるようになっている。

　日本臨床心理士会などは，スクールカウンセラーの資質向上を図るため，スクールカウンセラー研究協議会やスクールカウンセラースーパーバイザーを都道府県に配置し，週30時間の勤務体制も一部の都道府県等で実施されている。また，この間，学校臨床心理士ワーキンググループを設置し，スクールカウンセラー事業成功のために，ガイドラインの設定，学校臨床心理士の実力涵養のため全国研修会の実施，文科省とのシンポジウムの開催，学校臨床心理士コーディネーター会議の実施，各種活動状況の調査と公表等を積極的に担ってきた。

　地方自治体が相談員設置を単独事業として取り組んでいる例は，さいたま市や埼玉県下における一部の市町の「さわやか相談員」が週5日の相談員事業，千葉県市川市の「ライフカウンセラー」は週3日の相談員事業，岐阜市の「ほほえみ相談員」は本務校と兼務校という考え方で中学校に配

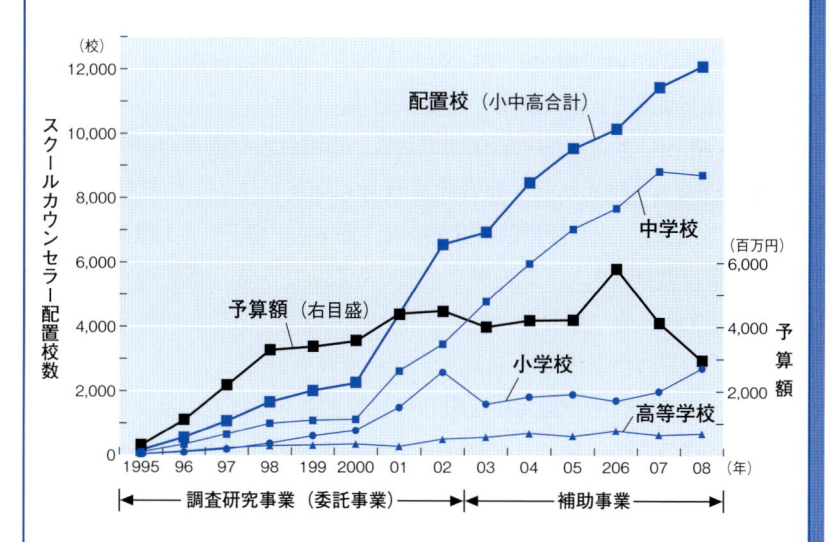

図2.22 スクールカウンセラーの配置校数および予算額の推移（文部科学省，2009bに基づき作成）
（注）2007年度までの小学校・高等学校への配置は，都道府県等でとくに配置の必要があると認めた場合に配置したもの。

置している。全国の自治体での相談員事業の充実を求めたい。

2.3.4 専門教育相談機関の現状

　文科省（2009b）によると，2007年度の都道府県・政令指定都市における**教育相談機関**数は174カ所で，2000年度と比較して－88カ所と大幅な減少傾向である（図2.23）。このうち教育相談員数は，常勤440人（25.0％），非常勤1318人（75.0％）で，非常勤の比率が高い。とりわけ，常勤相談員は2000年度で537人だったのが，2007年度では440人，－97人とすさまじい勢いで減少している。比較的，財政に余裕がある都道府県・政令指定都市でさえこのありさまである。

　市町村の状況はさらに厳しい体制である。市町村教育委員会が所管する教育相談機関は1,318カ所，教育相談員数は4,887人でうち常勤相談員1,190人（24.4％），非常勤相談員3,697人（75.6％）であり，1機関あたりの相談員数は常勤0.9人，非常勤2.8人である。しかも，多くの市町村機関で常勤は指導主事の兼務で，他の職務（教育研修・就学指導等）と合わせて担っているのが現状である。

　したがって，専門的な指導や臨床心理学的支援を受けることは容易でない現状である。その一例として，2007年度に不登校児童生徒や保護者で，教育支援センター（適応指導教室）を除いて，教育センター等の相談機関を利用した者はわずか7.5％（9,723人）しかいないのである。不登校児童生徒が支援を受けた施設で，最も利用が多かったのは「教育支援センター（適応指導教室）」でも，利用者は全不登校児童生徒の約13％で16,767人であった。

　文科省（2009b）の資料によると，2007年度の全国の教育支援センター（適応指導教室）の設置状況は約1,209カ所であった。相馬（2005）によると，設置数は愛知県を中心とした東海地区，関東地区が多く，福岡県を除いた九州地区に設置数が少ない。教育支援センター（適応指導教室）は，1施設あたりの指導員数は平均して3.1人で，常勤職員887人（25.7％）非常勤職員2,570人（74.3％）であり，圧倒的に非常勤職員が多くなっている。常勤職員の場合も指導主事が兼務している施設が多い。また，心理

図 2.23 各県等の相談体制の状況（文部科学省，2009b に基づき作成）
2000 年から 2007 年までに，教育相談機関の設置数は 88 カ所減，常勤相談員は 97 人減，非常勤相談員は 29 人減となっている。

系職員が配置されているのは，施設あたり 19.1％で非常に少なく，80％以上の施設では，専門的な臨床心理学的支援がなされているとはいえない状況である。また，非常勤職員も退職教員が多く指導体制が整備されているとはいいがたい。

2.4 特別支援教育に活かす

2.4.1 特別支援教育について

2002 年に閣議決定された**障害者基本計画**では，「障害の有無にかかわらず，国民誰もが相互に人格と個性を尊重し支え合う共生社会」が示され，これに基づき 2004 年には**障害者基本法**が改正され，**発達障害者支援法**もつくられている。そして 2005 年の中央教育審議会の「特別支援教育を推進するための制度の在り方について（答申）」で，障がいの程度等に応じて特別な場で指導を行う**特殊教育**から**特別支援教育**への制度改正の方向とその理念が示された。その後 2006 年に学校教育法が改正され，2007 年 4 月より新しい制度がスタートしている。そして 2008 年新幼稚園教育要領・小学校と中学校の新学習指導領，2009 年高等学校と特別支援学校の新学習指導要領と，特別支援教育のより具体的なあり方が示されている。

現在，2007 年に出された文部科学省初等中等教育局長通知「特別支援教育の推進について」や障害者基本計画に基づく重点施策実施 5 か年計画，そして 2008 年に閣議決定された教育振興基本計画等に基づき，校内委員会の設置，実態把握の実施，特別支援教育コーディネーターの指名，特別支援教育支援員の配置，個別の教育支援計画や個別の指導計画の作成・活用，教職員研修等教員の専門性向上のための取組等の体制整備が進められている。2008 年度の文科省の特別支援教育体制整備状況調査をみると，小・中学校に比べ，幼稚園・高等学校は依然として体制整備に遅れがみられたものの，全体としては支援体制等ハード面での整備は徐々に進んできている。今後は，支援の質といったソフト面がより一層厳しく問われることになろう。

■用 語 解 説■

【障害者基本計画】
　障害者基本法で策定を義務づけられた法定計画である。内容としては，①計画の理念，目的，②基本的考え方，③分野別の施策の基本的方向，④推進方策等がある。
　2002 年の基本計画では，重点施策とし，障がいのある子どもに対する一貫した効果的な相談支援体制や小・中学校における LD，ADHD 等の子どもへの教育的支援を行う体制への取組が，具体的な目標やその達成年度とともに示されている。

【発達障害者支援法】
　発達障害の早期発見，発達障害者の自立および社会参加に資する支援，それら発達支援に関する国および地方公共団体の責務について定めた法律である。以下，発達障害者支援法の一部を紹介する。

第2条　この法律において「発達障害」とは，自閉症，アスペルガー症候群その他の広汎性発達障害，学習障害，注意欠陥多動性障害その他これに類する脳機能の障害であってその症状が通常低年齢において発現するものとして政令で定めるものをいう。
　2　この法律において「発達障害者」とは，発達障害を有するために日常生活又は社会生活に制限を受ける者をいい，「発達障害児」とは，発達障害者のうち 18 歳未満のものをいう。
　3　この法律において「発達支援」とは，発達障害者に対し，その心理機能の適正な発達を支援し，及び円滑な社会生活を促進するため行う発達障害の特性に対応した医療的，福祉的及び教育的援助をいう。
第7条　市町村は，保育の実施に当たっては，発達障害児の健全な発達が他の児童と共に生活することを通じて図られるよう適切な配慮をするものとする。
第8条　国及び地方公共団体は，発達障害児（18 歳以上の発達障害者であって高等学校，中等教育学校及び特別支援学校に在学する者を含む。）がその障害の状態に応じ，十分な教育を受けられるようにするため，適切な教育的支援，支援体制の整備その他必要な措置を講ずるものとする。
　2　大学及び高等専門学校は，発達障害者の障害の状態に応じ，適切な教育上の配慮をするものとする。

【操作的診断基準】
　記述的な診断分類を具体的に示し，それを操作的に用いることで診断できるようにした基準である。表にあらわれた観察可能な症状に焦点が当てられ，それらの症状を軸に具体的な基準が示されている。
　これらの基準の内にいくつか，あるいはすべてを満たしたときに診断が可能となる。

2.4.2 特別支援教育と臨床の知

　国際的な診断基準の世界標準としては，**アメリカ精神医学会**（APA）の『**精神疾患の分類と診断の手引**（DSM）』や世界保健機関（WHO）の『**国際疾病分類**（ICD）』があるが，特別な支援を要する子どもの多くは，このような科学的な**操作的診断基準**が，うまくあてはまらない場合も多い。

　哲学者の中村雄二郎は，現代という時代の行き詰まりを打開するためには，世界を自分から切り離して観察し研究する対象としてみる所から生まれた「科学の知」だけでなく，世界を自分という存在を入れ込んだものとしてみる「**臨床の知**」が必要であると論じている（中村，2001）。科学の知から生まれた操作的診断基準だけでは収まり切らない，特別な支援を要する多くの子どもたちに対して，科学の知の有効性と限界をよくわきまえながら，教師が自分という存在を特別な支援を要する子どもの世界に入れこむことで生まれる知恵があるように思う。

　障がいをもつ子どもを「自分と別個のもの」として切り離し観察するのではなく，同じの場に教師が自分という存在を入れこむ必要がある（図2.24 (a)(b)）。臨床の知として子どもに接することで，このようにしてほしいと子どもに要求するのではなく，子どもが善くなるために自分がどのように関わればよいのかという知恵が湧く（図2.24 (c)(d)）。目の前の子どもや保護者が，今，何に困っているのか。どんな支援を必要としているのか。目の前の子どもや保護者の「苦慮感」に立つ臨床の知が生まれる。自分という存在を子どもとの世界に入れ込んだ教師を子どもの側がどのように理解しているか，子どもが自分自身を教師に理解してもらっていると思っているかといった視点を大事にしたい。

2.4.3 内なる可能性としての特別な支援を要する子ども

　人間である限り，障がいをもつ子どもであっても教師であっても，プラス面もあればマイナス面もある。教師が「特別な支援を要する外なる子ども」と接する際に，「生まれながらにある行動の可能性」（Guggenbuhl-Craig, 1978）としての，内なる「特別な支援を要する子ども」を自覚することができれば，臨床の知が湧くように思う。

(a)
外なる現実の子ども　　　教　師

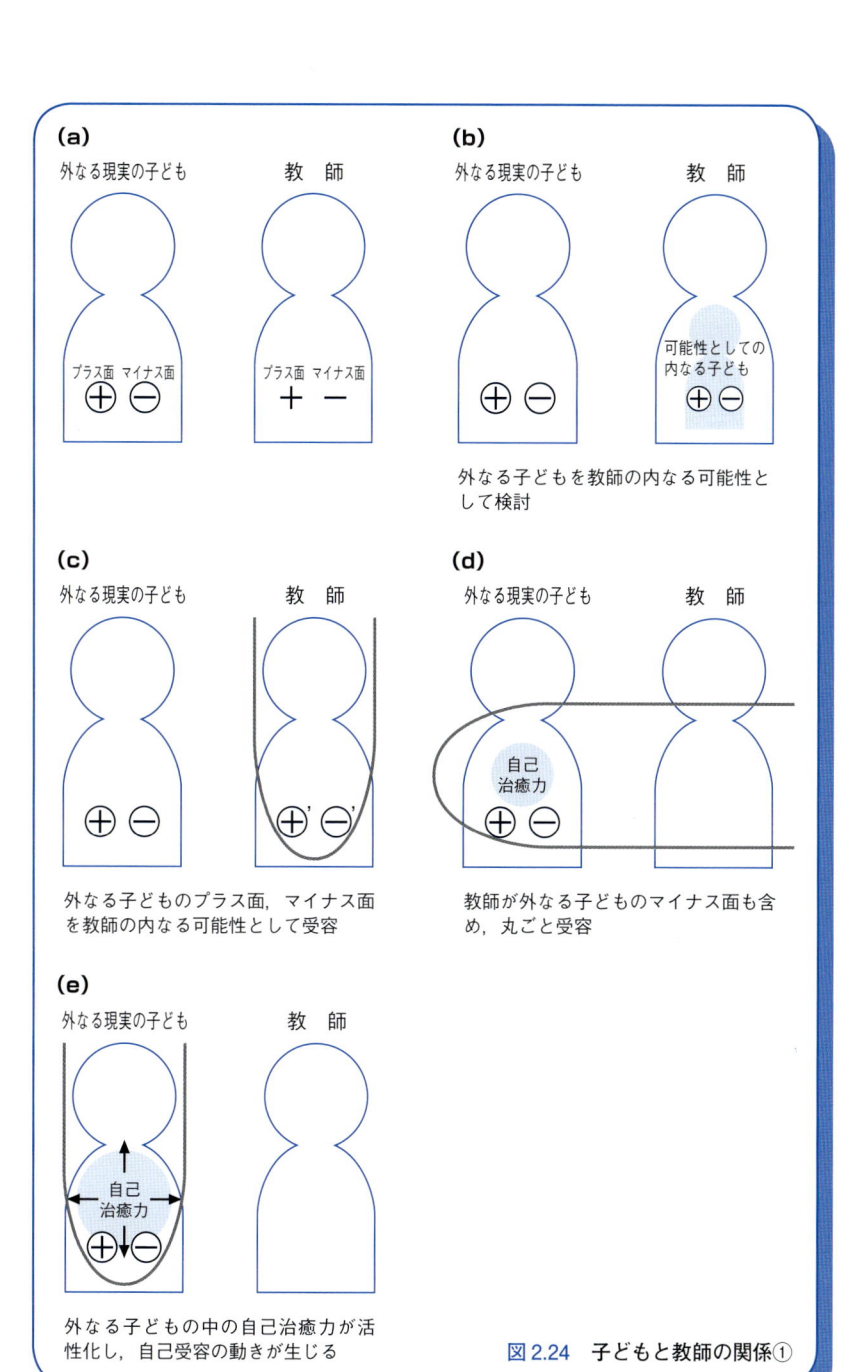

プラス面　マイナス面　　プラス面　マイナス面
　⊕　　　⊖　　　　　　＋　　　−

(b)
外なる現実の子ども　　　教　師

可能性としての
内なる子ども
　⊕　　⊖　　　　　　⊕　　⊖

外なる子どもを教師の内なる可能性として検討

(c)
外なる現実の子ども　　　教　師

　⊕　　⊖　　　　　　⊕'　　⊖'

外なる子どものプラス面，マイナス面を教師の内なる可能性として受容

(d)
外なる現実の子ども　　　教　師

自己
治癒力
　⊕　　⊖

教師が外なる子どものマイナス面も含め，丸ごと受容

(e)
外なる現実の子ども　　　教　師

自己
治癒力
　⊕　　⊖

外なる子どもの中の自己治癒力が活性化し，自己受容の動きが生じる

図 2.24　子どもと教師の関係①

2.4　特別支援教育に活かす

河合（2007）は，「治療者の私がもう一人の私としての病者を明確に自覚すると，病者の心のなかのもう一人の私としての治療者がはたらきはじめるようである」と述べている。教師が子どもから学ぶことで，子どもにも教師を学ぼうとする働きが生まれるのでないだろうか。教師が自分の中の「特別な支援を要する子ども」を自覚することで，その子どもは異物ではなくなる。そうなることでマイナス面も含め，「特別な支援を要する外なる子ども」を丸ごと抱えることができるようになる（図 2.25（e）(d），図 2.26）。

　ミケランジェロの最後の作品に，イエスが母を背負っているのか，母がイエスを抱いているのか判然としない，「ロンダニーニのピエタ」と呼ばれる彫刻がある。教師の私がもう一人の私として「特別な支援を要する子ども」を自覚できれば，「ロンダニーニのピエタ」のイエスと母との関係に示されている「包み・包み返される」動きが生まれるように思う。このような包み・包み返されるような動きが，教師と子どもとの間に生まれると，教師と障がいをもつ子どもとの態度が相似していく。

　教師が内なる可能性として「特別な支援を要する子ども」を自覚し，教師の中のマイナス面をも受容していく動きが，特別な支援を要する子どもの中にも生まれる。特別な支援を要する子どもの心の中のもう一人の私としての教師が働き始める。そして特別な支援を要する子どもは，教師に丸ごと受け入れ信じてもらえることで，自分という存在を信じられるようになる。

　このようなことから，自分の内的な世界が元気に広がっていき，それが他者を信じ受け入れられるきっかけにもなっていく。つまり，自分を他者から大事に受け容れてもらえたという体験が，自己受容や洞察，自己変容を促し，それが他者の受容へとつながっていくのである。

2.4.4　同質と異質の理解

　日本の学校で特別支援の主な対象となっている発達障害である，学習障害（LD）や ADHD（注意欠陥／多動性障害）や高機能自閉症は，学習や行動，そして社会性という内容を特徴とする障がいである。たとえばこれ

(f) 子ども　教師

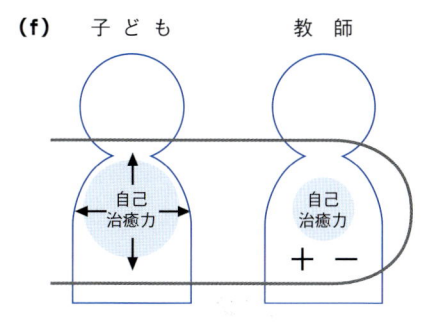

子どもが教師のマイナス面も含め受容

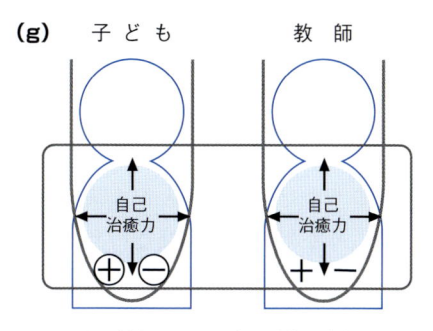

(g) 子ども　教師

子どもと教師が互いに自己受容，他者受容することで互いの自己治癒力を増進

図 2.25　子どもと教師の関係②

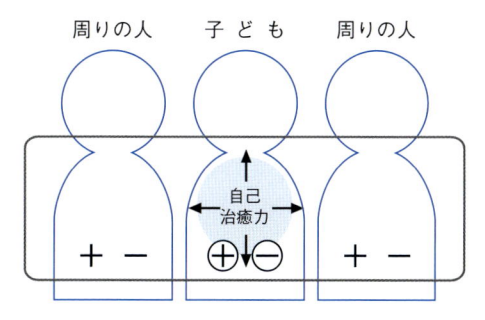

周りの人　子ども　周りの人

子どもの活性化した自己治癒力は，自己受容，自己洞察，そして周りの人の受容を促進

図 2.26　子どもと周りの人との関係

ら学習や行動，社会性といった障がいを，自分の日常生活の延長としてイメージすることは，特別な支援を要する子どもを自分の可能性として考えやすくしてくれる。筆者は，高機能自閉症児の固執性等の特性を，高齢者の頑固さと連想させながら他の人に伝えたりすることがある。特別な支援を要する子どもの特性を，身近な生活事象のある場面との相似性からイメージすることは，自分の内なる可能性としてイメージする上で有用である。

同じ人間としての同質性を知ることは，大事な臨床の知であるが，異質性を知り尊重することも，大事な臨床の知である。特別な支援を要する子どもには，没頭的ともいえるようなエネルギーを注ぐことが必要だと思うが，それがバランス感覚を崩してしまう危険性もある。何らかのチームによる支援を求めることでバランスの維持を図ることが大切である。特別な支援を要する子どもの発達のバランスの悪さや固執性が，保護者も含めて熱心であればある程対応する人々に伝播する危険性があるように思う。少なくともそのような可能性を意識しておくことが大事である。著しい一体感や反対に解離と呼びたいような拒否等，極端な行動に走らせる危険性を意識しておきたい。

2.4.5　周りの子どもたちへの配慮

心理治療では，個人療法だけでなく**集団療法**が大変重要な領域としてある。特別支援教育の場合でも，特別な支援を要する子どもに対する対応だけでなく，その周りの子どもへの対応が大変重要である。

WHOは，2001年に公にした改訂版『**国際生活機能分類（ICF）**』で，障がいを個人の責任に課していた従来の考え方を否定し，障がいを個人と環境との相互作用の中で規定されるものであるとした。障がいは，障がい者個人の問題ではなく，「環境との相互作用」の中で規定されるものであるとしたのである。たとえ個人因子として不利な条件があったとしても，その不利な条件によって，その個人が社会的な不利益を被ることがないように，環境の側から適切な支援を行うことで，それが障がいとはならないということである。たしかに，特別な支援を要するような子どもの場合でも，その子ども自身の不利な条件の修正が難しくとも，その環境を整え支

コラム　2008年度「特別支援教育体制整備等状況調査」

　文科省では，「小・中学校における LD，ADHD，高機能自閉症等の児童生徒への教育支援に関する体制整備の実施状況調査」を，2003年度から公立の小・中学校を対象に実施し，2006年度から公立の幼稚園および高等学校を新たに対象に加え，2007年度からは国立および私立の幼稚園，小学校，中学校，高等学校等を対象に加えている。そして2008年度には，通級指導教室実施状況調査（公立の小・中学校および中等教育学校の前期課程対象）を併せて，**特別支援教育体制整備等状況調査**として実施している。

　2008年度の調査では，調査項目として，a. 校内委員会の設置状況，開催回数，b. 実態把握の実施状況，c. 特別支援教育コーディネーターの指名，連絡調整等の実施状況，d. 個別の指導計画の作成状況，e. 個別の教育支援計画の作成状況，f. 巡回相談員の活用状況，g. 専門家チームの活用状況，h. 特別支援教育に関する教員研修の受講状況を調べている。以下のその概要を示す。

　公立の幼稚園・小・中・高等学校については，比較できるすべての調査項目で2007年度を上回っていた。そこからは，全体として体制整備が進んでいる状況がうかがわれた。ただ，小・中学校に比べ，幼稚園・高等学校は依然として体制整備に遅れがみられた。公立の小・中学校においては，「校内委員会の設置」「特別支援教育コーディネーターの指名」といった基礎的な支援体制はほぼ整備されており，「個別の指導計画の作成」「個別の教育支援計画の作成」についても，大きな進捗がみられた。

　また，公立の高等学校においても基礎的な支援体制の整備が進み，2007年度に比べ，地域による差が小さくなりつつあることもうかがわれた。

　「校内委員会の設置」「特別支援教育コーディネーターの指名」については，全体で80％強の学校で実施されていた。小学校では99％，中学校においては95％の学校で実施されているが，幼稚園は「校内委員会の設置」が40％，「特別支援教育コーディネーターの指名」が46％，高等学校は各々70％の実施となっていた。また，「校内委員会の開催回数」は，3回以上が全体で50％を超え，特別支援教育コーディネーターの専門家チーム，関係機関や保護者との連絡調整等実施率は81％となっており，活動の活性化がうかがえた。

　ただ，国公・私立別で比較すると，「校内委員会の設置」「特別支援教育コーディネーターの指名」といった基礎的な支援体制も含め，全体的に私立学校の体制整備に遅れがみられた。

（次頁へつづく）

援を行うことで，不適応な状態や問題行動が軽減される場合がある。また，その逆に子ども自身にそれほど大きな不利な条件がなくとも，その環境との相互作用で，適応障害や問題行動が生じることもある。

　いわゆる「**学級崩壊**」へと向かう事例の中には，その学級に，特別な支援を要する子どもが在籍している場合がある。その教師が，支援を要する個々の子どもへの働きかけに終始してしまい，その子どもと教師を支えてくれている環境としての学級集団への配慮が十分でなかった場合が多いように思う。一人ひとりの支援を行う前提に，まず学級という環境づくりがある。個々の差異を大切なものとして認めることができる教師とその教師を信頼してくれる集団があってこそ，障がいをもつ子どもと学級の皆が折り合いをつけることができる。ある程度の知的能力がある子どもの場合には，**二次障害**が小学校就学後にクローズアップし，高学年なるにつれ，チック症，原因不明の頭痛等の身体症状，強迫行為，登校しぶり，不登校，いじめ等より問題が深刻する場合もある。そのようにならないためにも，その個人に焦点を当てた対応だけでなく，その周りの子どもにも焦点を当てる対応が不可欠である。

2.4.6　危険な孤立的状況

　特別な支援を要する子どもの保護者の多くが，自分の子に何らかの障がいがあったとしても特性として認めることが難しいように思う。そう認めることは自分の希望を捨てることだと感じているのかもしれない。「本当はできるはずだ」「いつかはできるはずだ」という期待と，障がいをもつことに由来する「育てにくさ」，こちらの思いがどうしても通じないという無力感は，強い痛みと葛藤を生む。そのような強い痛みと葛藤は，保護者の内なる世界において，子どもの障がいを受け入れることを難しくする。そして保護者は，そのような障がいを受け入れがたい心情を外の世界に投影し，外の世界の人々が自分と子どもを拒否しているという被害者意識をもち，**孤立感**が深まる場合がある。それを防ぐ意味からも，教師が，障がいをもつ子どもを内なる可能性として丸ごと認める意義は大きい。そういった動きは，障がいをもつ子どもの保護者が，子どもの障がいを受け入れ

(前頁より続く)

　また，「実態把握の実施」については，全体で90％の学校で実施されていたが，高等学校での実施率は64％で，とくに私立学校を中心として，適切な実態把握に課題を残した。

　全体として，「個別の指導計画の作成」は59％，「個別の教育支援計画の作成」は39％，「巡回相談員の活用」は64％，「専門家チームの活用」は41％の学校で実施されていた。高等学校においては，「個別の指導計画の作成」が11％，「個別の教育支援計画の作成」が9％の実施となっており，各々伸びはみられるものの，他の学校種に比べ未だ相対的に低い水準に留まっていた。「教員研修の受講状況」については，全体で50％の教員が受講しており，うち管理職（校長，副校長，教頭）の受講率が66％となっていた。

（文：長島明純）

(a)　学校種別にみた項目別実施率（2008年度）

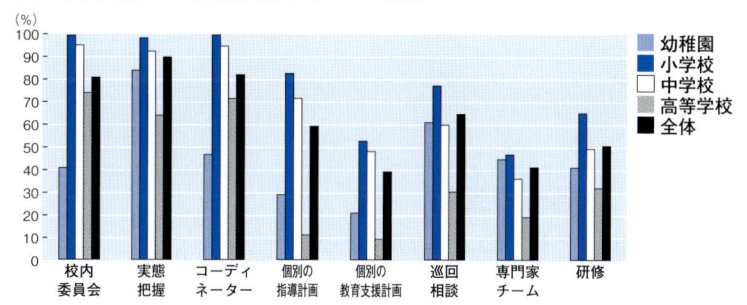

(b)　年度別にみた公立の小・中学校の項目別実施率（2004〜2008年度）

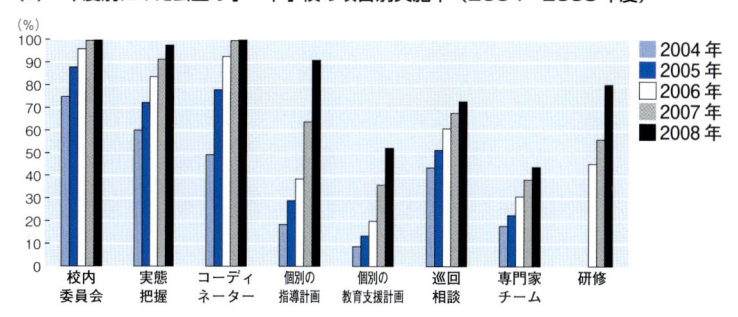

図2.27　2008年度特別支援教育体制整備等状況調査の主な結果（文部科学省，2009に基づき作成）

2.4　特別支援教育に活かす

る動きを促進する。そしてそれは，その子どもにとって必要な新たなチャンスを広げることにもつながる。

　なお，特別な支援を要する子どもへの対応では，そのような孤立的な状況が，その子どもを担任している教師にも生まれやすいように思うので注意したい。まず教師が，孤立しがちな自分自身を意識して，教育・医療・福祉等関係する人々や機関と積極的につながりを見出していく努力を続けることが大切である。困難な状況に一人で立ち向かうことは大きなエネルギーを必要とする。それを一人だけでやろうとすると，自分自身が燃え尽きてしまう危険性がある。

　緊急支援という大きな課題を前にした際の原則の一つに，けっして一人ではあたらない，必ず，チームを組んで支援にあたるということがあると思うが，特別支援という大きな課題を前にして，その質を高めるためには，**ネットワーク**を含めた支援体制づくりとともに，それを生かした**行動連携**が求められる。

2.5　教師への支援

2.5.1　深刻化する教師のメンタルヘルス

　現在，教師をとりまく状況は，いじめ・不登校・暴力・児童虐待・ネット犯罪・性非行・薬物乱用・自殺など問題行動の多様化・深刻化にともない，ますます困難なものとなっている。教育現場の管理強化や成果主義の導入によるゆとりのない勤務状況，教師バッシングともいえるマスコミの圧力，保護者・地域からの過大な要求などの存在も困難の度合いを一層強める要素となっている。教師の懸命な指導や援助が児童生徒に通じないケースも多く，現在の教師をとりまく状況は「ストレスのるつぼ」（中島，2003）といっても過言ではない。

1.　教師のメンタルヘルスの現状

　文科省の調査（表 2.8，図 2.28）によると，2008（平成 20）年度の全国公立学校教職員の病気休職者は 8,578 人にのぼり，そのうち，うつ病や適応障害，ストレスによる神経症などの精神疾患による休職者は 5,400 人

■用語解説■

【行動連携】
　学校と関係機関との間で，相互に連携し一体的な対応を行うこと。文科省は，子どもの問題行動の対応にあたって，「心」のサインを見逃さず，問題行動の兆候を把握するために，学校と関係機関との間で，情報の交換をする「情報連携」をするだけでなく，今後は「行動連携」が大事であると提言している。

表2.8　病気休職者等の推移①

（単位：人）

年　度	1999	2000	2001	2002	2003	2004	2005	2006	2007	2008
(A)在職者数	939,369	930,220	927,035	925,938	925,007	921,600	919,154	917,011	916,441	915,945
(B)病気休職者数	4,470	4,922	5,200	5,303	6,017	6,308	7,017	7,655	8,069	8,578
(C)うち精神疾患による休職者数	1,924	2,262	2,503	2,687	3,194	3,559	4,178	4,675	4,995	5,400
在籍者比(％) (B)／(A)	0.48	0.53	0.56	0.57	0.65	0.68	0.76	0.83	0.88	0.94
(C)／(A)	0.20	0.24	0.27	0.29	0.35	0.39	0.45	0.51	0.55	0.59
(C)／(B)	43.0	46.0	48.1	50.7	53.1	56.4	59.5	61.1	61.9	63.0

（出所）　文部科学省資料より作成　http://www.mext.go.jp/component/a_menu/education/detail/_icsFles/afieldfile/2009/12/25/1288132_13.pdf

（注）　「在職者数」は，当該年度の「学校基本調査報告書」における公立の小学校，中学校，高等学校，中等教育学校および特別支援学校の校長，教頭，教諭，助教諭，養護教諭，養護助教諭，栄養教諭，講師，実習助手および寄宿舎指導員（本務者）の合計。

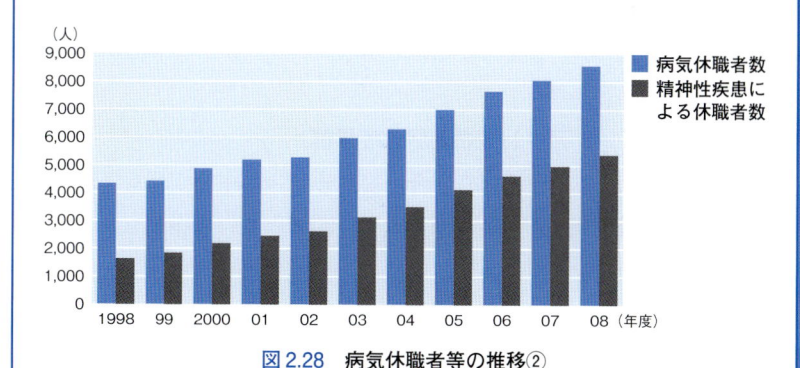

図2.28　病気休職者等の推移②

（出所）　文部科学省2009年発表資料より作成　http://www.mext.go.jp/b_menu/shingi/chukyo/chukyo3/042/siryo/__icsFiles/afieldfile/2009/03/23/1247462_4.pdf

で全体の63.0％を占め，16年連続で過去最多を更新した。11年前の1,924人に比べ約3倍，全体に占める割合も43.0％から大幅増となった。さらに，休職にまでは至らなくとも，様々なストレスを抱えつつ学校現場で懸命にがんばっている多くの教師の存在を考えると，表2.8の数字は氷山の一角にすぎないと言わざるを得ない。

2. **教師というの仕事の難しさ**

対人援助職は人間を相手にする職業であるがゆえに，満足できる反応が相手から返ってきたり，正当な評価が得られれば，やりがいはでるし，充実感も得られる。しかし，予期せぬ反応が返ってきたり，いくらやっても周りからの評価が得られないときには，仕事に寄せる期待が大きければ大きいほど幻滅感が高まり，失望感や絶望感にとらわれていくことになる。時には，そうした自己否定感情が自殺の背景にもなりかねない。

また，教師の仕事自体に内在する問題もある。佐藤（1994）は，教職の特徴として**再帰性**，**不確実性**，**無境界性**という3点をあげている。再帰性とは，教育行為の責任や評価が生徒や親たちから絶えず返ってくる性質をいう。不確実性とは，教える対象が変われば，同じ教育態度や教育技術で対応しても同じ成果が得られるとは限らない側面のことである。無境界性とは，再帰性と不確実性が教師の仕事の範囲を際限なく拡張し，プライベートな領域にまで際限なく仕事が入り込んでくる傾向を指している。そのため，かつて国際労働機関（ILO）が指摘したように「教師は戦場なみのストレスにさらされる」ことになるのである。

2.5.2　教師のバーンアウト（燃え尽き症候群）

教師の**メンタルヘルス**が深刻の度合いを強めている中で，最も多いのは「抑うつ状態に陥る燃え尽き症候群」（中島，2003）という指摘もある。

1. **バーンアウトとは**

バーンアウト（burnout；**燃え尽き**）とは，教師・カウンセラー・医師・看護師など対人援助職に特有のストレスを指す概念である。単なる疲労とは異なり，「長期間にわたり人を援助する過程で，解決困難な課題に常に晒された結果，極度の心身の疲労と情緒の枯渇をきたす症候群であり，

■**用語解説**■

【メンタルヘルス】
「精神保健」や「精神衛生」，広くは「心の健康」と訳される。感情，行動，社会性の上で成熟し正常であり，精神上および行動上の障がいがないことを指す。精神疾患，心身症，不適応などがみられる場合に，メンタルヘルス不調やメンタルヘルス障害と呼ばれる。

表 2.9 MBI 尺度（マスラック・バーンアウト尺度）(新井，1999 が教師用に一部改変)

因　子	質問項目
情緒的消耗感	1.「こんな仕事は，もうやめたい」と思うことがある 2. 一日の仕事が終わると，やっと終わったと感じることがある 3. 仕事のために心にゆとりがなくなったと感じることがある 4. 身体も気持ちも疲れ果てたと思うことがある 5. 出勤前，職場に出るのが嫌で家にいたいと思うことがある
脱人格化	6. こまごまと気配りすることが面倒に感じることがある 7. 同僚の顔を見るのも嫌になることがある 8. 自分の仕事がつまらなく思えて仕方のないことがある 9. 生徒と何も話したくなくなることがある 10. 生徒の顔を見るのも嫌になることがある 11. 仕事の結果はどうでもよいと思うことがある 12. 今の仕事は，私にとってあまり意味がないと思うことがある 13. 同僚と何も話したくなくなることがある
個人的達成感 （逆転項目）	14. 我を忘れるほど仕事に熱中することがある 15. この仕事は私の性分に合っていると思うことがある 16. 仕事を終えて今日は気持ちのよい日だったと思うことがある 17. 今の仕事に心から喜びを感じることがある 18. 仕事が楽しくて，知らないうちに時間が過ぎることがある 19. 我ながら，仕事をうまくやり終えたと思うことがある

自己卑下，仕事嫌悪，関心や思いやりの喪失を伴う状態である」（Maslach & Jackson, 1981）と定義される（**表 2.9**）。

2. 広がる教師の心の危機

今，学校現場では教師の懸命な指導・援助が児童・生徒に通じないケースも多く，誰がバーンアウトに陥っても不思議でない状況にあるといえる。つまり，教師のメンタルヘルスの悪化を，個人の性格など心理的な要因からのみとらえるのではなく，構造的な，いわば教師が置かれた環境要因から生じるものとして，少なくとも両者の相互作用から生じるものとしてとらえる必要がある。

バーンアウトは，特定の教師に生じる個人病理というよりも，多くの教師が経験する可能性をもった職業上の「**心の危機**」（**図 2.29**）であると考えられる。

3. バーンアウトが生じるプロセス

教師は，日常的に対児童生徒，対保護者，教師同士という3つの複雑な人間関係にさらされている。とくに，児童生徒との人間関係が悪化した場合には，大きなストレスとなる。また，本来連携すべき保護者も，関係がこじれた場合には大きなプレッシャーとなる。

仮に児童生徒や保護者との関係がこじれた場合でも，教師間の人間関係が良好で協力的に解決を図ろうとするサポーティブな雰囲気と組織体制が職場に確立していれば，やる気を低下させずに困難な状況に取り組んでいくことも可能となる。

しかし，教師間の人間関係が崩れ，孤立化が進んでいる場合には，職場の人間関係そのものがストレッサーとなることも多く，バーンアウトを促進する大きな要因になる。

そのような状況に追いこまれたとき，不眠や慢性的疲労感，喉の渇き，呼吸困難など様々な心身の変調があらわれる。さらに無理を重ねると，胃潰瘍や円形脱毛症などの心身症状がみられるようになる（**表 2.10**）。教師は目の前の児童生徒への対応に追われ，疲れを癒すことを先送りにしてしまいがちである。「休むとみんなに迷惑をかけてしまう」「行けば何とかなる」と無理をし，にっちもさっちもいかなくなりバーンアウトしてしまう

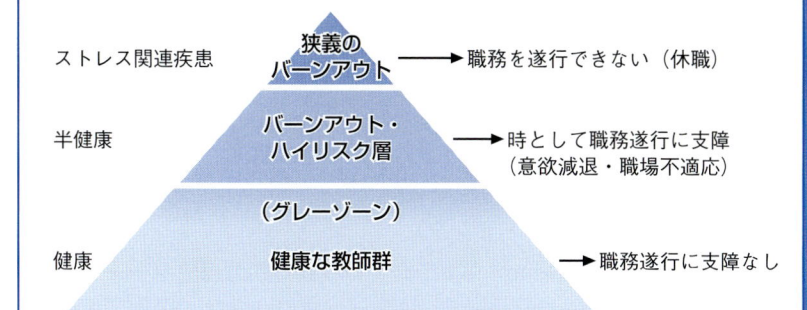

```
ストレス関連疾患        狭義の       → 職務を遂行できない（休職）
                    バーンアウト

半健康           バーンアウト・    → 時として職務遂行に支障
                 ハイリスク層       （意欲減退・職場不適応）

                 （グレーゾーン）

健康              健康な教師群     → 職務遂行に支障なし
```

図 2.29　教師の心の危機としてのバーンアウト

表 2.10　バーンアウトにみられる心身症状（新井，2006〜2008年調査）

(a) 経験したバーンアウトの程度（N=244）

バーンアウトの程度	人数
A：病気休職	8
B：休職にまでは至らないが，うつ症状や心身症的な病気で休む	27
C：バーンアウト・ハイリスク層（うつおよび心身症的な身体症状あり）	128
D：グレーゾーン（落ち込み経験あり，特別な身体症状はなし）	65
E：落ち込み経験なし	16

(b) A・B・Cのグループにみられた主な心身症状（複数回答可，上位17項目，N=174）

心身症状の種類	人数	心身症状の種類	人数
不眠，悪夢，早期覚醒	68	涙が止まらない	18
神経性胃炎，胃潰瘍	56	吐き気	18
全身倦怠感	51	動悸	13
食欲異常による体重変化	36	呼吸困難	13
頭痛	19	喉の渇き	12

2006〜2008年に，A大学大学院に学ぶ現職教員244人を対象に実施した，学校現場でのバーンアウト経験に関するアンケート調査の結果である。

ケースも少なくない。

2.5.3 教師のバーンアウトを防ぐために

バーンアウトを防ぐには，個人が行う**コーピング**（ストレス対処）だけでは限界がある。問題を抱えたときに，孤立させずに職場全体で支えることが重要である（図 2.30）。

1. 個人のストレス対処（コーピング）

まじめな教師こそ，バーンアウト予防という観点からは，バーンアウトに陥りやすい性格の対極に位置する，次のような「心の柔らかさ」をもつことが大切である。

(1) 物事を楽しめるしなやかな心をもつこと
(2) いろいろなタイプの仲間の存在を相互に認め，尊重すること
(3) 人を支え，人に支えられことを厭わないおおらかさをもつこと

燃え尽きないためには，必要以上に自分を追いつめないことである。表 2.11 はバーンアウトの危険性を評定するリストである。これらの項目をチェックし，あてはまる項目が多い場合には，メンタルヘルスに気をつける必要がある。

2. 職場におけるソーシャルサポート

教師の仕事は，授業をはじめとして本質的には個別の作業であるため，教師相互の協力が十分に確立されていない職場においては，誠実で責任感の強い教師が過重な仕事を背負いこんで孤立感を深めていくことも少なくない。

実際，同僚の支持や協力があるからこそ人はやる気を出し，積極的に仕事に向かうことができる。授業や生徒指導で悩む教師を，孤立させずに協働意識で具体的に支援していくことができるかどうかが，バーンアウトを防ぐ上でのポイントになる。具体的にというのは，情緒的・心情的なレベルにとどまらずに，実際の仕事を通じて喜びや達成感を共有することである。

個々の教師がそのようなサポートを進んで求め，自己開示や相談に開かれた姿勢をもつことも重要である。管理職や教育相談担当者は，職場のメ

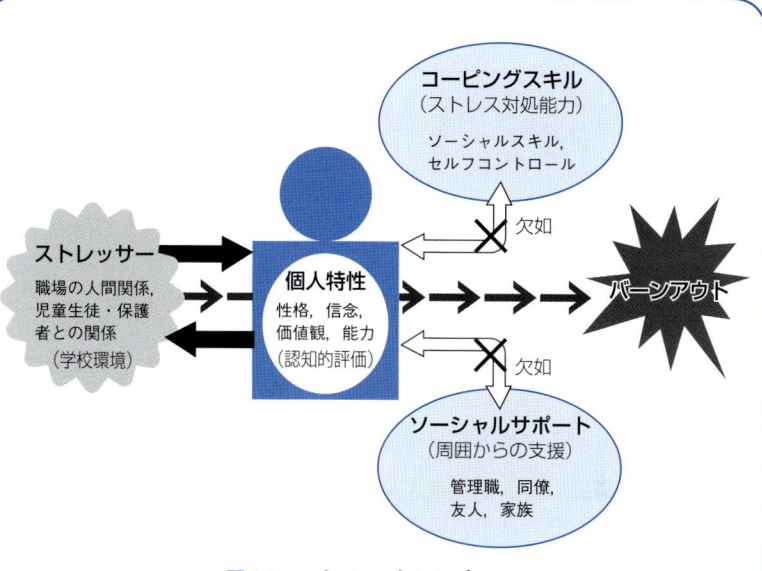

図 2.30　バーンアウトのプロセス

表 2.11　バーンアウトの危険性チェックリスト
（水澤・Be！編集部，2001より一部改変）

1. 他人の責任まで引き受けていないか
2. 一人で抱え込んでいないか
3. 自分を犠牲にしていないか
4. 限界を知っているか
5. 「べき論」に縛られていないか
6. 周囲の評価で価値を決めていないか
7. 「いい人」でいなくてはと思っていないか
8. 自分を許しているか
9. 支え合う仲間を持っているか
10. 気持ちをはき出す場があるか
11. 楽しむことができるか
12. 手を抜くことができるか
13. 断ることができるか
14. 話し合うことができるか
15. 降参することができるか
16. 手放すことができるか

ンタルヘルスのために，疲れ消耗している様子の同僚がいたら周りから休むことやカウンセリングを受けることを勧めるような雰囲気を率先してつくる必要がある。

　園田（2002）が指摘するように，「しんどさ」を感じることは未熟でも不適切でもなく，しんどさを感じぬふりをしたり，しんどさを同僚への攻撃やいびりなどに無自覚に転化することが問題なのである。がんばりすぎて限界に近づく前に，素直に「しんどい」と言える温かい職員室の人間関係をつくることが，まず第一に行われるべきことであると思われる。

　教師自身が心を軽やかにし，しんどさを共有し多様性を認めあう人間関係を築くことができれば，職員室は教師にとっての「心の居場所」となる。弱音を吐いたり援助を求めることは恥ずかしいことではないし，違う個性が助けあわなければ一人では何もできないことを，互いにわかりあうことが**同僚性**を高め，**協働**で仕事に向かう基盤を形づくることにつながる（図2.31）。

　教師にとっても，子どもにとっても「心の居場所」となるような学校づくりをめざしていくことが，最も本質的なメンタルヘルスのための取組なのではないかと思われる。

■ **用 語 解 説** ■

【同僚性と協働性】
　同僚性（collegiality）は，職場で互いに気楽に相談し・相談される，助ける・助けられる，励まし・励まされることのできるような情緒的な人間関係を指す。
　また，協働性（collaboration）は，異なる専門分野の人間が共通の目的のために対話し，新たなものを生成するような形で協力して働くことを指す。

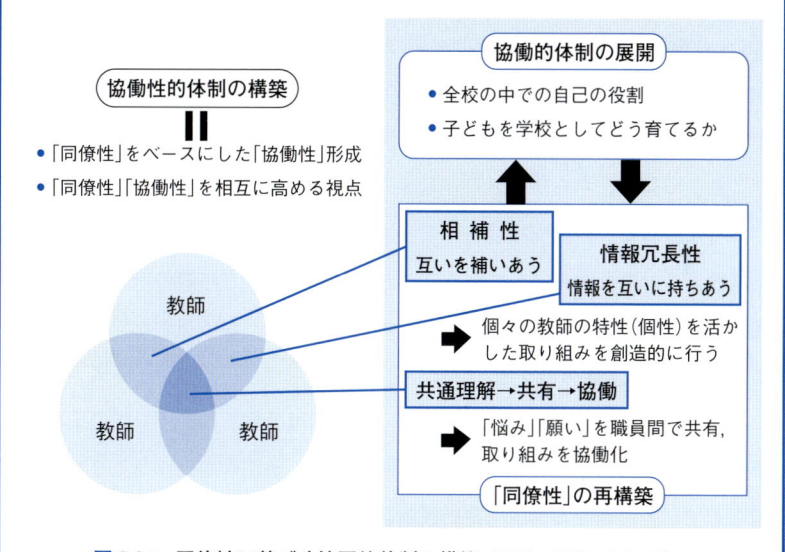

（協働性的体制の構築）
＝
- 「同僚性」をベースにした「協働性」形成
- 「同僚性」「協働性」を相互に高める視点

教師／教師／教師

（協働的体制の展開）
- 全校の中での自己の役割
- 子どもを学校としてどう育てるか

相 補 性
互いを補いあう

情報冗長性
情報を互いに持ちあう

➡ 個々の教師の特性（個性）を活かした取り組みを創造的に行う

共通理解→共有→協働

➡ 「悩み」「願い」を職員間で共有，取り組みを協働化

「同僚性」の再構築

図2.31　同僚性に基づく協同的体制の構築（高橋・新井，2008）

コラム　今後の学校教育相談

1. グループ・アプローチの重要性

　学校は集団活動の場である。そこで，子どもたちの叫びを真摯に受け止め，日々の教育活動に生かすためには，学校におけるグループ・アプローチが重要である。

　グループ・アプローチ活動は，学校教育の場で，学校の教師等によって行われる活動をいい，具体的には，子どもの成長発達上の諸問題について，本人に支援していく援助サービスの過程と位置づけられよう。

2. 軽度発達障害をもった児童生徒への支援

　世界的な動きや保護者の要求等によって，LD等の子どもたちに対する教育的支援を要求する動きがこの10年の間に高まった。これらの動きを踏まえて，文部科学省が中心となり，「21世紀の特殊教育の在り方について（最終報告）」（2001）や「今後の特別支援教育の在り方について（最終報告）」（2002）によって，今後LD（Learning Disabilities），AD/HD（Attention Deficit / Hyperactivity Disorder），それに高機能自閉症などの軽度発達障害児に対しての教育的支援を行うことが明記された。

　これまでは，どちらかというと重度の障がいをもつ子どもの教育に軸足を置いた特殊教育を，特別支援教育へと転換し，軽度発達障害をもつ子どもも特別支援教育の対象とするとしている。これにより義務教育年限の児童生徒の8～10％にあたる子どもが特別支援教育の対象となることが予想されている。

3. 不登校児童生徒への支援

　自治体が設置する教育支援センター（適応指導教室）は，不登校児童生徒に学ぶ場と学ぶ機会を拡大的に保障するとともに，個別的なカウンセリングの併用などで学校復帰をめざす所期の役割目的を果たしてきている。しかし，その位置づけが，学校と家庭との「中間学校」の意味合いから脱するものとならない限り，さらにその中間に位置づけられる学校（機関）の設置が期待されてしまうことになりかねない。

そこで，教育支援センターを学校の一部と位置づけて教育指導を行えることを提案したい。すなわち，教育支援センターを指導要領による教育の義務づけがなく，心理カウンセリング活動を教育課程として位置づけるなど，「特例の学校」として認めていくことは，不登校の状態にある児童生徒および保護者にとって大きな心の支えとなるであろう。日本では，京都市，八王子市で実践されている。

4. スクールカウンセラーを教育専門職員に

スクールカウンセラーは，1995年度に配置されて以来，いじめ問題や不安など，情緒的混乱を伴う不登校児童生徒の対応に成果をもたらしている。2006年度には，3学級以上の中学校約1万校に配置されており，生徒指導上の諸問題の解決のために一層有効に機能することが期待される。

そこで，スクールカウンセラーの各学校への配置について，学校を所管する自治体の事業として推進されるともに，機能を異にしながらも児童生徒の指導相談にあたって教師と同等の責任を有し，それにより主体的な活動が保障されるように自治体の常勤職員（教育専門職員）として身分が確立されることが望ましいのではないか。そのための国の強力なバックアップが必要である。

5. 専門教育相談機関の充実

専門教育相談機関の課題は山積みである。教育相談員は，常勤職員よりも非常勤職員の比率が高く，圧倒的に非常勤職員が多くなっている。そして，「心の危機」が叫ばれていながら，心理系職員が配置されていない。こうした専門機関では，臨床心理学的な援助やカウンセリング活動が十分なされているとはいいがたい。

これらの専門教育相談機関は，教育委員会規則で整備されているだけで，法的な裏づけが不鮮明なために，このような状況に置かれている。まずは，専門教育相談機関に常勤の相談員を多く配置するために法的な整備を行っていき，一層の充実を求めたい。

（文：相馬誠一）

コラム　教師の性格特性とバーンアウト

　教師は，子どもたちに感動や充実を与えたいという期待を抱いて教壇に立つ。しかし，どうやっても指導の通じない子どもや過大な要求を突きつける保護者に直面し，対応に行き詰まると，いらだちや欲求不満が高じて無力感にさいなまれるようになる。やがて，極度の疲れや消耗感に襲われ，同僚からの協力も得られないと感じると，教える意欲を失い学校に行きたくなくなるという事態に陥ることがある。これがバーンアウト（燃え尽き症候群）である。

　バーンアウトに陥りやすいパーソナリティの特徴として指摘されるのは，次のようなものである（田尾・久保，1996）。

(1) ひたむきで多くの仕事を熱心に完遂させようとし，達成できないとそのことに悩む人
(2) 妥協や中途半端を嫌う完璧主義的傾向の強い人
(3) 理想主義的情熱に駆り立てられる人
(4) あらゆる事柄に全能感を抱きやすい人

　いずれにも共通するのは，他人のことに積極的に関与しようとする利他的な精神が旺盛で，責任感が強く，高い理想を抱くことである。教師は，子どもたちにきめ細かく関わることを要請され，理想に燃えたタイプが歓迎される。ところが，理想主義的信念の強い人ほど，現実の困難に遭遇すると，行き詰まりを人一倍強く感じてしまう。ここに，教師として望ましい性格や態度がバーンアウトを引き起こしやすいというパラドックス（逆説）がある（図2.31）。

　ゴールドとロス（1993）は，人間関係や職場環境への適応は，その人の「期待」に左右されるところが大きいから，期待を適正かつ現実的にすることが，ストレスを最小化することにつながると述べている。現実的というのは，妥協的に要求水準を引き下げるという意味ではなく，積極的な意欲に根ざし，合理的に状況を認識するということである。バーンアウトを防ぐためには，仕事上のストレスを最小化し，自尊感情を最大限に高めることが重要な課題となる。そのためには，次のような認知的態度に留意することが大切であろう。

（1）人生におけるすべてのことをコントロールできるわけではない。
（2）変えられるのは自分だけで，他人を変えることはできない。
（3）すべての人の期待に応えることができると望むべきではない。
（4）常に愛されたり，認められたりする必要はない。
（5）常に正しくなければならないわけでなく，時には間違いも犯すが，それに対処することもできる。

　ストレスを抱えやすい教師は，固定した認知パターンに縛られていることが少なくない。視点を少しずらすことで，周りが見えるようになったり，気持ちが楽になったりすることを体験することが大切である。自分に特有の「認知パターン」を自己点検することが，個人のバーンアウト予防につながると考えられる。

　管理職や教育相談担当者は，自分の学校の教師一人ひとりの生活や心の健康について日頃から気を配るとともに，教師が自己理解を深め，メンタルヘルスについての正しい知識を獲得し，ストレス対処法を身につけるような研修の機会を用意する必要がある。また，各々の教師も固定的な枠組みにとらわれずにしなやかな認知をもつために，時には学校という場を離れ教師以外の職業の人とも交流し，趣味や遊びを通じてゆとりをもって人生を楽しむことも必要である。教師が仕事も含めて物事を楽しむことができたならば，子どもたちの心も軽やかになるのではないだろうか。

（文：新井　肇）

責任感があり理想が高い
やる気いっぱい！

教師として理想的な人物

一方で，理想と現実のギャップに苦しみ，バーンアウトしやすい傾向がある。

図 2.32　バーンアウトしやすい教師の性格特性

2.5　教師への支援

学校臨床心理学の実際

　学校臨床心理学は実践の学問である。日本においても，ようやくスクールカウンセリング制度が定着し始めているが，スクールカウンセラーは，多くても1週間に1回程度，6時間から8時間程度の「非常勤」勤務である。

　アメリカにおいては，スクールカウンセラーは常勤職員として各学校に勤務し，スクールサイコロジストは教育委員会に各学校にアセスメントをするように勤務し，具体的な役割まで明文化されスクールカウンセリング・スタンダードとして位置づけられている。ASCA（American School Counselor Association；米国スクールカウンセラー協会）では，スクールカウンセラーを「生徒，教師，保護者，そして教育機関を援助する公認の専門教育者」と定義し，その仕事は，発達・予防・治療を目標としている。そこでのスクールカウンセラーの役割として，カウンセリング（個別カウンセリング，小集団カウンセリング），コンサルテーション，コーディネーション，ケースマネジメント，ガイダンスカリキュラム，プログラムの評価と開発，プログラムの提供をあげている。

　本章では，学校臨床心理学の実際として，開発的支援，予防的支援，問題解決的支援に3つに分類し解説している。開発的支援としては，グループ・アプローチを中心に，予防的支援としてはチェックリストの活用をニューヨーク州認定スクールサイコロジストのバーンズ亀山静子がまとめている。

　また，問題解決的支援の実際として，不登校，いじめ，非行，障がいをもつ子，高校中退，自殺予防をそれぞれの豊富なデータと具体的な内容で説明している。

3.1 開発的支援

3.1.1 開発的支援とは

　学校臨床心理学上の支援の目的は，児童生徒が学習や社会集団生活で成功できるための支援であり，個性を伸ばし，心身の発達を促し，将来への準備をサポートすることにある。学校の中には，すでに深刻な問題が顕在化し不適応を起こしている子どももいれば，顕著な問題は起こっていないものの，置かれている環境や状況からしてリスクの高い子どももいる。このような子どもたちに対して治療的支援や予防的支援を行うことはもちろん重要なことであるが，学校臨床心理学においては一般の児童生徒への支援にも重点が置かれている。このような健全な児童生徒向けの教育的支援を**開発的支援**と呼ぶ。

　開発的支援は，児童生徒それぞれが自分の成長の方向性を選ぶ能力をもっているという仮説に基づいている。支援によって選択が効果的にされれば，もっている力を伸ばし，社会適応もうまくいく。つまり，成長を形づくる行動自体を本人が意図的に変えようとするのを支援するアプローチである。話し合いやエクササイズなどの活動を通じて，子どもたちは社会環境からの影響に自分がどう反応しているかを知り，これからどうしたいかを考え，自分の行動にゴールや価値観を設定していく。また，そのような選択や決断を可能にするスキルの育成も開発的支援の目的である。

　学校における開発的支援は，**学業的発達**，**キャリア的発達**，**個人・社会性の発達**の3領域にわたって実施される（図3.1）。具体的な内容の例をあげると，児童生徒が日常の中で出会うチャレンジに対応していくためのスキル（たとえば意思決定スキル，問題解決スキル，コミュニケーションスキルなど）を養うスキル・トレーニングや，発達に応じたライフイベント（たとえば，小学校から中学への移行など）への適応支援，学業選択や進路指導などのガイダンス，オリエンテーション，自己理解・他者理解を深める心理教育（感情の認知など），「賢い選択」ができるための情報提供（性教育・エイズなどの健康教育，反いじめ・反暴力教育，喫煙・飲酒や薬物乱用防止教育等）など様々なものがある（図3.2）。スクールカウン

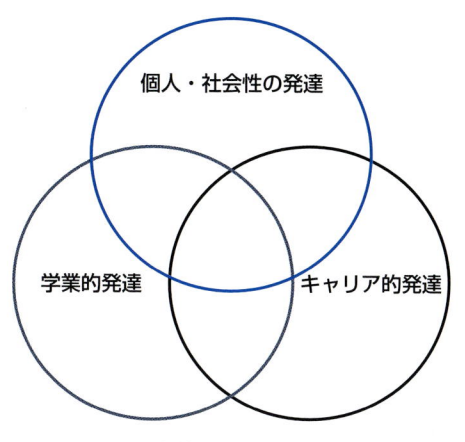

図 3.1　学校における開発的支援

〈ライフスキル〉
- 意思決定スキル
- 問題解決スキル
- コミュニケーションスキル
- 対立解消スキル
- 健康管理
- ストレス・マネジメント

〈学業〉
- 時間の管理
- 整理整頓術（ノートのとり方，所有物の管理，環境の整備）
- 授業選択

〈キャリア〉
- 進路
- 移行支援
- 個人プランニング
- ロールモデルの発見
- 学業と将来とのつながりの理解
- 自己コントロール

〈自己理解・他者理解〉
- 感情の認知
- 肯定的な自己認知
- 家族との関係

図 3.2　開発的支援で取り扱うテーマやライフスキルの例

セラーなどの支援職の専門性がその企画において主導的な立場をとることも多いが，実践においては管理職を含むすべての教職員も協力し関わることが重要である（Myrick, 1997）。

3.1.2　グループ・アプローチ

　グループ・アプローチは，個人を中心とした心理治療や支援に対し，複数の人たちからなるグループを利用し，体験型学習を通じて自己・他者の理解を深めたり，対人関係，コミュニケーション，意思決定などの様々なスキルを身につける手法のことである。参加する児童生徒の個々の発達と，その集団自体（たとえば学級など）のまとまりや成長も促進することから，相馬（2006）は，「まさに，個人と集団の成長発達が同時に行われる過程」としている。ことわが国の学校現場でよく利用されているグループ・アプローチの中には，構成的グループ・エンカウンター，ソーシャルスキル・トレーニング，グループワーク・トレーニング，ピア・サポート活動などの手法・考え方などが活用されている（表 3.1）。

3.1.3　開発的支援の実際

　開発的支援は，先述のとおり，一般の児童生徒の誰でもがその対象となる。学校のポリシーと一貫性をもち，学校教育の様々な場面で展開されることが望ましい。したがって，支援の提供形態も一つだけとは限らない。授業として行ったり，学校行事の中で教育活動として取り上げたり，生徒会活動やピア・サポート・プログラムのような生徒主体の活動を通じて行うこともできる。対象の児童生徒の年齢や成熟度による発達段階に特化したニーズや，置かれた環境や状況のニーズに合わせてカリキュラム化して提供される。

1. 授業として指導する方法

　スクールカウンセラーなどの心理的支援の専門職や，それらの専門職と担任教師が協働でユニットごとのテーマ（表 3.4 参照）を設けて授業を行う方法である。道徳や特別活動などの授業時間を活用できるだろう。グループ・アプローチで総称される様々な集団的アプローチ（たとえば構成的

表 3.1　学校現場でよく使われているグループ・アプローチ

1. 構成的グループ・エンカウンター（SGE）

　ふれあいと自己発見を目標とするとともに，参加メンバーの行動変容を目的とした集中的グループ体験。あらかじめ用意したエクササイズやプログラムにのっとって作業や討議をするもので，学校で使いやすい形態にアレンジされて学校教育現場に普及している。

　構成的グループ・エンカウンターでは，①エクササイズを通して自己理解・自己受容，自己表現・自己主張，感受性，信頼体験，役割遂行をねらう，②エクササイズを触媒とした自己開示とそれによる参加者間の関係を形成する，③エクササイズを体験して感じたり気づいたことを共有する（シェアリング）の3つを原則とする。

2. ソーシャルスキル・トレーニング（SST）

　「友だちの誘い方」「相手の気持ちへの気づき」「断るときの言い方」「嫌なことをされたときの対処のしかた」など，集団の中で行動するときに必要なスキルや対人関係スキルを活動やロールプレイを通じてトレーニングする。学級のような集団では，ペアや小グループに分けて活動を行い，全体でふり返りをする。

3. グループワーク・トレーニング（GWT）

　小集団において，人間関係を学ぶ体験学習。自己理解とともに，グループ・プロセスや集団心性に対する感受性も向上させ，グループ内の自分の位置や周囲の期待を察知し，効果的で適切な行動が取ることを学ぶ。グループの問題，グループ間の問題，サブ・グループの問題に気づき，解決策を考える。

4. ピア・サポート活動

　「人は困ったときまずピア（仲間）に相談する」という現状から，各自が困っている人を支援するスキルを身につけておけば，その助けがより効果的になるという基本概念にのっとっている。児童生徒に「傾聴」「自己理解・他者理解」「対立解消」などの支援スキルをトレーニングし，オリエンテーション，ピア・チューター（学習の支援），ピア・エデュケーターによる予防教育，紙上相談などの実際の活動を企画運営させるもの。活動には継続的な大人のスーパービジョンを要する。

グループ・エンカウンターやソーシャルスキル・トレーニングなど）の手法もよく使われるが①テーマに関して基本情報を提供し，②ディスカッションや体験的な活動を行って，③気づいたことやそれをもとにしたアクションプランをグループや学級内で共有するというのが一般的な流れとなる。

　スキル・トレーニングの場合は，スキルを練習する活動を1回だけでなく数回重ねて練習をするが，そのスキルが必要な実際の場面で使えるように教科指導の授業中や生活の中でもフォローされると効果的である。トレーニングのときに，心理の専門職が単独で行うのではなく，ふだんの時間をよりたくさん児童生徒と共有している担任教師と協働で作業をするメリットはここにある。同様なことを学年単位や全校規模で行うことも可能である。扱った内容を学校のポリシーと一貫させて展開できるとさらに有効である。

2. 児童生徒主体の活動で行う開発的支援

　子どもたち自身が特定のテーマを扱った活動を企画して，情報提供し，考え，アクションプランを立てるピア・エデュケーションやガイダンスを行う方法である。

　たとえば，小学校から中学校への移行に伴う不安軽減のためのガイダンスであれば，支援専門職等のスーパービジョンのもとで，中学生が主体となってプログラム全体を企画運営できる。企画者側の中学生は，内容や方法をブレーンストームし，話しあい，交渉し，意思決定をし，内容を吟味し，段取りを計画し，予定どおりいかない場合を想定した対処法まで考慮して準備する。実施に際しては，小学生を思いやり相手の立場で考え，「役に立ちたい」「喜んでもらおう」と考え行動をする（図3.3，図3.4参照）。終わった後は，自分の行動をふり返り評価し，次へのアクションプランへとつなげていく。この場合，企画運営をした中学生たちとイベントに参加した小学校6年生の児童たちの両方が開発的支援の対象となっている。このような企画運営ができるためには，その前提として，対人関係スキル，コミュニケーションスキル，問題解決スキルなどの基本的なスキルのトレーニングを受けていることが必要であり，そのスキルをスーパービジョンのもとで実践する教育的な機会にもなる。

図 3.3 傷ついた友だちに何をしてあげられる？
絆創膏型の用紙に，「傷ついた友だちのために自分ができること」についてアイデアを書かせ，人型の紙に貼る。

また，全校集会を利用して薬物乱用防止教育などの開発的支援を展開することもできる。とくに性教育などにおいては，このような同世代の生徒によるピア・エデュケーションが有効であるとされている。もちろん，ピア・エデュケーションを行う生徒たちには，そのテーマに関しての基本的知識・情報も必要であり，その指導とスーパービジョンは心理専門職（スクールカウンセラー）や教師，養護教員などによって行われる。

　先にも述べたが，このような児童生徒主体の活動には大人のスーパービジョンが欠かせない。相手に合わせて交渉をしていくときや，予想しなかった問題や事態が起こったとき，効果的にスーパービジョンの支援があることで子どもたちの体験と学習が深まり，意味のあるものとなる。したがって，これらの活動を指導する教師や専門職は，スーパービジョンの専門的訓練を受けていることが必要である。

3.2　予防的支援

3.2.1　予防的支援とは

　予防的支援とは，何かが起こってしまってから対応するのではなく，問題が起こらないように，あるいは何かが起きてもダメージが最小限になるように前もって情報を提供して準備し，適切な行動の選択ができるように支援することであり，開発的な支援の一部を成す。予防的なアプローチや先取りしたアプローチ（proactive）で，様々な問題に関しての知識や意識を高めておくことの方が事後対応より手間も少なく，より多くの児童生徒を対象とできるという意味でも効率がよい。

　予防的支援を行うときには，①現状を把握し，②そこからその現状を変えていくプログラムの計画を立て，③実行し，④さらに結果を分析してプログラムの効果を測定・評価することが大切である（図 3.5）。それが次の計画の土台となって反映されていくからである。

　予防的な支援を効果的にするためには，焦点を定めた支援ができることが重要である。したがって，対象となるグループや個人のニーズの特定やリスクの高いグループの特定が支援の第一歩となる。

図3.4 私の見つけた親切

自分が体験したり校内で見かけた親切行為を，親切な人の名前入りで書かせ，壁に貼る。

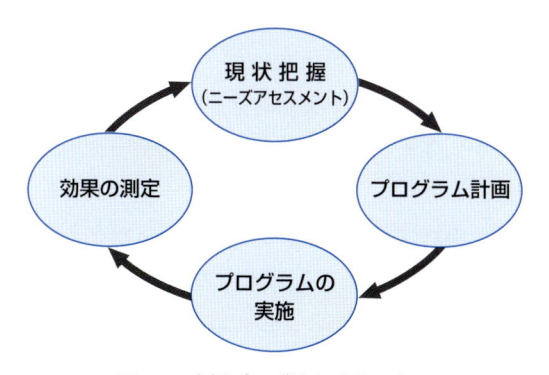

図3.5 支援プログラムのサイクル

3.2.2 ニーズアセスメント

1. 何が求められているか

　効果的で適切な予防的支援をするためには，支援する対象の個人やグループに何が必要であるか，何が求められているかということを把握（ニーズアセスメント）しなければいけない。実際に，児童生徒・教師・保護者・管理職・地域などからの要望にはどのようなものがあるかを探る。情報の収集方法としては，学級討論，グループ討論，面接やインタビュー（直接的に要望を質問し答えてもらうという方法だけでなく，相手との話の中で出された要望にも気づく必要がある），アンケート調査（表 3.2, 表 3.3），直接に寄せられた要望，などがある。

2. 何が必要か

　要望とニーズは必ずしもイコールではない。その個人や集団が健全な状態であるために本来もっているべきでありながら，今，欠けているもの，それがニーズともいえる。観察や関係者からの聞き取りだけでなく，チェックリストなどを使い，その個人や集団のニーズを客観的に把握することもある。また要望と実際的なニーズが大きく異なる場合，そのギャップを分析することから支援の切り口が見えてくる。

3. 今の状態はどうなのか

　今，子どもたちをとりまく環境や現状はどういう状態なのかということに関しても，客観的な観察が必要になる。現状把握には，既存の資料や実態的データ（学校の規模，学級数，男女比，在校生の家庭の経済的な状態，学校周辺地域の社会経済的背景や文化的背景，標準テストの結果等，すでに学校の中のどこかに存在しており入手可能なデータ）を見ることも重要だ。また，問題点とされている，あるいはターゲットとしている定めている事柄に関して，現状はどうなのかということ（たとえば，ピア・プレッシャーに関して，自分の学校ではどんなところで問題になりうるかなど）もまとめて把握する必要がある。この段階で大切なのは，支援者が自分の受けた主観的な印象だけに頼りすぎないことである。どこの学校でも学校全体の欠席率や保健室の利用件数などは統計をとっているだろうが，一方で，生徒を説諭したり懲罰を与えた回数は学校全体で記録しているだ

表3.2 ニーズアセスメント質問紙の例（生徒用）

ニーズアセスメント質問紙

●次の項目について，強く思う・少し思う・思わないのいずれかを選んで○をつけて下さい。

質 問 項 目	強く思う	少し思う	思わない
1. 学校は全体的に安全なところだ			
2. 新しいことを学ぶのはおもしろい			
3. 授業中は身の危険はない			
4. トイレや廊下はいつ行っても安全だ			
5. 人の話を聞くことは好きだ			
6. 自分にはよい友だちがいる			
7. 授業が楽しい			
8. 他の子が自分をどう思うか気になる			
9. 危ない目にあっている子がいたら助ける			
10. 困ったことがあれば先生や大人に言う			
11. 遅刻しても困ることはない			
12. 校則が厳しすぎる			
13. 最近学校でこわい思いをしたことがある			
14. 学校に来るのは楽しい			
15. 気になることがあって勉強に身が入らない			

●学校生活で気になることや困ることがあれば具体的に書いて下さい。

（注）項目は学校で問題になっている，あるいはリスクのありそうなことによって選ぶ。

ろうか。校内でのケンカの発生数，部活動の参加率などはどうだろうか。たとえば，「保護者の協力が少ない」という支援者がもつ印象と，実際の保護者会の出席率は相関しているだろうか。そのようなことを客観的に観察・調査する必要がある。

4. どういう状態にしたいのか

今の状態からどのような状態に変えていくのか，めざす先を具体的な状態として想定する必要がある。そしてそこに到達するために必要なものや条件を探る。その過程で，めざすゴールが実現可能かどうかの感触がつかめる。めざすところがあまりにも現状から遠すぎる場合は，ゴールまでの段階を細分化して計画していく必要がある。

「はじめの一歩をどこに設定するか」「次のステップはどこに」という具合に，段階ごとに「実現可能な」サイズやレベルにして考えることがゴール達成を可能にする。

3.2.3 学級単位や全校レベルで取り組む予防的支援

それぞれの発達段階で課題があり，また，与えられた環境において多くの児童生徒が共通して直面するリスクがある。予防的支援では，リスクとなりうることをトピックとして，正しい情報を増やし，危険性への意識や感度を上げる。それによって自らが危険な状態に陥ることを回避できるだけでなく，周りの友だちが危険な状態にあるときにそれを察知し，適切な支援を求めることにもつながる。実際の活動は，教室で担任，スクールカウンセラー，養護教員などが協働して授業を行ったり，全校集会などで情報提供を行う（表3.4）。トピックによっては全校集会をもった後，学級や委員会，ピア・サポート活動などの生徒主導の小単位でいろいろな形のキャンペーンを行って予防を強化する。

予防的支援の効果を上げるためには，「授業」や活動をすることだけでなく，周りの環境の整備も視野に入れる必要がある。たとえば，暴力やいじめが横行し問題になっている学校であれば，反暴力・反いじめ教育などは全校で方針として打ち出し，暴力やいじめを容認しない環境をつくりだすことで予防効果が倍増する。このような環境では「傍観者」が「監視

表 3.3 ニーズアセスメント質問紙の例（教師用）

ニーズアセスメント質問紙

氏名 _____

●次の項目の中からこの学校の生徒に重要だと思われるものを選んで○をつけてください。

○印		質問項目	○印		質問項目
	1	いじめ・暴力		16	ストレス・マネジメント
	2	健康的な食生活・ダイエット		17	肉親や身近な人の死別
	3	ゲーム中毒・ケータイ中毒		18	自殺
	4	ドラッグ・飲酒・喫煙		19	コミュニケーションスキル
	5	将来のキャリア探索		20	友だち作り・友人関係
	6	人との対立の解決のしかた		21	レジリエンシー
	7	学校・家庭からのプレッシャー		22	自尊感情
	8	ピア・プレッシャー		23	ソーシャルスキル
	9	自分の能力，興味，学力の理解		24	性に関して・妊娠
	10	学習スキル・受験スキル		25	意思決定・問題解決スキル
	11	卒業後の進路・進学		26	うつ・気分の落ち込み
	12	時間の上手な使い方		27	教師との関係
	13	アンガー・マネジメント		28	親との関係
	14	受験のプレッシャー		29	両親の離婚・家庭の問題
	15	インターネットの危険性		30	その他（具体的に書いてください）

●上記のものから，この学校でとくに重要である項目を上位5位まで選んでください。

1) _____ 2) _____ 3) _____ 4) _____ 5) _____

●スクールカウンセリングに期待すること，してほしいことを書いて下さい。

表 3.4 予防的支援で取り扱われるテーマ例

〈予防のための情報提供〉
- 自殺予防教育
- 性教育やエイズ（AIDS）などの健康教育
- 反いじめ教育
- 反暴力教育
- セクシャル・ハラスメントに関する教育
- 喫煙・飲酒その他の物質乱用防止教育
- インターネット，ケータイ被害に関する教育　など

者」となり，暴力やいじめの抑止力として作用する。全校レベルで取り組むということは，児童生徒だけでなく教職員間の協働は欠かせない。また，掲げている方針と既存の規則や慣習にギャップがないか，また方針と授業のあり方にギャップがないかまで見直すことも必要になるし，地域の特性や慣習との兼ね合いも考えていく必要もある。

　児童生徒の意識が向上することは「気づき」を促すので，そこから周辺の地域への働きかけをし，地域ぐるみの意識向上キャンペーンへと発展させることもできる。

3.2.4　リスクの高い児童生徒や集団への支援

　置かれている状況や今までの行動パターンから考えてとくに予防が必要な特定の児童生徒を対象に，グループ・カウンセリングやスキル・トレーニングの支援をする方法もある。離婚家庭の子ども，ソーシャルスキルが弱い子ども，学習スキルや時間の管理が弱い児童生徒等，他の児童生徒と比べてつまづきのリスクの高い児童生徒を担任教師や養護教員からの勧めや保護者から希望で募り，小集団を構成して実施する。継続的なこともあれば，数回とあらかじめ回数を設定して行うこともある。

　こういったグループへの参加は，理由を説明し保護者の承諾を取っておく必要がある。たとえば，遅刻の多い児童生徒，宿題や課題提出の悪い児童生徒に，ただ罰するのではなく，その悪化を防ぎ改善を図るために時間の管理のトレーニングを受けることを担任が勧めることもできる。

3.3　問題解決的支援

3.3.1　不登校

1. はじめに

　平成21（2009）年の学校基本調査報告で，わずかながら「不登校児童生徒数の減少」が明らかとなった。とはいえ，現在でも12万人を超える子どもたちが学校に行っていない（年間30日以上の欠席）という現状は続いている（図3.6）。今回の「減少」という報告の裏には，学校現場で

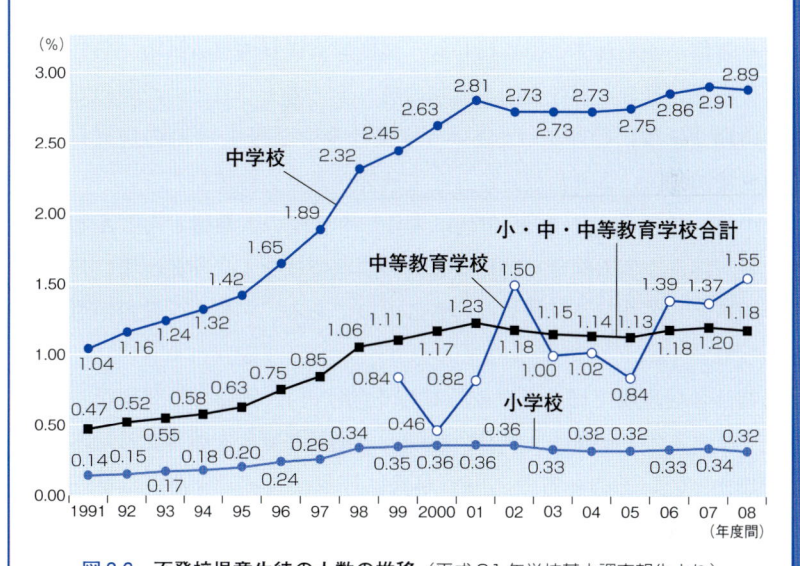

図3.6 不登校児童生徒の人数の推移（平成21年学校基本調査報告より）

（注） 数値は，小学校・中学校・中等教育学校（前期課程）の理由別超欠席児童生徒数（30日以上）を示す。

の教師による努力，不登校対応の多様化，学校外の専門機関の充実など，多くの要因があるだろう。しかし，それでもなおかつ，不登校の現状は必ずしも好転しているとは楽観できない状況にある。

　ここでは，不登校の現状を把握し，多様化する不登校に対しどのように対応すべきか，検討してみたい。

2. 不登校に対する見方の変遷

　<u>不登校</u>の変遷を辿る方法の一つとして，その呼称に注目する見方がある（図 3.7）。不登校が日本で注目され始めた 1960 年代当初は「<u>学校恐怖症</u>」という名称が使われていた。折しも，高度経済成長の真っ只中にあり，学校に行くということが社会的な成功の第一歩と考えられていた時代である。この時期「学校に行けない」という症例は希少であり，「心の病気」として児童精神科医により治療対象として研究が進められていた。

　その後，1970 年代から 80 年代に入り，不登校の人数はどんどん増え続ける。特殊な個人病理や特別な家庭の問題ではなく，学校現場における教育問題として注目され始めたのもこの頃である。名称も「<u>登校拒否</u>」と変わっていく。

　当初，学校現場では，不登校に対し「怠けだ」「気持ちの問題だ」という見方をすることが多く，訓練・鍛錬という形で登校を強要する対応も珍しくなかった。その一方で，1960 年代に日本に入ってきたロジャーズのカウンセリング的な考え方や手法を学ぶ教師も増えてくる。「受容・共感」的な関わりの必要性が指摘され，カウンセリング的な対応が教育相談という形で学校現場にも取り込まれていく。この時期，学校現場の中で，生徒指導におけるこれら 2 つの対極的な見方がぶつかりあいながら共存するという状況が始まった。

　そして，1990 年代に入ると，もはや学校現場だけの問題ではおさまらない状況となる。今や，不登校児童のいない学校，不登校児童を担任したことのない教師はめずらしいといっても過言ではない。「葛藤がない（見えない）不登校」「虐待による不登校」「発達障害の二次障害としての不登校」など，多様化を極めている（図 3.8）。1992 年に出された文科省の報告書の中では，「（不登校は）どの子にも起こり得る」という見解が初めて

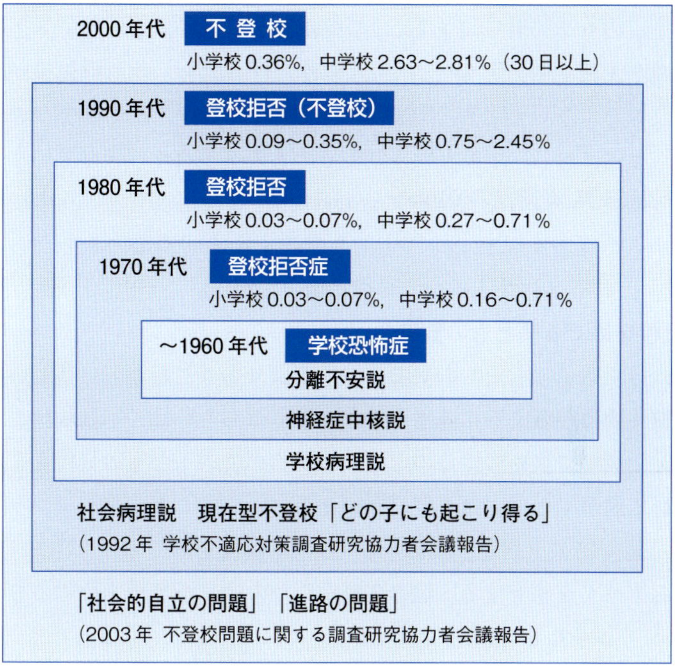

```
2000年代    不登校
           小学校 0.36%, 中学校 2.63～2.81%（30日以上）
1990年代    登校拒否（不登校）
           小学校 0.09～0.35%, 中学校 0.75～2.45%
1980年代    登校拒否
           小学校 0.03～0.07%, 中学校 0.27～0.71%
1970年代    登校拒否症
           小学校 0.03～0.07%, 中学校 0.16～0.71%
～1960年代   学校恐怖症
           分離不安説
           神経症中核説
           学校病理説
社会病理説  現在型不登校「どの子にも起こり得る」
（1992年 学校不適応対策調査研究協力者会議報告）

「社会的自立の問題」「進路の問題」
（2003年 不登校問題に関する調査研究協力者会議報告）
```

図3.7　不登校をめぐる呼称の変遷（相馬, 2005）
（注）　図の数値は, 1998年度までは50日以上, 1999年度以降は30日以上の出現率を示す。

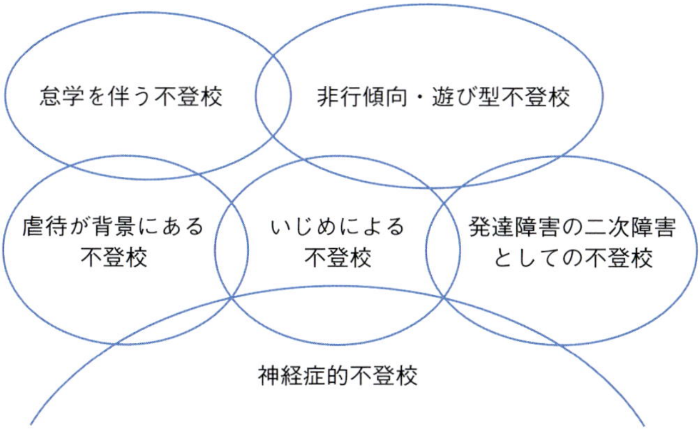

- 怠学を伴う不登校
- 非行傾向・遊び型不登校
- 虐待が背景にある不登校
- いじめによる不登校
- 発達障害の二次障害としての不登校
- 神経症的不登校

図3.8　不登校の多様化

3.3　問題解決的支援

出された。それと同時に，学校に行かない生き方を認めていこうという風潮が強まるのもこの時期である。「学校に行かなくてはならない」という規範意識が希薄化し，その一方で，「学校に行っても，明るい未来が保証されるわけではない」という諦観が漂う現在，「学校に行くこと」の意味が揺らぐ風潮に対し，学校という制度そのものを見直すべきだという意見も起こっている。こうした実態に合わせて，「登校拒否」という学校現場サイドからの見方を見直し，否定的な意味を含まず現象のみをとらえた「不登校」という名称が一般化し現在に至っている。

3. 不登校をめぐる子どもの気持ち

学校に対する子どもたちの気持ちに，ずばり切りこむことは難しい。しかし，腫れ物に触るように遠慮するのでなく，あるいは「不登校はこうなんだ」と一般論で決めつけるのでもなく，目の前の子どもの気持ちをそのままの形で理解する努力は必要だといえる。

まず，調査結果（伊藤，2009）から，「不登校をめぐる子どもの意識」に関するデータを紹介する。図 3.9 に示したのは，不登校をめぐる 5 項目に対する子どもたちの回答である。「大いにそう思う」「少しそう思う」「そう思わない」の 3 択で回答を求めた。不登校の子どもたちは，先生にどんな対応を望んでいるのだろうか。不登校をしている自分自身に対しどんな気持ちを抱いているのだろうか。

学校に対する相反する 2 つの意見「学校に行きたくなければ行かなくていいと思う」「学校には行けるものなら行きたい」については，回答が三分された。不登校の子どもたちがすべて再登校を拒否しているわけではないし，すべての子どもたちが切望しているわけでもない。一括りにできないくらい，登校をめぐる気持ちは一人ひとり様々である。「学校なんて（行かなくても）……」と言いつつも，心の奥では悶々とこだわっている場合もある。子どもたちの気持ちを大人が勝手に一般化し，わかったような気になってはいけない理由もここにある。

他方，肯定の回答（「大いにそう思う」「少しそう思う」）が 9 割近かったのは「学校についてはそっとしておいてほしい」という項目であった。学校でも家庭でも，「どうして行けないの？」「学校に行きなさい」と繰返

	大いにそう思う	少しそう思う	そう思わない
学校についてはそっとしておいてほしい	35.7	48.3	16.0
行きたくなければ行かなくていいと思う	24.3	49.0	26.7
行けるものなら行きたい	23.9	41.8	34.3
家庭訪問や電話連絡をもっとしてほしい	6.4	34.3	59.3
勉強や進路のことは気になる	52.7	35.0	12.3

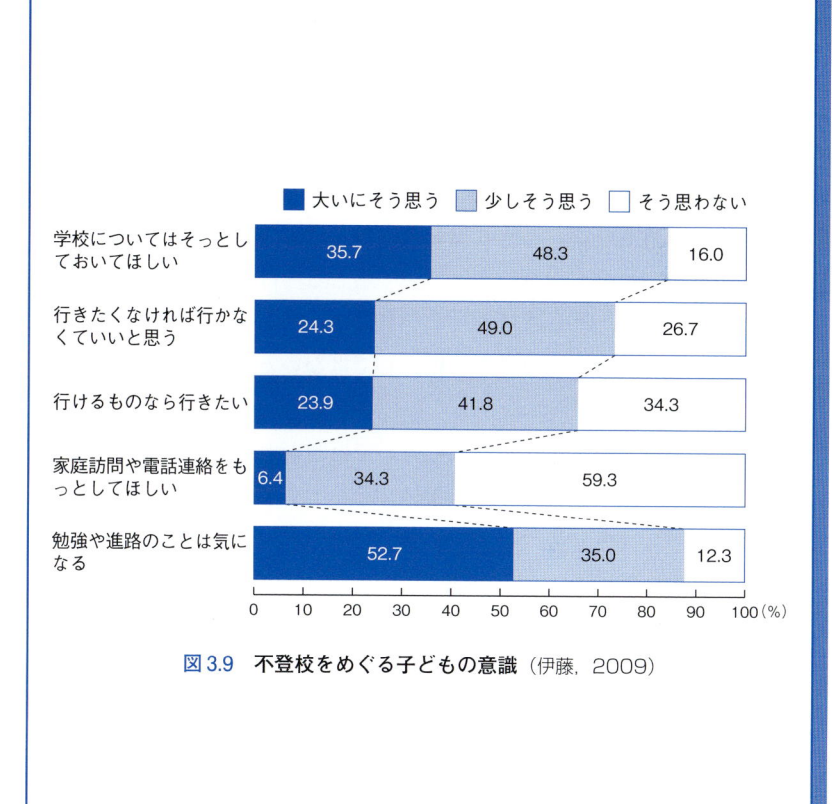

図3.9　不登校をめぐる子どもの意識（伊藤, 2009）

しプレッシャーをかけられることが多い子どもたちにとって,「自分でもよくわからないのだから,今は何も聞かずそっとしておいて」というのが本音だろう。それを裏づけるように,「先生に家庭訪問や電話連絡をもっとしてほしい」に対しては「そう思わない」が半数を超えている。やはり不登校の子どもたちは,登校刺激（図3.10）に対しては否定的な気持ちが強いのだろうか。

　たしかに,不登校の子どもたちから「先生に会いたくない」「学校のことなんて考えたくない」という訴えを聞くことは多い。この言葉は担任教師にすると,非常に辛い言葉なのではないだろうか。「こんなにまでしているのに報われないなあ」と落ちこむ教師もいるだろう。「そんなこと言うなら,もう何もしない」と放り出したくなる教師の気持ちも理解できる。

　ただ,不登校の子どもたちに会っていて感じるのは,子どもたちの「そっとしておいて」「訪問や連絡はしないで」という言葉の裏にあるのは,けっして「教師への一方的な嫌悪や拒否」ではないということである。むしろ,「先生が心配してくれるのはうれしい。でも,今の私には先生に会う勇気がない。もし,先生から学校においでと言われたらどう返事をしていいかわからない。だから今は会えない。そっとしておいて」と揺れ動いている場合が多いように思う。

　実際,「学校のことについてはそっとしておいてほしい」と「学校には行けるなら行きたい」という項目に対する回答をクロス集計してみると（「大いにそう思う」と「少しそう思う」を合計したものを「そう思う」と換算した）,「学校には行きたい」と思いつつも「そっとしておいて」と感じているアンビバレントな揺れの中にいる子どもたちが全体の半数余りを占めることがわかる（表3.5）。

　また,将来に対する情報を求める気持ちの強さは,図3.9の「勉強や進路のことは気になる」という項目に対する回答結果にはっきり表れている。学校を拒否し,教師を拒否しているように見える子どもたちも,勉強のことや進路のことは気になるものである。現籍校に復帰するのは難しくても,「（大半の子どもたちが進む）高校には行ってみたい」「私も楽しい高校生活を経験してみたい」というのが本音だろう。しかし不登校の子どもたち

登校刺激とは……
- 学校や登校に関するいっさいの事柄
- 家庭訪問，電話連絡，手紙やメール等
- 授業や進路に関する情報，制服や鞄　など

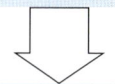

(例)　◇登校刺激したほうがいいケース
- 不登校になり始め（初期）
- 長期不登校から回復間際のころ
- 虐待などが背景に疑われる場合　など

◇登校刺激しないほうがいいケース
- 精神的な混乱や身体症状が激しいとき　など

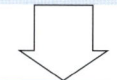

大切なのは，どんな登校刺激（内容）を，誰が（子どもとの関係性が構築されている人）どのように行うか！

図 3.10　登校刺激について

表 3.5　「学校には行きたい」と「そっとしておいてほしい」のクロス集計

(単位：人（％）)

		学校のことについてはそっとしておいてほしい	
		そう思わない	そう思う
学校には行けるなら行きたい	そう思わない	65（5.4）	349（29.1）
	そう思う	127（10.6）	660（55.0）

の中には，とりわけ進路について後ろ向きな発言をする子どもが少なくない。「高校なんて行かなくていい」「学校だけがすべてではない」，そんな言葉で面接を閉じようとする子どももいる。しかしその心の奥底にあるのは，「全然勉強していないから，こんな自分の学力では行ける高校はないだろうなあ」「人間関係がへたくそだから，また学校に戻ってもすぐに不登校になってしまうんじゃないか」という不安であり，自信のなさである。こうした子どもたちが抱えるアンビバレントな気持ち（図 3.11）を理解し，その心の揺れに寄り添うような対応が求められている。

4. 求められる学校の取組

こうした不登校の実態に対し，学校現場はどう対応すべきだろうか。

（1）本人や保護者への支援　担任クラスに不登校児童生徒を抱え，どう対応したらいいのか悩んでいる教師は多い。教師の立場に立つと，不登校を容易に認めたくない状況はあるだろう。「学校に行きたくない」という言葉が，教師自身を否定する言葉に聞こえ素直に理解できないという思いもある。教師が電話をしたり家庭訪問をしても，いつも拒否する子どもの態度に傷ついてしまう教師もいる。不登校の子どもの気持ちは複雑である。「先生に会いたくない。でも，何も連絡がないと不安になる……」「心配してほしい。でも，急に来られても困る……」，そんなアンビバレントな思いを抱えていることが多い（図 3.11）。子ども本人の反応をつかみながら，子どもとの，さらには家庭との関係の糸を切らないような関わりが必要である。

他方，保護者の多くは，家の中で学校に行けない子どもたちと向き合い，多くのストレスを抱えている。「よその子は学校に行けるのにどうしてうちの子は……」「将来，この子はどうやって生きていくのだろう」，そんな不安でいっぱいである。保護者の不安や悩み（図 3.12 参照）に寄り添うことで，保護者自身が肩の力を抜き，気分をリセットしてまた子どもと向き合えることもある。そういう意味からも，継続的な保護者支援が求められる。

（2）校内でのチーム支援　まずは，学校全体の指導体制の充実を図ることが肝要である（図 3.13）。その際，コーディネーター的な役割を果た

「学校には行けるものなら行きたい」
「でも,ついていけないかも……」
「行きたくない」

「高校に進学したい」
「でも,自分に行ける高校はないかも……」
「高校なんて行かなくてもいい」

「親が心配してくれるのが重い・うるさい」
「でも,自分のことを思ってくれているんだ……」
「申し訳ない・ありがたい」

図3.11　不登校の子どもたちの心理（アンビバレント）

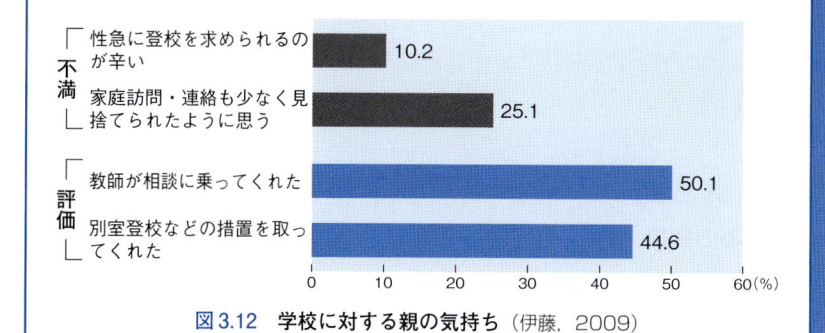

不満	性急に登校を求められるのが辛い　10.2
	家庭訪問・連絡も少なく見捨てられたように思う　25.1
評価	教師が相談に乗ってくれた　50.1
	別室登校などの措置を取ってくれた　44.6

図3.12　学校に対する親の気持ち（伊藤, 2009）

3.3　問題解決的支援　**153**

す教員や養護教諭の役割を明確に位置づけ，学校全体で情報を共有し，連携・協力して指導にあたる体制をつくることが望ましい。必要に応じてスクールカウンセラー等と教職員が円滑に連携していくためにも，日常的に相互理解を深めておく必要もある。

　一方，学校に登校できない児童生徒が学校外の施設や専門機関に通っている場合や，家庭から出られない場合も，自らの学校・学級の一員として関係の糸を切らないよう，不登校児童生徒やその保護者との関わりをもち続けることが大切になる。その一つとして，手紙や電話，家庭訪問等を通して児童生徒の状況や保護者が求める支援を把握することが求められる。また不登校の本格化防止や再登校への準備段階として，保健室や相談室等の別室（教室以外の居場所）を活用するという取組も増えている。不登校児童生徒が徐々に学校生活への適応を図っていけるよう，柔軟な受け入れ体制を整備するなど指導上の工夫が求められているといえる。

(3) 外部機関とのネットワーク　　不登校の裾野が広がるにつれ，学校外部の専門機関との連携がますます重要視されている。多くの情報から本人の状況を的確に判断し，適切な専門機関を探し出すことが重要である。その上で，子どもや保護者には「それがどういう期間で，どうして，今そこに関わることが必要か」を丁寧に説明しなくてはならない。このインフォームド・コンセントの段階を正しく踏まなければ，本人や保護者は「学校に見捨てられた」と感じてしまうこともあるので十分に時間をかけて行いたい。さらに，専門機関とつながってからも，学校からの情報を先方に伝え，また専門的なアドバイスを受けるという形で学校と専門機関とのつなぎ役割を果たすことも忘れてはならない役割の一つである。

3.3.2　いじめ

1．いじめの定義

　文科省初等中等教育局（2009）では，2006年度調査より**いじめ**の定義を「当該児童生徒が，一定の人間関係のある者から心理的・物理的な攻撃を受けたことにより，精神的な苦痛を感じているもの。なお，起こった場所は学校の内外を問わない」とし，学校が認知しているものを，より広く

〈不登校対策委員会を中心とした指導体制と取組（例）〉

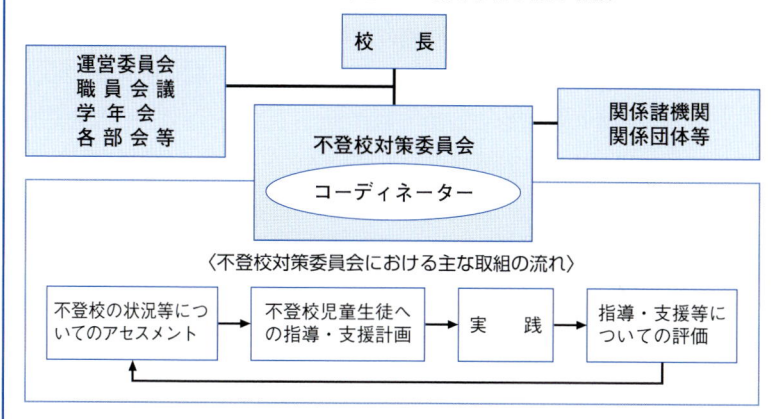

```
                        校　　長
                           │
運営委員会                  │                関係諸機関
職 員 会 議 ─────── 不登校対策委員会 ─────── 関係団体等
学 年 会                コーディネーター
各 部 会 等
```

〈不登校対策委員会における主な取組の流れ〉

不登校の状況等に → 不登校児童生徒へ → 実　践 → 指導・支援等に
ついてのアセスメント   の指導・支援計画   ついての評価

【不登校対策委員会】
不登校への対応に当たっては，学校として組織的に取り組むことが重要である。不登校対策委員会は，各学校の規模などにより異なるが，管理職，教務主任，生徒指導主事，教育相談主任，各学年の生徒指導担当教諭，養護教諭，不登校児童生徒の学級担任，スクールカウンセラーなどによって構成される。必要に応じて，関係機関・関係団体等に協力を依頼することもある。

【コーディネーター】
コーディネーター的な役割を果たす教員については，校長のリーダーシップの下，教頭や生徒指導主事等，全校的な対応の中心に位置するとともに，関係機関等との連携についても担うことのできる教員をあてることが重要である。

【不登校児童生徒への指導・支援】
不登校児童生徒への指導・支援については，学級担任一人に任せきりにすることなく，不登校対策委員会などを中心にアセスメントを行い，指導・支援計画を立て，実践し，指導・支援等についての評価を行うことが必要である。

図3.13　学校内でのチーム支援の実際（国立教育政策研究所生徒指導センター，2004）

「いじめ」問題をとらえ，より適切に実態を把握できるように見直し調査している。1994年から2005年までは「①自分より弱いものに対して一方的に，②身体的・心理的な攻撃を継続的に加え，③相手が深刻な苦痛を感じているもの。なお，起こった場所は学校の内外を問わないこととする」として調査を行っていた。1993年以前の調査における定義から「学校としてその事実（関係児童生徒，いじめの内容等）を確認しているもの」との文言を削除した。このようにいじめに対する調査は，個々の行為がいじめにあたるか否かの判断を表面的・形式的に行うことなく，いじめられた児童生徒の立場に立って行うようにしている。

2. いじめの現状

(1) いじめの認知（発生）件数・学校数　先にあげた文科省調査 (2009) によると，図 3.14 のように 2007 年度におけるいじめの認知（発生）件数は，小学校 48,896 件，中学校 43,505 件，高等学校 8,355 件，特別支援学校 341 件の合計 101,097 件（前年度比 −19.0 減）となっている。

認知（発生）学校数は，小学校 8,857 校（発生率 39.0％），中学校 7,036 (64.0％)，高等学校 2,734 校（51.2％），特別支援学校 132 校（13.0％）の合計 18,759 校（46.9％）であり，1995 年をピークに発生件数は連続で減少していたが，2006 年度から急に増加し，やや減少傾向になった。とりわけ，中学校の認知（発生）率は 6 割近くと高率である。以下ではより詳細に，この文科省調査からいじめの現状を考察してみる。

(2) 学年別・男女別のいじめの認知（発生）件数　学年別のいじめの認知（発生）件数では，小学校から学年が進むにつれて多くなり，中学 1 年生が 21,077 件と全体の約 21％ を占め，最も多くなり，中学 2 年生で 14,872 件と次に多くなっている。その後は，学年が進むにつれて減少している（図 3.15）。また，男女別のいじめの発生件数では，小学校 5，6 年生では女子の増加があり，中学校では男女の差はあまりないが，高等学校では男子 62％，女子 38％ で，男子の占める割合が高くなっている。

(3) いじめ発見のきっかけ　いじめ発見のきっかけについては，小学校では「学校の教職員等が発見」（構成比 52.8％），中学校・高等学校・特別支援学校では「学校の教職員以外からの情報により発見」（中学校

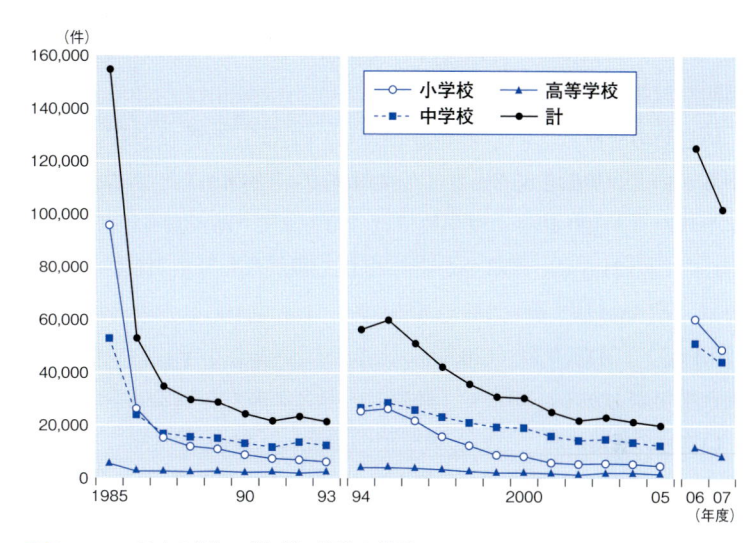

図 3.14 いじめの認知（発生）件数の推移（文部科学省初等中等教育局，2009）

(注) 1993年度までは公立小・中・高等学校を調査。1994年度からは特殊教育諸学校，2006年度からは国・私立学校も調査。1994年度および2006年度に調査方法等を改めている。2005年度までは発生件数，2006年度からは認知件数。

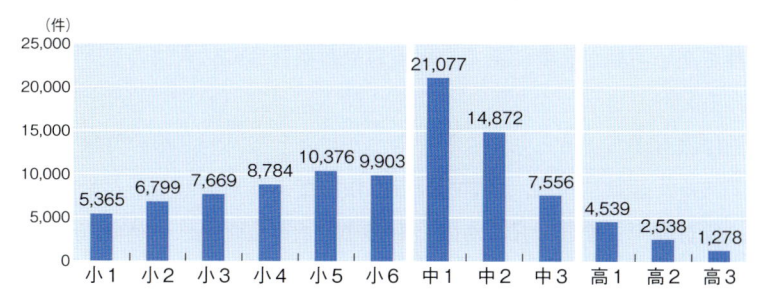

図 3.15 学年別にみたいじめの認知（発生）件数（2007年度）（文部科学省初等中等教育局，2009）

(注) 数値は，国公立・私立学校の合計を示す。

3.3　問題解決的支援　　**157**

55.5%，高等学校53.5%，特別支援学校55.7%）が多くなっている。学校の調査でありながら「担任の教師が発見」が，小学校22.0%，中学校19.2%，高等学校12.6%，特別支援学校24.3%であり，担任教師の発見が低い傾向が読み取れる（**表3.6**）。

(4) **いじめの態様**　　いじめの態様については，小学校では「冷やかし・からかい」（構成比65.7%），「仲間はずれ」（24.3%），「ぶつかられたり，叩かれたり」（20.4%），中学校では「冷やかし・からかい」（64.5%），「仲間はずれ」（21.8%），「ぶつかられたり，叩かれたり」（16.4%），高等学校では「冷やかし・からかい」（55.4%），「ぶつかられたり，叩かれたり」（20.4%），「誹謗中傷」（20.3%）となっている。小学校，中学校，高等学校と学年があがるにつれて「暴力」の割合が高くなっている（**表3.7**）。

(5) **いじめの解消状況**　　いじめ解消の状況は，2007年度間に小学校では82.5%，中学校では77.3%，高等学校では76.6%が解消したと学校から報告されている。ただ，どのようなケースが，どのような対応の中で解消したのかの詳細は調査対象にはなっていない。

3. いじめ克服への対応

いじめ克服は，継続した長期の対応が必要であるが，ここでは，いじめが発見された段階での緊急的な対応をまとめてみる。

(1) **いじめを受けた子に対して**　　担任・担任外の教員は，朝自習・休み時間清掃活動・自習・給食時等，いじめられた子を見守るために，常に目を離さない活動が必要である。保護者や教職員等の付き添い登下校も必要である。

最近は誰もがちょっとしたことをきっかけとして，いじめの対象となることがある。運動，行動，学習面で遅れがちであるといった子どもだけでなく，学習面や行動面で良くも悪くも目立つ子どもがターゲット（子どもたちの隠語で「マト」）となってしまうことも多くの事例から明らかである。また，いじめられている子どもが，はっきりと「いじめられた」と言えないために，事実がなかったととらえられてしまうケースもある。担任にしてみれば「いじめられてはいない」という言葉にほっとして，その後の対応をしないことも考えられる。さらには，事実をつかんでも単にいじ

表 3.6　いじめの発見のきっかけ（2007 年度）（文部科学省初等中等教育局，2009）

(単位：人数（構成比，%）)

区　　分		小 学 校	中 学 校	高等学校	特別支援学校	計
学校の教職員等が発見		25,801 (52.8)	19,368 (44.5)	3,869 (46.3)	151 (44.3)	49,189 (48.7)
	学級担任が発見	10,738 (22.0)	8,333 (19.2)	1,053 (12.6)	83 (24.3)	20,207 (20.0)
	学級担任以外の教職員が発見（養護教諭，スクールカウンセラー等の相談員を除く）	898 (1.8)	2,813 (6.5)	615 (7.3)	38 (11.1)	4,364 (4.3)
	養護教諭が発見	267 (0.5)	644 (1.5)	248 (3.0)	3 (0.9)	1,162 (1.1)
	スクールカウンセラー等の外部の相談員が発見	208 (0.4)	249 (0.6)	44 (0.5)	0 (0.0)	501 (0.5)
	アンケート調査など学校の取組により発見	13,690 (28.0)	7,329 (16.8)	1,909 (22.8)	27 (7.9)	22,955 (22.7)
学校の教職員以外からの情報により発見		23,095 (47.2)	24,137 (55.5)	4,486 (53.5)	190 (55.7)	51,908 (51.3)
	本人からの訴え	10,014 (20.5)	12,244 (28.1)	2,578 (30.7)	107 (31.4)	24,943 (24.7)
	当該児童生徒（本人）の保護者からの訴え	8,747 (17.9)	7,437 (17.1)	1,042 (12.4)	42 (12.3)	17,268 (17.1)
	児童生徒（本人を除く）からの情報	2,182 (4.5)	2,468 (5.7)	568 (6.8)	26 (7.6)	5,244 (5.2)
	保護者（本人の保護者を除く）からの情報	1,696 (3.5)	1,313 (3.0)	200 (2.4)	12 (3.5)	3,221 (3.2)
	地域の住民からの情報	96 (0.2)	92 (0.2)	16 (0.2)	0 (0.0)	204 (0.2)
	学校以外の関係機関（相談機関等含む）からの情報	169 (0.3)	117 (0.3)	35 (0.4)	3 (0.9)	324 (0.3)
	その他（匿名による情報など）	191 (0.4)	466 (1.1)	47 (0.6)	0 (0.0)	704 (0.7)
計		48,896 (100.0)	43,505 (100.0)	8,355 (100.0)	341 (100.0)	101,097 (100.0)

(注)　「学校の教職員等が発見」か「学校の教職員以外からの情報により発見」のいずれかを選択し，その内訳についても該当するものを 1 つ選択している。

めた側への一方的な指導で終わったり，いじめられた子どもや家庭に責任を求めたりして，子どもや家庭の不信感を高めてしまう例も多い。とくに，いじめた側への指導をあやまると「**チクッタ**」（大人に話したという隠語）ということで，さらにいじめをエスカレートさせてしまい，ますます，いじめられている子どもは口を閉ざしてしまう結果となる。

　いじめられる子は，解決の手段が考えられずに一人孤立して苦しんでおり，さらに，ひどくいじめられることを恐れて親や教師にもいえず，いじめている子どもの言いなりになっている例が多い。そのため精神的な症状だけでなく，身体的に症状が現れたり，不登校のような2次的な問題が起こっている子どもも多くいる。

　いじめられる子のサインとしては，急に無口になったり，不可解な行動が増えたり，洋服が汚れてたり，体にあざをつくってきたり，物やお金がなくなったりといったものがる。また，いじめから派生する問題として，「不登校」「仕返しとしてのいじめ・暴力」「人間不信」「自信喪失」「自殺」などがあげられる。そうなる前に子どもの変化に気づき，早急に相談機関に連絡を取って心と生命を守ることに全力をあげたいものである。大人が「しっかりと守ってやること」を認識させた緊急対応が必要であり，本人の了解をとりながら，寄り添う方法も考えられる。

　(2) いじめた子に対して　　いじめの実態を早急につかみ，個別指導を通して「いじめ」は絶対にしてはいけないことを認識させる。本人に対する言葉かけを多くし，他に欲求不満のはけ口を求めないように見守ることが必要である。実態を把握した後に，保護者に連絡を取り家庭の協力を求める。しかしよくあることだが，いじめた子どもが教師の前でいじめを認めても，保護者の前では「いじめていない」と言いはり，保護者もまた「家の子だけではない，教師が家の子を差別した」と**加害者が被害者**になることも多い。

　また，いじめる側の家庭に対する援助では，「いじめる子の家庭は悪者」とするだけの対応では，問題解決にはならない。事実を冷静に伝え，家庭での規範意識や思いやりの心を育成していくことを，誠意をもって支援していくことが必要である。一方，いじめをしているときに子どもにも大き

表 3.7 いじめの態様（2007 年度）（文部科学省初等中等教育局，2009）

(単位：人数（構成比，%））

区　分	小学校	中学校	高等学校	特別支援学校	計
冷やかしやからかい，悪口や脅し文句，嫌なことを言われる。	32,110 (65.7)	28,061 (64.5)	4,646 (55.4)	194 (56.9)	65,011 (64.3)
仲間はずれ，集団による無視をされる。	11,896 (24.3)	9,489 (21.8)	1,455 (17.4)	56 (16.4)	22,896 (22.6)
軽くぶつかられたり，遊ぶふりをして叩かれたり，蹴られたりする。	9,980 (20.4)	7,120 (16.4)	1,712 (20.4)	64 (18.8)	18,876 (18.7)
ひどくぶつかられたり，叩かれたり，蹴られたりする。	2,317 (4.7)	2,525 (5.8)	737 (8.8)	27 (7.9)	5,606 (5.5)
金品をたかられる。	764 (1.6)	1,369 (3.1)	498 (5.9)	12 (3.5)	2,643 (2.6)
金品を隠されたり，盗まれたり，壊されたり，捨てられたりする。	3,254 (6.7)	3,448 (7.9)	671 (8.0)	32 (9.4)	7,405 (7.3)
嫌なことや恥ずかしいこと，危険なことをされたり，させられたりする。	2,854 (5.8)	2,636 (6.1)	795 (9.5)	30 (8.8)	6,315 (6.2)
パソコンや携帯電話等で，誹謗中傷や嫌なことをされる。	534 (1.1)	3,633 (8.4)	1,701 (20.3)	25 (7.3)	5,893 (5.8)
その他	1,980 (4.0)	1,317 (3.0)	388 (4.6)	19 (5.6)	3,704 (3.7)

(注)　複数回答可とする。構成比は，各区分における認知件数に対する割合。

表 3.8 いじめ問題に対する対応（2007 年度）（文部科学省初等中等教育局，2009）

(単位：人数（構成比，%））

区　分	小学校	中学校	高等学校	特別支援学校	計
職員会議等を通じて，いじめ問題について教職員間で共通理解を図った。	20,408 (89.9)	9,911 (90.2)	4,278 (80.0)	625 (61.7)	35,222 (88.0)
道徳や学級活動の時間にいじめにかかわる問題を取り上げ，指導を行った。	20,008 (88.2)	9,665 (88.0)	3,037 (56.8)	568 (56.1)	33,278 (83.1)
児童・生徒会活動を通じて，いじめの問題を考えさせたり，生徒同士の人間関係や仲間作りを促進した。	13,067 (57.6)	6,958 (63.3)	1,621 (30.3)	464 (45.8)	22,110 (55.2)
スクールカウンセラー，相談員，養護教諭を積極的に活用して相談にあたった。	10,368 (45.7)	7,652 (69.6)	2,820 (52.8)	179 (17.7)	21,019 (52.5)
いじめ問題に対応するため，校内組織の整備など教育相談体制の充実を図った。	14,937 (65.8)	7,426 (67.6)	2,661 (49.8)	286 (28.2)	25,310 (63.2)
教育相談の実施について，必要に応じて教育センターなどの専門機関と連携を図るとともに，学校以外の相談窓口の周知や広報の徹底を図った。	6,027 (26.6)	3,452 (31.4)	1,083 (20.3)	115 (11.4)	10,677 (26.7)
学校におけるいじめへの対応方針や指導計画等を公表し，保護者や地域住民の理解を得るよう務めた。	5,582 (24.6)	2,728 (24.8)	738 (13.8)	73 (7.2)	9,121 (22.8)
PTA や地域の関係団体等とともに，いじめの問題について協議する機会を設けた。	4,624 (20.4)	2,150 (19.6)	420 (7.9)	45 (4.4)	7,239 (18.1)
いじめの問題に対し，地域の関係機関と連携協力した対応を図った。	3,064 (13.5)	1,651 (15.0)	361 (6.8)	62 (6.1)	5,138 (12.8)
その他	878 (3.9)	309 (2.8)	295 (5.5)	46 (4.5)	1,528 (3.8)

(注)　複数回答可とする。構成比は，各区分における学校総数に対する割合。

く変化があることから，行動面や持ち物，などの変化にできるだけ早く気づいてその子自身の問題の解決の援助の手だても講じなければならない。

(3) 周りの子どもや全校生徒に対して　学校をあげていじめを許さない雰囲気をつくるために，校長等が「いじめをしない」「周りの子どもたちはいじめをとめよう」「困ったことは先生に相談をしよう」と全校生徒に直接呼びかけ，解決していく努力が必要である。いじめの予防は周りの子どもに対する指導が決め手になる。各学級担任は，いじめの実態を把握し，指導するために特別活動の時間を特設し，自らの学級づくりを総点検する必要がある。

　いじめに対して，「いじめに気がついている子」は多いものである。ただ，それを大人に話すことによって自分がいじめられたりすることを怖れて，一緒にはやし立てたりして，いじめる側につくこともある（**観衆の役割**）。せいぜい，知らん顔することがせいいっぱいのような場合もある（**傍観者の役割**）（図3.16）。周りの子どもに対する指導援助が「いじめ問題」の解決にとっては絶対に必要なことである。「自分たちの行動がいじめを防ぐ」ことに気づかせ，教師は日頃の指導援助を積み重ねることが必要である（森田・清永，1994）。

3.3.3　非　　行

1. 非行の概要

(1) 少年非行とは　**非行**とは，社会規範からはずれた行いを指し，一般的には**少年非行**（juvenile delinquency）のことを意味する（少年は法律用語であり少女も含む）。少年は，年齢により年少少年（14～15歳），中間少年（16～17歳），年長少年（18～19歳）に分類されている。教育現場では，悪い行いをした児童生徒に対して非行という表現が使われている。悪い行いとは，法律上の3つ（犯罪少年，触法少年，ぐ犯少年）に加えて，**不良行為**（喧嘩，喫煙，飲酒，家出等）を含めた広義な意味で考えられている。

(2) 戦後における少年非行の推移　戦後六・三・三・四年制の学校体系以降，現在までの少年非行の動向をみると4つのピークがある（図3.17）。

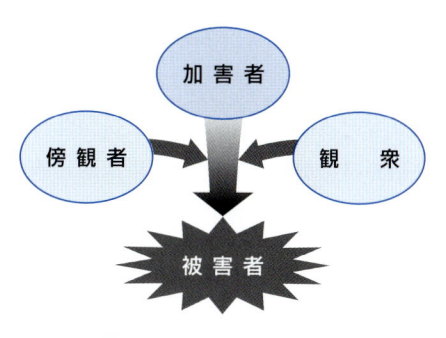

図 3.16　いじめの四層構造

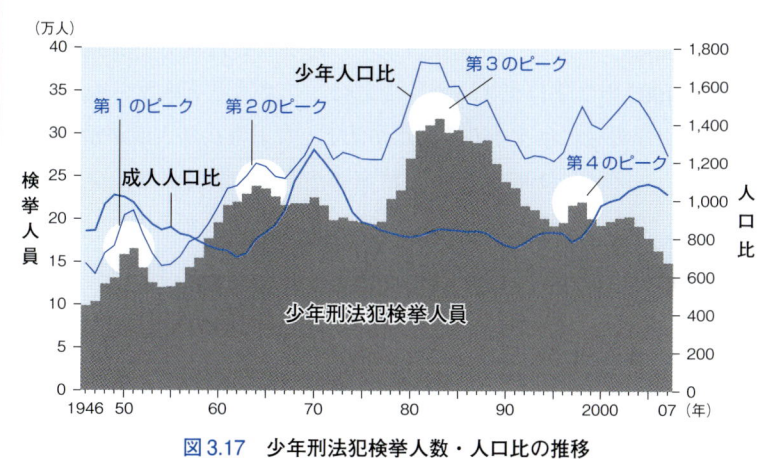

図 3.17　少年刑法犯検挙人数・人口比の推移

（出所）　法務省（2008）「平成20年度版犯罪白書」より作成　http://www.moj.go.jp/HOUSO/2008/hk1_1.pdf

（注）　警察庁の統計および総務省統計局の人口資料による。触法少年の補導人員を含む。1970年以降は，触法少年の自動車運転過失致死傷等を除く。「少年人口比」は，10歳以上20歳未満の少年人口10万人あたりの少年刑法犯検挙人員の比率であり，「成人人口比」は，20歳以上の成人人口10万人あたりの成人刑法犯検挙人員の比率である。

3.3　問題解決的支援　　**163**

第1のピークは，戦後の動乱期にあたる昭和26（1951）年頃の**生きるための非行**といわれる。特徴は，年長少年の占める割合が高いこと，貧困家庭出身の少年が多いこと，財産犯が多いこと，学生生徒が占める割合が低いことなどである。

　第2のピークは，高度経済成長期頃であり**反抗型非行**といわれる。この時期は，粗暴犯や性犯罪の増加，シンナー乱用，暴走族，学生運動等による道路交通法違反や業務過失傷害が漸増している。特徴は，非行の低年齢化，中流家庭の少年の拡大等，**非行の一般化**の芽生えが始まってきていることである。

　第3のピークは，昭和58（1983）年頃である。中学生による非行が急増するとともに対教師暴力，対生徒暴力等，校内暴力が頻発するようになった（**図3.18**）。この時期の特徴としては，「非行の一般化」と「低年齢化」の進行，女子による非行の増加である。非行内容は，**遊び型非行**および**初発型非行**となっている。

　昭和60（1985）年以降，少年保護事件の新受人員は統計上漸減傾向であったが，1995年に下げ止まった。これは，第2次ベビーブームの青少年人口ピークを最後に年々その構成比が低下しており少年人口が頭打ちになったこと，昭和62（1987）年の道路交通法改正による影響，シンナー乱用事犯が犯罪として送致されるようになったことなどが要因となっている。

　しかしながら，少年非行は1996年から再度増加傾向を示している（第4のピーク）。特徴は，粗暴犯や強盗の増加および，ふだんは問題がないと思われていた少年がいきなり重大な非行を行うという**いきなり型非行**である。非行内容は，窃盗罪が圧倒的な部分を占めており万引きや自転車・原付自転車窃盗が中学生の間にも広まっている。女性に対しての性犯罪に関係するものも多い。また，社会を震撼させるような重大事件に象徴される凶悪かつ特異な非行など厳しい状況にある。

　戦後から現在までの少年犯罪化傾向を人口10万人あたりの検挙人数で成人と比較すると，次の2点が明らかになっている。一つは，戦後直後は成人と少年の間に大きな差がなかったが，現在の少年は成人の10倍の率

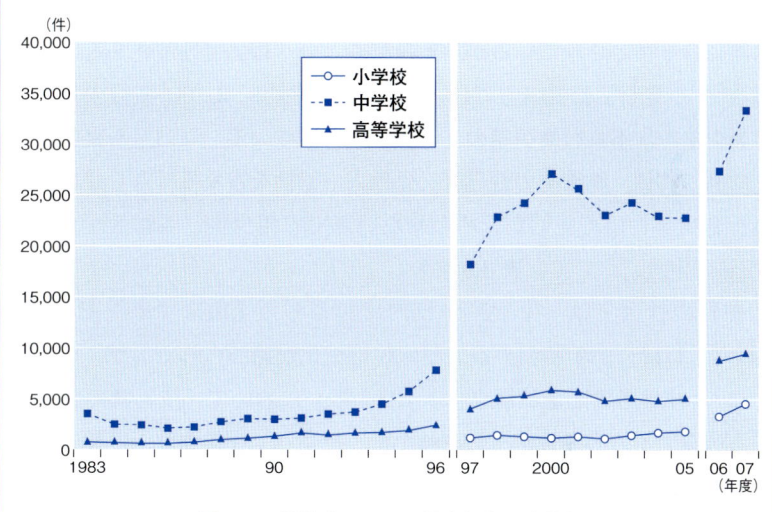

図3.18 学校内における暴力行為発生件数

(出所) 文部科学省児童生徒課(2008)「平成19年度児童生徒の問題行動等生徒指導上の諸問題に関する調査」 http://www.mext.go.jp/b_menu/houdou/20/11/08111707/001.pdf
(注) 1996年度までは,公立中・高等学校を対象として,「校内暴力」の状況について調査。1997年度からは,公立小学校を調査対象に加えるとともに,調査方法等を改めている。2006年度からは,国・私立学校も調査。

で検挙されていることである。もう一つは，少年犯罪においては年長者よりも年少・中間少年の方が発生率が高いということである。

2. 非行への対応

(1) 非行少年への法的手続きと少年法の改正　**犯罪少年**は，家庭裁判所の保護手続で扱われる（図 3.19）。**触法少年**は，行為時に刑事責任年齢に達していなかったという点で犯罪少年と区別される（14歳未満は児童福祉法上の取扱いが優先）。**ぐ犯少年**は，14歳未満であれば児童福祉法上の措置，14歳以上であれば少年法上の取扱いとなる。ぐ犯事由に関する行為は非行の一種とされているが，不良行為という用語で理解されることもある。「少年警察活動要綱」では，少年補導の対象として①非行少年，②要保護少年，③不良行為少年の3タイプをあげている。なお，不良行為とは「飲酒，喫煙，喧嘩その他自己又は他人の徳性を害する行為」であるが，不良行為少年にはぐ犯性が認められない点でぐ犯少年と区別されている（各用語の定義については表 3.9 参照）。

わが国の社会では，中学生が校内で起こした「山形マット死事件」（1993年）以降，少年審判の事実認定の適正化が論じられるようになった。とくに，「神戸連続児童殺傷事件」（1997年）において，被害者の遺族に対する情報開示の必要性が主張されたことを受けて**少年法改正の動き**が活発化し，2000年には**改正少年法**が成立（2001年4月施行）したことで，少年非行対策は転換期を迎えている。

(2) 学校の対応と関係諸機関との連携と組織的支援の必要性　教師が非行少年の担任となったとき，一人で抱えこみ熱意と情熱だけで問題解決に心血を注ぐというのは，ドラマにはなるが現実的とはいえない。実際に問題解決をしていくためには，合理的状況把握，適切適時的対処，関係者の協力体制が必要である。個人の力量だけではきわめて困難といえよう。

はじめにすべき事は，**問題の客観的把握と分析**である。そのために必要なことは，どのような問題行動が，いつ，どこで，どのように起こったのか，また，問題の背景等を記録しておくことである。このことが，非行少年に対する学校の教育や指導の一貫性を構築していくことになる。また，非行少年の扱いに手を焼き警察や家庭裁判所に丸投げしようとする責任放

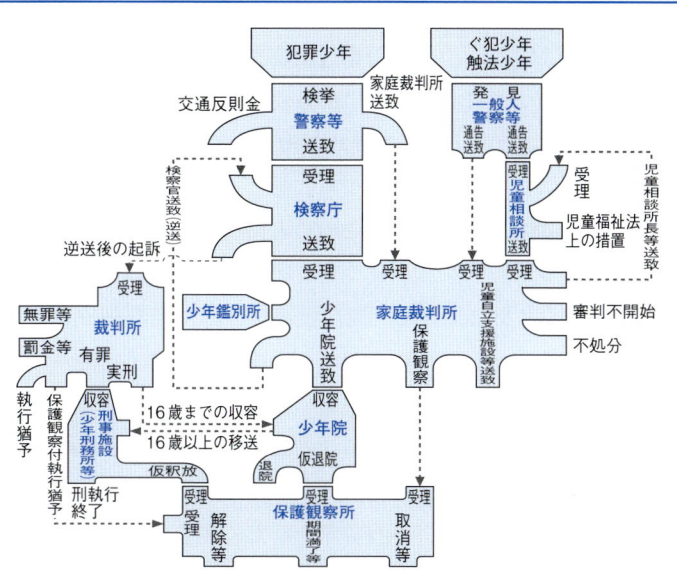

図 3.19　非行少年に対する手続の流れ

（出所）　法務省（2008）「平成 20 年度版犯罪白書」　http://www.moj.go.jp/HOUSO/2008/hk1_1.pdf

表 3.9　少年非行に対する用語等の定義

用　　語	意　　義
少　　年	20 歳未満の者をいう。
初発型非行	万引き，オートバイ盗，自転車盗及び占有離脱物横領をいう。
犯罪少年	罪を犯した 14 歳以上 20 歳未満の者をいう（少年法第 3 条第 1 項第 1 号）。
触法少年	刑罰法令に触れる行為をした 14 歳未満の者をいう（少年法第 3 条第 1 項第 2 号）。
刑法犯少年	刑法犯の罪を犯した犯罪少年をいい，犯行時及び処理時の年齢がともに 14 歳以上 20 歳未満の少年をいう。
触法少年（刑法）	刑法犯の罪に触れる行為をした触法少年をいう。
特別法犯少年	特別法犯の罪を犯した犯罪少年をいう。
触法少年（特別法）	特別法犯の罪に触れる行為をした触法少年をいう。
ぐ犯少年	保護者の正当な監督に服しない性癖があるなど，一定の事由があって，その性格又は環境から判断して，将来，罪を犯し，又は刑罰法令に触れる行為をするおそれのある少年をいう（少年法第 3 条第 1 項第 3 号）。
児童虐待	保護者がその監護する児童（18 歳未満の者）に対し，身体的虐待，性的虐待，怠慢又は拒否及び心理的虐待をすることをいう。

（出所）　警察庁生活安全局少年課（2009）「少年非行等の概要（平成 21 年上半期）」に基づき作成
　　　　http://shdb.info/wordpress/wp-content/uploads/syonenhikou_h21a1.pdf

棄的な対応に陥らないために，日頃から保護者やボランティア団体と連絡関係を緊密にしておくこと，学校警察連絡協議会や少年補導センターとの連携体制を確立しておくことが大切である。

(3) 教育にできること　教育とカウンセリングは類似しているところも多いが，本質的には異なる。非行少年に対して必要なことは教育であり，その場は教室や運動場などである。このことについては多様な考えがあるが，次の文はカウンセラーの限界について喝破していると思われる。

「幾ら変わったことをしようと，幾ら粗暴な行動に走ろうと，その行為をしたことに悩まない者はカウンセラーが治療する対象ではない。暇つぶしに問題行動を楽しんでいるような生徒の指導をカウンセラーに求めるのは，無い物ねだりの無理な相談であることを我々は始めから認識して置くことが必要である」(迫脇，1999)。

非行を超えていくためには，非行少年を新たに生まないこと，家庭がもつ機能を回復する支援や援助をしていくこと，学校が本来の機能を発揮することに尽きる。言い換えれば，わかる授業をとおしての基礎学力の回復および社会性の獲得と育成が肝要であるといえよう。

3.3.4　軽い障がいをもつ子ども (LD・ADHD 等)

1.「軽度発達障害」という用語

発達障害について太田 (2006) は，ICD-10 等を参考にし，「①乳児期か児童期の発症」「②中枢神経系の生物学的成熟に強く関係する機能の発達の障害或いは遅れ」「③多くの精神障害を特徴づける傾向のある軽快や再発のない安定した経過」の3つの特徴を有する障がいであるとしている。IQ は健常の範囲にありながら発達のバランスが悪い **LD**（学習障害），**ADHD**（注意欠陥／多動性障害）や高機能自閉症等の児童生徒を，「**軽度発達障害児**」と呼ぶ場合があるが，この「軽度」という用語は，知的な障がいの程度を示すだけである。抱えている課題が軽いとか，対応が軽く安易なものであってもうまくいくといった意味ではない。2005年には，文部科学省中等局特別支援教育課から，「軽度発達障害の表記は，その意味する範囲が必ずしも明確でないこと等の理由から，今後当課においては原

表 3.10 **文部科学省による各障がいの定義**（文部科学省，1999 および 2003 に基づき作成）

LD（学習障害）

学習障害とは，基本的には全般的な知的発達に遅れはないが，聞く，話す，読む，書く，計算する又は推論する能力のうち特定のものの習得と使用に著しい困難を示す様々な状態を指すものである。学習障害は，その原因として，中枢神経系に何らかの機能障害があると推定されるが，視覚障害，聴覚障害，知的障害，情緒障害などの障害や，環境的な要因が直接の原因となるものではない。

（文部科学省，1999）

ADHD（注意欠陥／多動性障害）

ADHDとは，年齢あるいは発達に不釣り合いな注意力，及び／又は衝動性，多動性を特徴とする行動の障害で，社会的な活動や学業の機能に支障をきたすものである。また，7歳以前に現れ，その状態が継続し，中枢神経系に何らかの要因による機能不全があると推定される。

（文部科学省，2003）

自閉症

自閉症とは，3歳位までに現れ，①他人との社会的関係の形成の困難さ，②言葉の発達の遅れ，③興味や関心が狭く特定のものにこだわることを特徴とする行動の障害であり，中枢神経系に何らかの要因による機能不全があると推定される。

（文部科学省，2003）

高機能自閉症及びアスペルガー症候群

高機能自閉症とは，3歳位までに現れ，①他人との社会的関係の形成の困難さ，②言葉の発達の遅れ，③興味や関心が狭く特定のものにこだわることを特徴とする行動の障害である自閉症のうち，知的発達の遅れを伴わないものをいう。また，中枢神経系に何らかの要因による機能不全があると推定される。

アスペルガー症候群とは，知的発達の遅れを伴わず，かつ，自閉症の特徴のうち言葉の発達の遅れを伴わないものである。なお，高機能自閉症やアスペルガー症候群は，広汎性発達障害に分類されるものである。

（文部科学省，2003）

則として使用しない」との通知が出されている。

　なお，アメリカ精神医学会（APA）の『精神疾患の分類と診断の手引（DSM）』が定義するLD（Learning Disorders）とは，読字障害・算数障害といった学力面の特異な発達障害のことであり，文科省の教育用語としてのLD（Learning Disabilities）には，これにDSMで**コミュニケーション障害**（聞く・話すといったことの交流の障がい）に分類されているものも加わっている。

　また，自閉症スペクトラムとも呼ばれる**広汎性発達障害**に属する**アスペルガー症候群**や**高機能自閉症**は，軽度発達障害に含まれるが，広汎性発達障害自体はその「広汎性」という名前が示すとおり，重篤な障がいといえる。

　杉山（2007）が，軽度発達障害と**児童虐待**との強い結びつきを指摘しているように，その保護者も子どもに対してアンビバレントな感情を抱きやすく，それが児童虐待（p.231参照）に結びつく場合もある。**軽い障がいをもつ子ども**とその保護者は，発達障害が身体の障がいと違い目に見えにくい障がいであり，一見知的に問題がないように見えることで，周囲の人々から誤って認識されることが多い。軽い障がいをもつ子どもは発達のバランスの悪さから，環境や自分自身の体調等との関係も微妙で，時間的にも傍目にはよくわからない変化をする。加齢による変化も含めそのありさまはきわめて流動的である。その保護者であっても正しく認識することが難しく，さらにその対応となるとなおさら難しいといえる。

2. 対応の見立てのための観点

　実際の事例では，何らかの他の障がいの特性も併せもっている場合も多い。そして当然のこととして，一人ひとりその様態は多様で違う。対応においては多面的な観点からのしっかりとした見立てが出発点となる。

　1つめは，対象となる子どもの特性を知るということである。身体疾患の可能性も含め様々な可能性を閉じないことが大事である。まず人格がありそこに多様な特性が備わっているという視点を大切にしたい。

　2つめは，教師が自分自身を知るということである。精神分析では**転移・逆転移**という人間間の相互の精神的な力動を想定しているが，誰でも

表3.11　文部科学省によるLD（学習障害）に関わるDSM-IV-TRの診断基準
①（アメリカ精神医学会，2000）

学習障害（Learning Disorders）

●読字障害
A. 読みの正確さと理解力についての個別施行による標準化検査で測定された読みの到達度が，その人の生活年齢，測定された知能，年齢相応の教育の程度に応じて期待されるものより十分に低い。
B. 基準Aの障害が読字能力を必要とする学業成績や日常の活動を著名に妨害している。
C. 感覚器の欠陥が存在する場合，読みの困難は通常それに伴うものより過剰である。

●算数障害
A. 個別施行による標準化検査で測定された算数の能力が，その人の生活年齢，測定された知能，年齢相応の教育の程度に応じて期待されるものより十分に低い。
B. 基準Aの障害が算数能力を必要とする学業成績や日常の活動を著名に妨害している。
C. 感覚器の欠陥が存在する場合，算数能力の困難は通常それに伴うものより過剰である。

●書字表出障害
A. 個別施行による標準化検査（あるいは書字能力の機能的評価）で測定された書字能力が，その人の生活年齢，測定された知能，年齢相応の教育の程度に応じて期待されるものより十分に低い。
B. 基準Aの障害が文章を書くことを必要とする学業成績や日常の活動（例：文法的に正しい文や構成された短い記事を書くこと）を著名に妨害している。
C. 感覚器の欠陥が存在する場合，書字能力の困難が通常それに伴うものより過剰である。

■ 用語解説 ■

【転移・逆転移】
　精神分析では，対人関係において，当事者がはっきりとは自覚しないままに，その幼児期に父母との間で形成された父母イメージを，相手に向け投影する心理現象を想定している。そのような無意識の心理的相互作用において，患者が治療者に様々な主観的な空想・感情・期待・態度等を向けるものを転移，それらを治療者が患者に向けるものを逆転移と呼んでいる。

自分の癖というものがある。

　3つめは，教師も含め，その子どもとその他の人との間の連続にある関係のありさまといったものを知るということである。

　4つめは，本人の身体的生理的な環境も含め，その環境との関係を知るということである。彼らの環境との関係は細で微妙である。目に見える環境だけでなく，目に見えない，音や匂い，天候といったの環境等の情報も大切にしたい。

　なお，不適応を起こす状況や，問題行動の表現のパターンへの対応について，①その不適応や問題行動が起こった状況，②その不適応や問題行動，③その不適応や問題行動への教師の対応，④対応による結果のプロセスを念頭においてその生活を記録することで，①と③のプロセスで，どのような支援が彼らに可能なのか，そのヒントが見えてくるように思う。その行動の前後の出来事も含め，それらをセットとして考えることが大切である。

3. 基本としたい配慮事項

　教師という人的環境も含め，その環境を個々のニーズに合わせ調整することが支援の基本になる。なお，支援において大事にしたい基本的な構えは以下のとおりである。

　(1) 安全感を保障する　　これら軽い障がいをもつ子どもは，環境からの刺激を適切に処理できず，不安や怒り，そして無力感等抱えている場合が多い。そんな彼らに対して，まずその**安全感**を保障しなければならない。誰かが自分のことを見守ってくれていると思える，その子どもの実感を大切にしたい。その保護者にも安心感をもってもらえるよう支え続ける必要がある。そのためには，自分一人でやろうとしないことである。利用できるものはうまく使う。誰かともしくは何らかの関係機関等と組んで対応することが大切であり，その子どもにとって居てほしい存在として居続けることが大切である。

　(2) 相手の内発的な動きを尊重する　　本人の**内発的**なものを尊重しながら，挑戦課題や生活のルールを明確にしたい。その課題が適切で本人が内発的なものと感じることができれば，課題の克服が自分の存在に対する自信に結びつく。実際には教師が主導したとしても，子どもが自分の力でや

表3.12 文部科学省によるLD(学習障害)に関わるDSM-Ⅳ-TRの診断基準
②(アメリカ精神医学会,2000)

> **コミュニケーション障害(Communication Disorders)**

●表出性言語障害
A. 表出性言語障害表出性言語発達についての個別施行による標準化検査で得られた得点が,非言語的知的能力および受容性言語の発達の得点に比して十分に低い。この障害は,著しく限定された語彙,時制の誤りをおかすこと,または単語を思い出すことや発達的に適切な長さと複雑さを持つ文章を作ることの困難さなどの症状により臨床的に明らかになるかも知れない。
B. 表出性言語の障害が,学業的または職業的成績,または対人的コミュニケーションを妨害している。
C. 受容─表出混合性言語障害または広汎性発達障害の基準を満たさない。
D. 精神遅滞や言語─運動または感覚器の欠陥,または環境的不備が存在する場合,言語の困難がこれらの問題に通常伴うものより過剰である。

●受容─表出混合性言語障害
A. 受容性および表出性言語発達についての,個別施行による標準化検査で得られた得点が,非言語性知的能力の標準化法で得られたものに比して十分に低い。症状は,表出性言語障害の症状および単語,文章,特定の型の単語,例えば,空間に関する用語の理解の困難を含む。
B. 受容性および表出性言語の障害が,学業的または職業的成績,または対人的コミュニケーションを著しく妨害している。
C. 広汎性発達障害の基準を満たさない。
D. 精神遅滞や言語─運動または感覚器の欠陥,または環境的不備が存在する場合,言語の困難がこれらの問題に通常伴うものより過剰である。

ったという実感がつかめる工夫が大切である。
　これに関連する配慮すべき点をいくつか示す。
・2つ以上のことを同時にコントロールしようとすると混乱することがあるので，一つずつ要求する。
・物理的な環境の刺激を制限し，少なくする。
・曖昧な表現を避け，なるべく具体的に，短くいう。
・今，ここでという，その場に即して，注意したり，褒めたりする。
・予定等見通しがもちやすくなるように工夫する。
・叱責や挫折等が多く，自己肯定感や自尊感情が傷つくことが多いので，学習環境も含めて，自信がつく成功体験を生みだす工夫をする。
・事例によっては，通級指導教室や特別支援学級，特別支援学校等，学習環境それ自体を調整することも必要である。
・支援は保護者とセットで考える。保護者も何らかの障がいをもっている場合もある。
・薬物治療が有効な場合があるので，場合によっては，医療機関等とも連携を図る。
・スクールカウンセラー等と連携し心理的な支援を図る。

3.3.5　障がいをもつ子ども
1. スペクトラム（連続体）としての障がい
　ウィング（1986）は，広汎性発達障害の様々な診断群を各々別個の障がいとしてではなく，一連の連続体としてとらえることの方がふさわしいとして，**自閉症スペクトラム**（autistic supectrum disorder）という概念を提案しているが，この障がいを**スペクトラム**（連続体）としてとらえるという障がい観は，大変重要であると考える。誰にでも障がい・疾患の要素は可能性としてあり，その実際に発現する程度も連続しているととらえることは，教育にあって意味深い。つまり，障がいをもつということとそうでないということを，非連続的にみるのではなく，それらを「連続的なもの」としてとらえるということは，人間を障がいの有無にかかわらず一個の人格としてみるということである。

表3.13 DSM-IV-TR による行為障害についての診断基準（アメリカ精神医学会，2000）

> **行動障害**

A. 他者の基本的人権または年齢相応の主要な社会的規範または規則を侵害することが反復し持続する行動様式で，以下の基準の3つ（またはそれ以上）が過去12カ月の間に存在し，基準の少なくとも1つは過去6カ月の間に存在したことによって明らかになる。

〈人や動物に対する攻撃性〉　(1) しばしば他人をいじめ，脅迫し，威嚇する。(2) しばしば取っ組み合いの喧嘩を始める。(3) 他人に重大な身体的危害を与えるような武器を使用したことがある（例：バット，煉瓦，割れた瓶，ナイフ，銃）。(4) 人に対して残酷な身体的暴力を加えたことがある。(5) 動物に対して残酷な身体的暴力を加えたことがある。(6) 被害者に面前で盗みをしたことがある（例：人に襲いかかる強盗，ひったくり，強奪，武器を使っての強盗）。(7) 性行為を強いたことがある。

〈所有物の破損〉　(8) 重大な損害を与えるために故意に放火したことがある。(9) 故意に他人の所有物を破壊したことがある（放火以外）。

〈嘘をつくことや窃盗〉　(10) 他人の住居，建造物，または車に侵入したことがある。(11) 物や好意を得たり，または義務を逃れるためにしばしば嘘をつく（すなわち，他人を"だます"）。(12) 被害者と面と向かうことなく，多少価値のある物品を盗んだことがある（例：万引き，ただし破壊や侵入のないもの；偽造）。

〈重大な規則違反〉　(13) 親の禁止にもかかわらず，しばしば夜遅く外出する 13歳以前から始まる。(14) 親または親代わりの人の家に住み，一晩中，家を空けたことが少なくとも2回あった（または，長期にわたって家に帰らないことが一回）。(15) しばしば学校を怠ける行為が，13歳以前から始まる。

B. この行動の障害が臨床的に著しい社会的，学業的，または職業的機能の障害を引き起こしている。

C. その者が18歳以上の場合，反社会性パーソナリティ障害の基準を満たさない。

3.3.4項の「軽い障がいをもつ子ども」の所であげた，LDやADHD，高機能自閉症は，アメリカ精神医学会（APA）の『精神疾患の分類と診断の手引（DSM）』4版改訂版では同じ第1軸に属しているが，合併していることも多い。そして同じ第1軸には，**行為障害（CD）・反抗挑戦性障害（ODD）**等が属しているが，ダルカンとマティーニ（1999）は，ADHDとは違い意志的な不服従が特徴とされるCDやODDが，ADHDに随伴してしばしば現れることがあると指摘している。杉山（2007）は，ADHDのような症状を示す児童虐待児がいるとし，同じ第1軸に属している**反応性愛着障害**や第10軸に属している**解離性障害**が合併していることもあるとしている。

2. ADHDと子どもの双極性障害

　サドック（2003）は，ADHDは，不安障害やうつ病性障害に陥る危険性も高いとしているが，これまではうつ病の一種である，躁気分とうつ気分に特徴づけられる**双極性障害**については，児童期にはまれだといわれていた。しかし近年，この双極性障害と子どものうつ病との関係やADHDとの併存が議論されている。

　傳田（2009）は，ADHDと双極性障害との合併について，大人の双極性障害の中にADHDの既往歴のある患者が少なからずいるが，広汎性発達障害やADHDの症状が一時的に双極性障害の診断基準を満たした可能性もあるとしている。

　また鈴木（2009）は，多動・不注意・多弁の3つの症状が双極性障害とADHDの両者含まれていることからも，両者の併存や鑑別をどのように考えるかは重要な問題ではあるが，児童青年期の双極性障害の診断基準の妥当性自体まだ部分的にしか検討されていないとしている。

3. 広汎性発達障害と児童思春期統合失調症

　杉山（2008）は，高機能広汎性発達障害の中に少数ではあるが，症状レベルでみると，**統合失調症**に横滑りしたと考えざるを得ない事例があるとしているが，飯田（2009）は，アスペルガー症候群が思春期以後に問題化した場合等，乳幼児期からの問題なのか，ある時点から発病したものなのか，詳細な情報が得られない場合，現状の症状のみで診断しなければなら

表 3.14 **DSM-Ⅳ-TR による反抗挑戦性障害についての診断基準**（アメリカ精神医学会，2000）

反抗挑戦性障害

A. 少なくとも6カ月持続する拒絶的，反抗的，挑戦的な行動様式で，以下のうち4つ（またはそれ以上）が存在する。他者の基本的人権または年齢相応の主要な社会的規範または規則を侵害することが反復し持続する行動様式で，以下の基準の3つ（またはそれ以上）が過去12カ月の間に存在し，基準の少なくとも1つは過去6カ月の間に存在したことによって明らかになる。

（1）しばしばかんしゃくを起こす。（2）しばしば大人と口論をする。（3）しばしば大人の要求，または規則に従うことに積極的に反抗または拒否する。（4）しばしば故意に他人をいらだたせる。（5）しばしば自分の失敗，不作法を他人のせいにする。（6）しばしば神経過敏または他人からイライラさせられやすい。（7）しばしば怒り，腹を立てる。（8）しばしば意地悪で執念深い。

注：その問題行動が，その対象年齢および発達水準の人に普通認められるよりも頻繁に起こる場合にのみ，基準が満たされたとみなすこと。

B. その行動上の障害は，社会的，学業的，または職業的機能に臨床的に著しい障害を引き起こしている。

C. その行動上の障害は，精神病性障害または気分障害の経過中にのみ起こるものではない。

D. 行為障害の基準を満たさず，またその者が18歳以上の場合，反社会性パーソナリティ障害の基準は満たさない。

ないが，その鑑別はきわめて困難なものであると述べている。そして症状のみの診断だと，アスペルガー症候群や特定不能の広汎性発達障害と**統合失調質パーソナリティ障害**や**統合失調型パーソナリティ障害**といわれるものに重なりがみられることになってしまうとしている。1980年の『精神疾患の分類と診断の手引（DSM）』3版以後，自閉症は発達障害であると定義され，統合失調症とはっきりと区別されてきたが，自閉症スペクトラムや統合症スペクトラムといった新しい概念によって，症状レベルだけみると区別が難しいという状況も生まれてきている。

4. 発達障害と様々な精神疾患

　発達障害者支援法で示されている発達障害を代表するものとしてあげられている，高機能広汎性発達障害やアスペルガー症候群，ADHD，CD等が，多くの精神疾患と併存することが知られるようになってきたが，それだけでなく，これまで発達障害とはっきり区別されてきた精神疾患やパーソナリティ障害までも広い裾野でつながっている可能性が検討されている。発達障害とそうでない心身の疾患とを明確に区別するのが難しくなってきているように思う。それゆえ，両方の障がいに対応してきた臨床の知の工夫を大事にしたい。

　関係をもつことが難しい精神疾患者の，自分の思いを言葉で伝えられないもどかしさや無力感等に，こちらが関心をもち続け添うことで生まれる，その人独特の歩みは，様々な発達障害者に対する理解や対応のヒントになる。症状のパターンが似ているだけでなく，その心の動きのパターンも相似しているかもしれないということを，どこか念頭に置いておくことは有用である。

5. 障がいをもつ子どもへの関わりにおいて基本にしたいこと

　神田橋（2002a）は，自己治療で治癒している人は，「自発的な崩しと再建をくりかえして成長し，人生を切り開いている」と述べ，「治療の主体は病む個体である。正確に言うと，病む個体に具わっている自然治癒力とそれを抱える自助の活動が治療の主役である」（神田橋，2002b）としている。**病む個体**は，その自然治癒力によって，日常的な秩序を揺るがし，新しい可能性を模索している状態にあるとも考えられるのである。「**病む**」

表 3.15 　DSM-IV-TR によるアスペルガー障害の診断基準（アメリカ精神医学会，2000）

> **アスペルガー障害**
> A. 以下の少なくとも 2 つにより示される対人的相互反応の質的障害。
> （1）目と目で見つめ合う，顔の表情，体の姿勢，身振りなど，対人的相互的相互反応を調整する多彩な非言語的行動の使用の著明な障害。（2）発達水準に相応した仲間関係を作ることの失敗。（3）楽しみ，興味，達成感を他人と分かち合うことを自発的に求めることの欠如（例：他の人達に興味のある物を見せる，持って来る，指差すなどをしない）。（4）対人的または情緒的相互性の欠如。
> B. 行動，興味および活動の，限定的，反復的，常同的な様式で，以下の少なくとも 1 つによって明らかになる。
> （1）その強度または対象において異常なほど，常同的で限定された型の 1 つまたはそれ以上の興味だけに熱中すること。（2）特定の，機能的でない習慣や儀式にかたくなにこだわるのが明らかである。（3）常同的で反復的な衒奇的運動（例：手や指をぱたぱたさせたり，ねじ曲げる，または複雑な全身の動き）。（4）物体の一部に持続的に熱中する。
> C. その障害は社会的，職業的，または他の重要な領域における機能の臨床的に著しい障害を引き起こしている。
> D. 臨床的に著しい言語の遅れがない。
> 　例：2 歳までに単語を用い，3 歳までにコミュニケーション的な句を用いる。
> E. 認知の発達，年齢に相応した自己管理能力（対人関係以外の）適応行動，および小児期における環境への好奇心について臨床的に明らかな遅れがない。
> F. 他の特定の広汎性発達障害または統合失調症の基準を満たさない。

表 3.16 　DSM-IV-TR によるジゾイドパーソナリティ障害の診断基準（アメリカ精神医学会，2000）

> **ジゾイドパーソナリティ障害**
> A. 社会関係からの遊離，対人関係状況での感情表現の範囲の限定などの広範なパターンで，成人期早期に始まり，さまざまな状況で明らかになる。以下のうち 4 つ（またはそれ以上）によって診断される。
> （1）家族の一員であることを含めて，親密な関係をもちたいと思わない。またはそれを楽しく感じない。（2）ほとんどいつも孤立した行動を選択する。（3）他人と性体験を持つことに対する興味が，もしあったとして少ししかない。（4）喜びを感じられるような活動が，もしあったとしても，少ししかない。（5）第 1 度親族以外には，親しい友人または信頼できる友人がいない。（6）他人の賞賛や批判に対して無関心に見える。（7）情緒的な冷たさ，遊離，または平板な感情。
> B. 統合失調症，「気分障害，精神病性の特徴を伴うもの」，他の精神病性障害，または広汎性発達障害の経過中にのみ起こるものではなく，一般身体疾患の直接的な生理学的作用によるものでもない。
> （注）　ジゾイドパーソナリティ障害は，日本精神神経学会では「統合失調症質人格障害」という診断名である。

とは，新しい自分を生みだす動きであるかもしれない。

まず，**障がいをもつ子どもの**無力感や怒りに巻き込まれないようにしながらも，その子に関心をもち続けることが大切である。そして，その子の人的環境として，その子の前向きな動きを，その関係を通して支え続けることが大切である。保護者にも安心感をもってもらえるよう支え続ける必要がある。

エリクソン（1959）は，人間は社会の中で，**基本的な信頼感**を基盤に，様々な課題に揺らぎ続けながら，自分と社会との信頼感を強めていくことが，自分らしい人生をつくっていくとしている。客観的な外的現実と違っていても，障がいをもつ子どもから出された内的な心的現実にまず添うことが，信頼関係をつくる第一歩となる。可能性としての内なる「障がいをもつ子ども」を抱えつつ，外なる子どもに接することで，ウィニコット（1958；1965）が，「一緒に一つの経験を生きる」「誰かと一緒にいてもしかも一人でいる体験」などと表現した関係が彼らとの間に生まれる。

3.3.6 高校中退

1. 高等学校中途退学者の現状

高校中退は昭和50年代に中途退学者数が10万人を超えた頃から，各生徒の個人レベルの問題というよりも学校制度や教育内容に起因する社会的問題として取り上げられるようになった。また最近では，ひきこもりやニート，ワーキングプアとの関連も指摘され，学校現場での対応が求められている。埼玉県教育委員会の「高等学校中途退学問題調査研究報告書」(2006)によると，2005年度中途退学者のうち，「無職（無業）」「その他」「不明」を合わせると20.9％（定時制中退者は25.5％）になり，中途退学者の5人に1人はニート化している可能性があると指摘されている。

文科省は，1982年から全国の公・私立の中途退学者の調査を開始し，統計資料を公表している（図3.20）。それによると，1990年度の123,529人をピークに2002年度以降は10万人を切り，2007年度は72,854人，2008年度は66,226人と減少傾向を示している。しかし，少子化の影響や単位制高校・通信制高校・民間のサポート校への転学者が増加している

■ **用 語 解 説** ■

【基本的な信頼感】
　乳児が養育者との関係を通して獲得されることが期待される信頼感である。健康に発達していくための基本とされる。自己や他者，世界に対する信頼の核となるもので，この感覚なしでは健康に生き続けることは困難である。
　乳幼児は，養育者との関係の中で基本的信頼感とこれに拮抗する基本的不信感を内在化するが，基本的信頼感が不信感より優位であることが精神的な健康さの基盤となる。

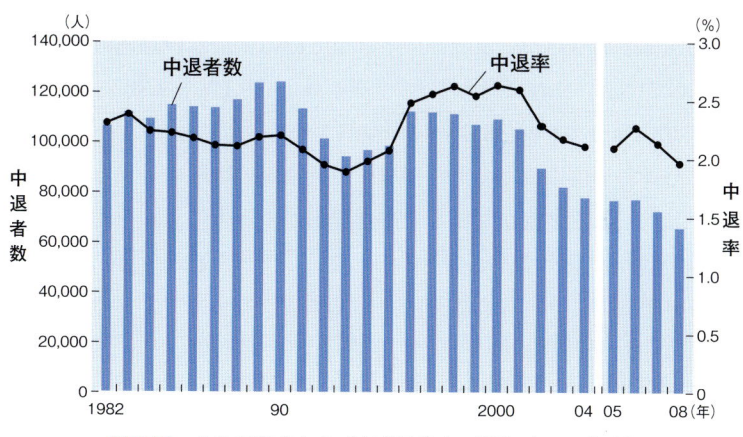

図3.20　中途退学者および中途退学率の推移（2008年度）

（出所）文部科学省（2009）「平成20年度児童生徒の問題行動等生徒指導上の諸問題に関する調査」
（注）調査対象は，2004年度までは公・私立高等学校，2005年度からは国立高等学校も調査。中途退学率は，在籍者数に占める中途退学者数の割合。

3.3　問題解決的支援　　**181**

（高校在籍者数が減少する中で，通信制高校の在籍者数はここ数年 18 万人を超える）背景もあり，中退率は 2.0％台で推移していることを考えると楽観できる状況ではない。

また，学年別にみると，2008 年度では第 1 学年 3.0％，第 2 学年 1.8％，第 3 学年 0.6％，第 4 学年（定時制課程）3.6％と，1 年生の割合がきわめて高い（図 3.21）。高校によっては，入学生 200 人のうち半分の 100 人が年度内に退学していくという報告もある（青砥，2009）。1 年生に対するきめ細かな適応指導の重要性が示唆される。

2. 高校中退の原因

高校中退には様々な要因が絡み一律に論じることは難しいが，文科省の調査による中退理由別の中退者の状況は表 3.17 に示すとおりである。2008 年度における各理由の割合をみると，「学校生活・学業不適応」によるものが 39.1％と最も多く，次いで「進路変更」が 32.9％，以下「学業不振」7.3％，「問題行動等」5.1％「家庭の事情」4.5％と続いている。調査が開始された 1982 年には「学校生活・学業不適応」は 19.2％，「進路変更」は 17.8％であったが，現在はいずれも大幅に増加し中退理由全体の約 7 割を占めている。これに対して，「学業不振」（19.1％→7.3％）と「問題行動等」（12.4％→5.1％）は顕著に減少している。

このことは各学校における進路指導や生徒指導の取組の成果としてとらえられるが，一方で学校が判断した中退理由が中退者の意識を的確に反映したものかどうか考慮する必要もある。たとえば，「進路変更」を「積極的に進路を切り開こうとした結果」として単純にとらえてよいのかということである。通信制高校の卒業率の低さなどを勘案すると，「進路変更」という言葉がややもすれば中退問題の本質をみえにくくさせているとも思われる。

3. 高校中退の背景にあるもの

中退理由の「学校生活・学業不適応」の内容を詳しくみると，「もともと高校生活に熱意がない」の割合が高く 38.0％，次いで「人間関係がうまく保てない」19.5％，「授業に興味がわかない」16.0％，「学校の雰囲気が合わない」14.3％となっている。2008 年度の高校進学率が 97.8％と全入に

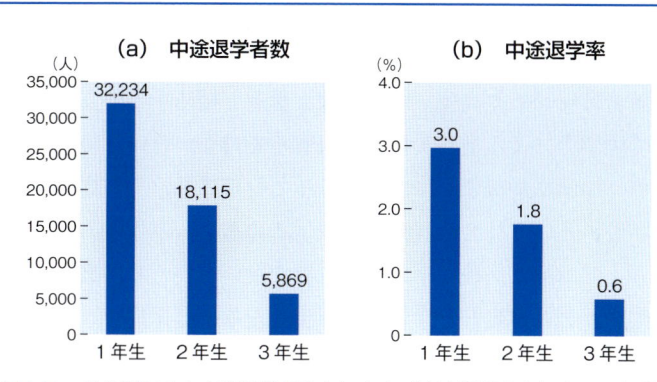

図 3.21 学年別にみた中途退学者数 (a) および中途退学率 (b) (2008 年度)
（文部科学省, 2009a より作成）

(a) 中途退学者数
- 1年生: 32,234 人
- 2年生: 18,115 人
- 3年生: 5,869 人

(b) 中途退学率
- 1年生: 3.0%
- 2年生: 1.8%
- 3年生: 0.6%

表 3.17 事由別にみた中途退学者数（2008 年度）（文部科学省, 2009a）

（単位：人数（構成比，%））

事　　由	国　立	公　立	私　立	計
学業不振	2 (3.8)	3,809 (8.3)	1,037 (5.1)	4,848 (7.3)
学校生活・学業不適応	19 (36.5)	18,648 (40.8)	7,229 (35.4)	25,896 (39.1)
もともと高校生活に熱意がない	3 (5.8)	7,460 (16.3)	2,387 (11.7)	9,850 (14.9)
授業に興味がわかない	4 (7.7)	3,416 (7.5)	732 (3.6)	4,152 (6.3)
人間関係がうまく保てない	3 (5.8)	3,339 (7.3)	1,718 (8.4)	5,060 (7.6)
学校の雰囲気が合わない	8 (15.4)	2,336 (5.1)	1,364 (6.7)	3,708 (5.6)
その他	1 (1.9)	2,097 (4.6)	1,028 (5.0)	3,126 (4.7)
進路変更	21 (40.4)	15,203 (33.2)	6,589 (32.2)	21,813 (32.9)
別の高校への入学を希望	10 (19.2)	3,560 (7.8)	3,524 (17.2)	7,094 (10.7)
専修・各種学校への入学を希望	1 (1.9)	761 (1.7)	353 (1.7)	1,115 (1.7)
就職を希望	1 (1.9)	7,629 (16.7)	1,415 (6.9)	9,045 (13.7)
高卒程度認定試験を受験希望	6 (11.5)	1,495 (3.3)	514 (2.5)	2,015 (3.0)
その他	3 (5.8)	1,758 (3.8)	783 (3.8)	2,544 (3.8)
病気・けが・死亡	2 (3.8)	1,634 (3.6)	1,112 (5.4)	2,748 (4.1)
経済的理由	0 (0.0)	1,085 (2.4)	1,122 (5.5)	2,207 (3.3)
家庭の事情	2 (3.8)	2,014 (4.4)	942 (4.6)	2,958 (4.5)
問題行動等	2 (3.8)	1,766 (3.9)	1,581 (7.7)	3,349 (5.1)
その他の理由	4 (7.7)	1,583 (3.5)	820 (4.0)	2,407 (3.6)
計	52 (100.0)	45,742 (100.0)	20,432 (100.0)	66,226 (100.0)

（注）中途退学者 1 人につき，主たる理由を 1 つ選択。構成比は，各事由における中途退学者数に対する割合。

近い状態の中で,「みんなが進学するから私も」というような外発的な動機で高校進学を考えている生徒も少なくない。また，高学歴志向の風潮の中で，保護者は「せめて高校，できれば大学」と期待をかけ，中学校の進学指導も受験学力による進路決定に傾かざるを得ないというのも実情である。一方で，中学卒業後すぐに希望をもって行ける進路先が高校以外に用意されていないという社会的状況もある。その結果，不本意入学を余儀なくされたり，基本的に高校で学ぶ目的意識を欠いていたり，高校の教育課程についていくことが難しく学習意欲を失ったりする生徒が，中退予備群として相当数潜在することになる。

今泉（2005）も指摘するように，高校中退の背景として，①中学校の進路指導の問題，②高等学校の適応指導の問題，③生徒自身の問題（目的意識が希薄，基礎学力が不足，集団生活への不適応，非行・問題行動等），④保護者の問題（教育力の低下，過剰な期待，最近では経済的な困難等）などをあげることができる。

4. 高校中退への対応──進路指導・学習指導・生徒指導

進路指導は単に卒業時の就職や進学の指導や斡旋ではなく，生徒が自己理解に基づく主体的な進路選択を行う力を育むための支援を行うところに本質がある。将来どのような職業につくことが自分にとって望ましいのか，そのためにどのような教育を受けることが適切か，ということが検討されなければならない。

前掲の埼玉県教育委員会の報告（2006）によると，中途退学者が中学校の進路指導で教えてほしかったこととしてあげているのは,「高校の生活や勉強」が41.9％で最も多く,「将来の職業」「それぞれの高校の特色」が後に続いている。つまり，自分の生き方や将来の目標などを深く考えさせるような進路指導を展開するとともに，中学校と高校の教職員が連携して積極的に情報交換し，その情報をしっかりと伝えることが望まれる。

高校をやめたときの状況について尋ねると,「授業についていけない」という回答が47.6％にのぼる。その時期については「1年生の1学期途中から」が24％,「入学当初から」が22％であった。高校の学習についていくのが難しい生徒に対して，どう学力保障をしていくのかが問われている。

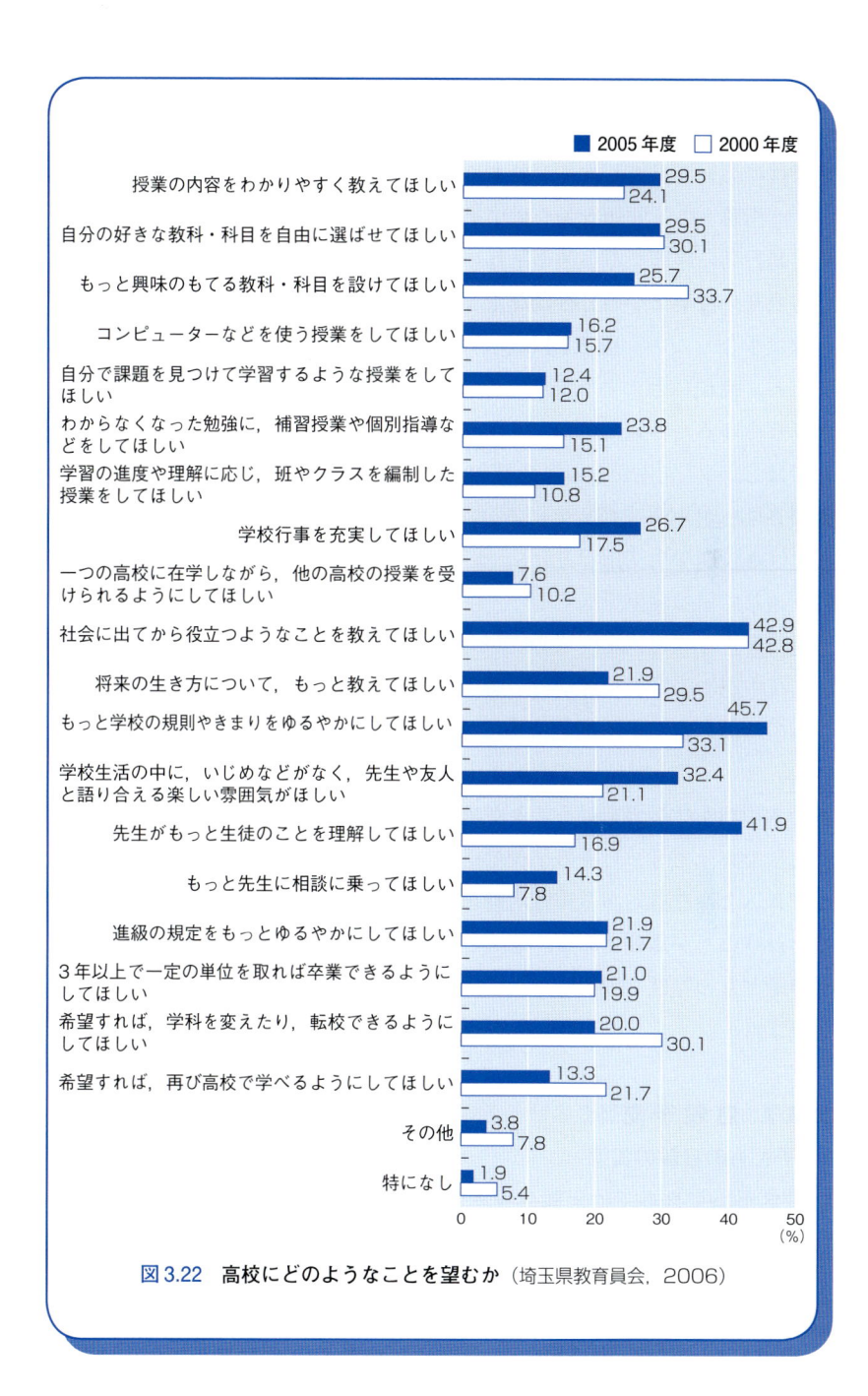

項目	2005年度	2000年度
授業の内容をわかりやすく教えてほしい	29.5	24.1
自分の好きな教科・科目を自由に選ばせてほしい	29.5	30.1
もっと興味のもてる教科・科目を設けてほしい	25.7	33.7
コンピューターなどを使う授業をしてほしい	16.2	15.7
自分で課題を見つけて学習するような授業をしてほしい	12.4	12.0
わからなくなった勉強に，補習授業や個別指導などをしてほしい	23.8	15.1
学習の進度や理解に応じ，班やクラスを編制した授業をしてほしい	15.2	10.8
学校行事を充実してほしい	26.7	17.5
一つの高校に在学しながら，他の高校の授業を受けられるようにしてほしい	7.6	10.2
社会に出てから役立つようなことを教えてほしい	42.9	42.8
将来の生き方について，もっと教えてほしい	21.9	29.5
もっと学校の規則やきまりをゆるやかにしてほしい	45.7	33.1
学校生活の中に，いじめなどがなく，先生や友人と語り合える楽しい雰囲気がほしい	32.4	21.1
先生がもっと生徒のことを理解してほしい	41.9	16.9
もっと先生に相談に乗ってほしい	14.3	7.8
進級の規定をもっとゆるやかにしてほしい	21.9	21.7
3年以上で一定の単位を取れば卒業できるようにしてほしい	21.0	19.9
希望すれば，学科を変えたり，転校できるようにしてほしい	20.0	30.1
希望すれば，再び高校で学べるようにしてほしい	13.3	21.7
その他	3.8	7.8
特になし	1.9	5.4

図3.22　高校にどのようなことを望むか（埼玉県教育員会，2006）

入学時のガイダンスにおける学業指導や基礎学力が身についていない生徒への個別指導，わかる授業の工夫や創造，さらに生徒の多様化に応じた教育課程の柔軟な見直しも必要であると思われる。

生徒指導上の「問題行動」は中退理由としてけっして多くないが，非行や問題行動に起因する生活の乱れや偏った交友関係が原因で出席時数が不足したり，授業について行けなくなったりした結果，中退に至るというケースは少なくない。図3.22にあげた埼玉県教育委員会の報告（2006）によると，高校にどのようなことを望むかについて，「もっと学校の規則やきまりをゆるやかにしてほしい」「社会に出てから役立つようなことを教えてほしい」「先生がもっと生徒のことを理解してほしい」の3項目（複数回答可）が40％を超えている（2005年度）。生徒・保護者に対して高校における校則や生徒指導方針について周知することや，教育相談や家庭訪問を通じて信頼関係を築くこと，生徒理解を目的とした関係機関（警察・保護司等）との連携を図る必要がある。

高校中退や不登校など学校不適応の問題は，今日の高校教育のあり方そのものが問われている問題である。「なぜ中途退学をしなければならないのか」ということについて状況を十分に把握（アセスメント）し，個に応じたきめ細かな指導を行うことが求められる。そして何より，たとえ不本意入学であっても，日々の学校生活において達成感や充実感を味わうことができるような魅力ある教育活動を展開し，学校への適応を図るような支援を行うことが重要である。家庭とも連携を図り，保護者とともにそれぞれの子どもの特性を勘案し，社会的な自己実現に向けての支援を行うことが望まれる。

3.3.7 自殺予防

1. 子どもの自殺の実態

1998年以来日本では年間自殺者数が3万人を超え，深刻な社会問題となっている。警察庁の調査では，中・高校生の自殺者数も年間300人前後で推移し，ここ数年の自殺率は調査開始以来最高の1979年に次ぐ高い数字を示している（図3.23）。しかし，子どもの自殺予防に対する関心はか

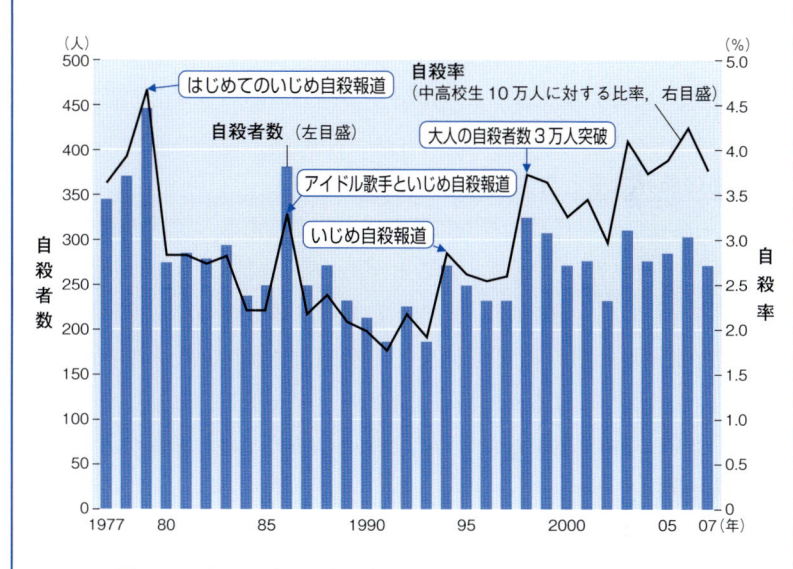

図 3.23　中・高校生の自殺者数と自殺率（文部科学省，2009b）

（注）警視庁発表の統計より作成されたもの。全国の中・高校生の総数は，1986 年では 1,127 万人，2007 年では 707 万人。

ならずしも高いとは言えない。児童生徒の心の健康はその後の人生の基礎となる重要な課題であることを考えると，他の問題行動に比べて件数が少ないからといって軽視してよい問題ではない。

2. 自殺の連鎖

図 3.23 のグラフをみると，1979 年と 1986 年の数字が突出していることがわかる。いじめ自殺やアイドル歌手の自殺がセンセーショナルに報道され，他者の死の影響を受けやすい子どもたちの間で**自殺の連鎖（群発自殺）**が生じた結果である。2006 年にもいじめ自殺報道から自殺の連鎖が起こり，大学生まで含めた自殺者数は 886 人（そのうち小学生は 14 人，中学生 81 人，高校生 220 人）と，1978 年の調査開始以来最悪の数字を示した。

3. 子どもの希死念慮と自傷行為

中学生・高校生の年代は精神的に不安定な時期であり，危険の程度はいろいろだが，「死にたい」と思ったことがある生徒は 2 ～ 3 割に達するという調査報告もある（図 3.24）。また，自分の身体を傷つける中学生・高校生も 10％前後認められる（図 3.25）。**自傷行為**を経験した人の自殺率は経験のない人に比べてはるかに高く，適切なケアを受けられないと死に至る行為に発展していく危険性があることを心に留めておく必要がある。

4. 自殺の心理

自殺は，本人の心理的・身体的・家庭的要因や学業や友人関係などの学校生活上の問題，進路問題などが複雑に絡みあって自殺の準備状態ができたところへ，直接動機となる事柄が引き金となって実行されると考えられる。直接のきっかけが自殺の原因としてとらえられがちであるが，自殺を理解するためには様々な要因が重なった準備状態に目を向ける必要がある。自殺に追いつめられる心理として，次のようなことがあげられる。

(1) 強い孤立感：「孤立」は自殺を理解するキーワードである。「誰も自分のことなんか考えていない」としか思えなくなり，現実には援助の手が差し伸べられているにもかかわらず，頑なに自分の殻に閉じこもってしまう。

(2) 無価値感：「自分なんか生きていても仕方がない」と思う。虐待を受け，愛される存在として認められた経験が乏しい子どもに典型的にみられ

(a) これまで死にたいと思った
ことがありますか？

- 無回答 0.7%
- 4, 5回以上 10.7%
- 2, 3回 14.2%
- 1回 14.4%
- 思ったことがない 60.0%

兵庫・生と死を考える会2004年調査
（小5〜中2 2,189人）

(b) 死んでしまいたいと思った
ことがある

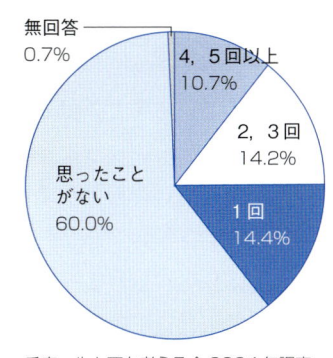

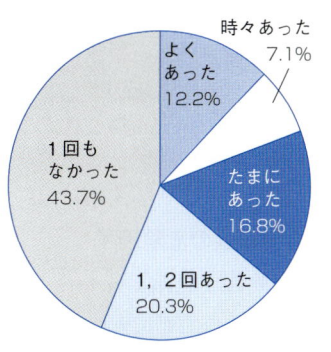

- 時々あった 7.1%
- よくあった 12.2%
- たまにあった 16.8%
- 1, 2回あった 20.3%
- 1回もなかった 43.7%

赤澤・藤田2006年調査
（高校生 197人）

図3.24 死にたいと思ったことのある子どもの割合（文部科学省，2009b）

（注） a：兵庫・生と死を考える会（2005）いのちの大切さを実感させる教育のあり方　財団法人21世紀ヒューマンケア研究機構「ヒューマンケア実践研究支援事業研究成果報告書」，b：赤澤正人・藤田綾子（2008）青年期の死を考えた経験と抑制要因に関する研究，大阪大学大学院人間科学研究科紀要，34．に基づき作成されたもの。

(a) 自傷行為をしたことがある
全国高等学校PTA連合会2006年
意識調査（高2 6,406人）
- 男子 7.0%
- 女子 12.5%

(b) 自分の身体をわざと切ったことがある
松本・今村2005〜2006年調査
（中・高校生 2,974人）
- 男子 7.5%
- 女子 12.1%

(c) 自分の体をカッターなどで傷つけたことがある
兵庫・生と死を考える会2004年調査（小5〜中2 2,189人）
- 2, 3回 3.7%
- 1回 6.9%
- 5, 6回以上 2.1%

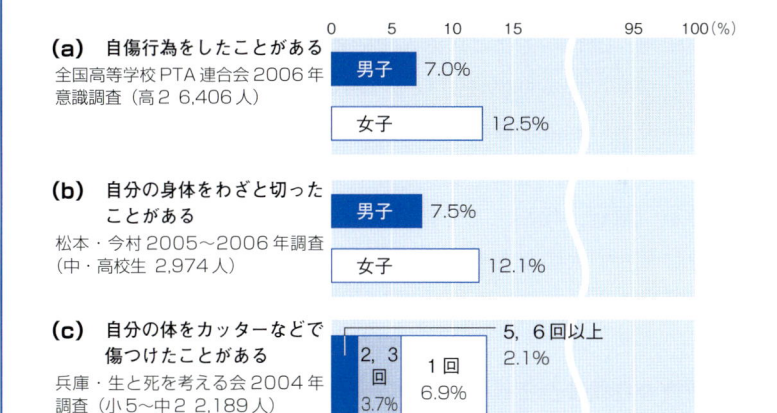

図3.25 子どもの自傷行為の実態（文部科学省，2009b）

（注） a：社団法人全国高等学校PTA連合会（2006）PTA全国高校生意識調査，b：松本俊彦・今村扶美（2008）2005〜2006年調査，中学生・高校生における自傷行為，Psychiatry and Clinical Neurosciences, 62, 2008., c：兵庫・生と死を考える会（2005）いのちの大切さを実感させる教育のあり方　財団法人21世紀ヒューマンケア研究機構「ヒューマンケア実践研究支援事業研究成果報告書」に基づき作成されたもの。

る感覚である。
(3) 怒りの感情：自分の置かれているつらい状況を受け入れることができず，やり場のない気持ちを他者への攻撃性として表す。その怒りが自分自身に向けられると，自殺の危険が高まる。
(4) 苦しみが永遠に続くという思いこみ：今抱えている苦しみはどう努力しても解決できないという絶望的な感情に陥る。
(5) 心理的視野狭窄：解決策に自殺以外の選択肢が思い浮かばなくなる。

5. 子どもの自殺の危険因子

自殺の危険因子（risk factors）を**表**3.18に示した。このような身体的要因や心理・社会的要因が数多くあてはまる子どもには，潜在的に自殺の危険が高まる可能性がある。次に，いくつかの危険因子について説明する。
(1) 自殺未遂歴：これまでに自殺未遂に及んだことがあるという事実は最も深刻な危険因子である。自殺未遂をした人は二度と繰り返さないと考えるのは間違いである。自殺企図の原因となった問題が解決されるような援助が得られなければ，ふたたび同じことを起こしがちである。
(2) 心の病：自殺の危険の背景に，うつ病，統合失調症，パーソナリティ障害，薬物濫用，摂食障害などが潜んでいる場合がある。小学生・中学生であってもうつ病になる可能性があり（**図**3.26），高校生の年代は統合失調症などの心の病の好発年齢にもなるので，そのような疑いがあるときには，早期に適切な治療に結びつけることが重要である。
(3) 喪失体験：離別，死別（とくに自殺），失恋，病気，急激な学力低下など，自分にとって大切な人や物，価値を失うことである。大人からは些細なものにしかみえない悩みや失敗でも，子どもの立場から考える必要がある。
(4) 事故傾性：自殺に先立って，自分の安全や健康が守れないような行動がしばしば生じることがある。とくに問題のなかった子どもが事故やけがを繰り返すようであれば，無意識的な自己破壊傾向を疑う必要がある。

6. 自殺直前のサイン

子どもの自殺の特徴は，死を求める気持ちと生を願う気持ちとの間で激しく揺れ動く両価性にある。そのため，自殺を考えているサインを出して

表 3.18 自殺の危険因子――どのような子どもに自殺の危険が迫っているのか
（文部科学省，2009b より一部改変）

自殺未遂歴	自らの身体を傷つけたことがある
心の病	うつ病，統合失調症，摂食障害など
安心感の持てない家庭環境	虐待，親の心の病，家族の不和，過保護・過干渉など
独特の性格傾向	完全主義，二者択一思考，衝動性など
喪失体験	離別，死別，失恋，病気，急激な学力低下など
孤立感	とくに友だちとのあつれき，いじめなど
事故傾性	無意識の自己破壊行動，事故やけがを繰り返す

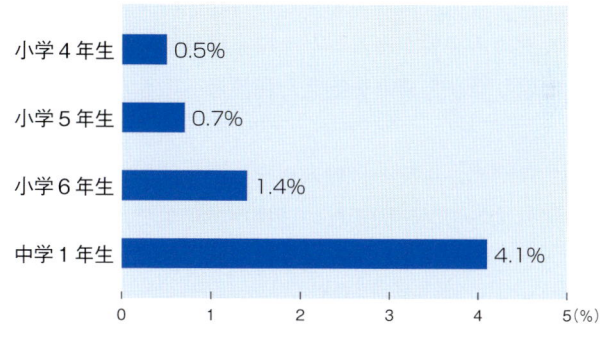

- 小学4年生　0.5%
- 小学5年生　0.7%
- 小学6年生　1.4%
- 中学1年生　4.1%

図 3.26 「子どものうつ病」調査結果（傳田，2008）
（注）小学4年生～中学1年生738人を対象に面接調査した結果に基づく子どものうつ病率を示す。

いることも少なくない。直接「死にたい」と言わなくても，「遠くへ行きたい」と遠回しに自殺をほのめかしたり，大切な物を人にあげたりすることもある。自殺の危険因子が多くみられる子どもに顕著な行動の変化がみられる場合には，**自殺直前のサイン**（図 3.27）としてとらえる必要がある。

7. 自殺の危険を感じた場合の対応

自殺の危険を察知した場合の対応として **TALK の原則**がある。
Tell：子どもに向って心配していることを言葉に出して伝える。
Ask：真剣に聞く姿勢があるならば，自殺について質問しても構わない。これが自殺の危険を評価して，予防につなげる第一歩となる。
Listen：絶望的な気持ちを傾聴する。話をそらしたり，叱責や助言などをせずに子どもの訴えに真剣に耳を傾ける。
Keep safe：安全を確保する。子どもを一人にせずに寄り添い，医療機関など，他からの適切な援助を求める。

8. 自殺予防のための体制づくり

自殺問題は，「専門家といえども一人で抱えることができない」といわれる。学校においては，教職員各々の役割を明確にした上で，チームで支援する体制をつくることが不可欠である。同時に，関係機関や専門家とのきめ細かな連携を進める必要がある。とくに家庭環境の影響は大きいので，福祉機関と連携を取りながら悩みを抱えた保護者へのサポートを進めていく。

また，自殺の危険が高い生徒や自殺未遂をした生徒への対応は，精神科や小児科・思春期外来等の医療機関との連携が不可欠である。学校に専門家の視点を入れることで，必要以上の巻き込まれを防いだり，直接関わる人の不安を軽減することが可能となる。自殺予防のための関係機関を，**表 3.19** に示しておいた。

苦しんでいる子どもの「救いを求める叫び」を少しでも察知できるように，変化を敏感に感じ取る感受性を磨くとともに，困ったときに相談されるような子どもや保護者との信頼関係を日頃から築いておくことが，学校における自殺予防において何よりも求められることであると思われる。

自殺のほのめかし
自傷行為
自殺計画の具体化
家出
けがを繰り返す傾向
行動や性格，身なりの突然の変化
アルコールや薬物の乱用
別れの用意（整理整頓，大切なものをあげる）
最近の喪失体験（重要な人の自殺などによる落ち込み）

図 3.27　自殺直前のサイン（阪中，2009b に基づき作成）

表 3.19　自殺予防のための地域の関係機関

〈医療機関〉
- 精神科医療機関（総合病院精神科，精神科病院，クリニック）
- 救急病院
- 精神保健福祉センター
- 保健所

〈福祉〉
- 児童相談所（子どもセンター）
- 福祉事務所
- （市町村の）子ども福祉課
- 民生児童委員
- 保護司

〈教育〉
- 教育相談所，教育センター相談窓口
- スクールカウンセラー
- 学校医

〈各種相談〉
- いのちの電話
- 臨床心理士会
- カウンセラー
- ソーシャルワーカー
- 警察：サポートセンター
- 家庭裁判所

今後の学校臨床心理学

　本章では，学校臨床心理学を実践するにあたって有効な資源（専門機関や家庭，地域社会）を取り上げ，それらとの連携の実際について論じている。またそれと同時に，学校現場で実際に取り組む際の組織の中身や，その運営方法について具体的に紹介している。

　子どもたちが抱える課題がますます多様化し，時代とともにさらに複雑化するにつれ，学校内においても，教師がチームを組むことが求められるようになった。そして学校自身も，学校だけで抱えこむのではなく，家庭や地域，そして専門機関に開くことが必要とされている。その実際の方法について考えてみたい。

　まず4.1節では，学校内の組織と運営に注目し，その展開の「コツ」について述べている。また4.2節では，複雑化する様々な課題に対し，どのような専門機関があり，どのように活用すべきかを紹介した。4.3節では，現代化とともに薄らぎつつある地域と学校との連携のもち方を，具体的に述べた。そして4.4節では，最も近いにもかかわらず難しくなったといわれる保護者との連携について論じている。さらに4.5節では，日本の現状と対置する形でアメリカにおける学校臨床心理学の実際を紹介した。

　教師を開き，学校を開く，その連携相手を知り，連携が活性化される一助となれば幸いである。

4.1 学校臨床心理の組織と運営

4.1.1 校内組織

　学校教育相談を組織化し定着させるためには，**教育相談係**の役割は何かを明確にする必要がある。教育相談係としての「自己評価」と「係としての悩み」について，相馬ら（1994）の調査でも「時間的なゆとりがなく活動ができにくい」と余裕のなさを30.2％の教員があげている。また「係としての役割や仕事の内容があいまい」は14.7％の教員があげている。学校教育相談を進める教育相談係の悩みの中に，教育相談の重要性が叫ばれながら，いま一歩定着しない学校教育相談の問題点が読み取れよう。教育相談係になっても係の仕事が不鮮明で，また，限られた時間の中で実施しなければならないことに「係としての悩み」が多いのであろう。

　教育相談係がカウンセラーとしての役割を，期待されすぎた背景もあるが，**スクールカウンセラー**が活動しているアメリカにおいては，学校単位でスクールカウンセラーが配置され，市町村単位で**スクールサイコロジスト**が配置されている。それぞれ，教育行政組織の中に位置づけられ，専門職として役割が明示されて活動をしている（表4.1および4.5節を参照）。香港においても，リー（2009）によれば，2006年以降18学級に1名，教員身分のガイダンス教師および教育局（教育委員会）身分のスクールカウンセラーが配置されている（表4.2）。

4.1.2 教育相談係の役割

　相馬（1997）は，教育相談係の役割を**定着役**，**推進役**，**相談役**の3つの観点からまとめている。これまで教育相談係はカウンセラー（相談役）としての役割を期待されすぎた面もある。文科省のスクールカウンセラー配置事業も定着し，担任をしながらの教育相談係にカウンセラー役を期待しすぎることは，多忙きわめる現状の教育現場を踏まえていない論議と考える。教育相談係として，「定着役」「推進役」を積極的に担うべきであると考える。しかし，多くのスクールカウンセラーが週1回の非常勤である実情を考えれば，教育相談係のカウンセラー的役割も必要である。図4.1は

表 4.1　アメリカの公立学校での相談システムの特色（バーンズ亀山, 2000 より一部改変）

1. 相談の専門職（スクールカウンセラー，ソーシャルワーカー，スクールサイコロジスト）が学校のスタッフとして存在する（常勤職として児童生徒数 300～500 名に 1 名）。
2. 相談の内容別に役割が専門化している。
3. 学校内外の連携システムが確立している。
4. コンサルテーションやコーディネートにも重きが置かれている。
5. 相談システムが法的に制度化されている。

表 4.2　香港における児童ガイダンスサービス――小学校に加配された人的資源（Lee, 2009）

	1996～2001 年	2002 年	2006 年
対児童比率	児童 1,680 人に 1 人	24 学級以上の学校に 1 人（約 800 人の児童）	18 学級以上の学校に 1 人（約 600 人の児童）

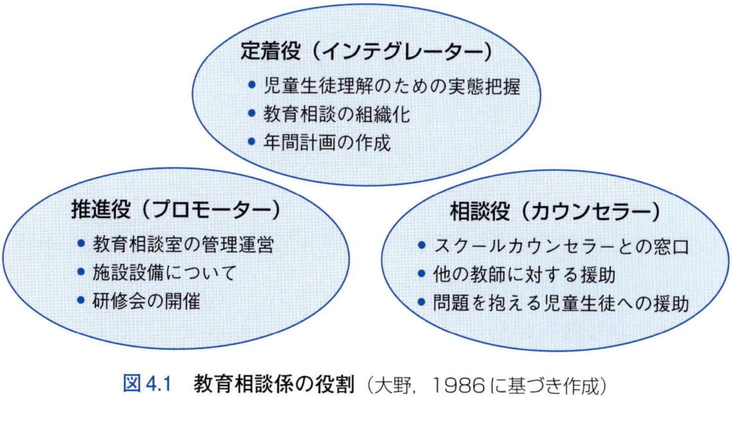

定着役（インテグレーター）
- 児童生徒理解のための実態把握
- 教育相談の組織化
- 年間計画の作成

推進役（プロモーター）
- 教育相談室の管理運営
- 施設設備について
- 研修会の開催

相談役（カウンセラー）
- スクールカウンセラーとの窓口
- 他の教師に対する援助
- 問題を抱える児童生徒への援助

図 4.1　教育相談係の役割（大野, 1986 に基づき作成）

大野（1986）の考えを参考にしてまとめた教育相談係の役割である。

4.1.3　学校教育相談の領域

これからの学校教育相談の領域を石隈（1999）の援助サービスの考え方を参考にして，まとめていきたい（図4.2）。

1. **すべての児童生徒に対する開発的学校教育相談**

   開発的学校教育相談は，児童生徒の個人の成長・発達を促進するための援助のことであり，学校教育相談での最も重要な課題とされている。対象はすべての児童生徒であり，児童生徒の自己理解や自己洞察を深め，児童生徒の自己実現の援助を促す活動である。具体的には，以下のような実践から，児童生徒が学習の意欲をのばし，楽しく豊かな人間関係づくりができるように教師が援助する。

2. **問題傾向をもつ児童生徒に対する予防的学校教育相談**

   予防的学校教育相談の対象は，開発的学校教育相談を通して明らかになった，問題をもつ危険性の高い児童生徒や問題をもち始めた児童生徒である。登校拒否やいじめ，非行等の問題傾向が出てからの対応では，教師の労力も多く，問題解決までの時間も長期化するだけでなく，何よりも児童生徒が，自殺等の悲惨な状況に追いこまれることもある。開発的教育相談を活発に行うことが，最大の予防的活動である。また，多くの教職員が児童生徒の問題傾向を早期に発見し対応している現状もある。

3. **重大な問題をもつ児童生徒に対する問題解決的学校教育相談**

   開発的，予防的学校教育相談を日常的に実践していけば，不登校，いじめ，非行等の重大な問題をもつ児童生徒に対する援助は減少していく。このことは，これまでの多くの実践の中で明らかにされている。しかし，多くの学校ではこれらの問題への対応に苦慮しており，重大な問題をもつ児童生徒への対応も緊急で切実な課題である。

   問題解決的学校教育相談は，児童生徒の問題を解決するために，臨床心理学やカウンセリング理論などの科学的な理論や方法に基づいて行う相談活動である。中学校やスクールカウンセラーが配置されている学校では，主にスクールカウンセラーの役割になろう。そのためには，教育相談係は，

〈開発的教育相談〉
- 対象：すべての児童生徒
- 児童生徒の個人の成長・発達を促進するための援助

〈予防的教育相談〉
- 対象：問題をもつ危険性の高い児童生徒や問題をもち始めた児童生徒
- 適応相談・学習相談・進路相談の援助

〈治療的教育相談〉
- 対象：重大な問題をもつ児童生徒に対する教育相談，危機介入

〈個別カウンセリング〉
- 不登校児の家庭訪問
- いじめられた子，いじめた子に対する援助
- 非行児童生徒の補導

〈予防的チェックリストの作成実施〉
- 登校しぶり反応を示している児童生徒への援助
- いじめられやすい子，攻撃性の強い子等に対する援助
- 自己顕示欲の強い子に対する援助
- 家庭環境の悩みを抱えている子に対する援助

〈学級児童生徒全員への自己理解と対人スキルの向上〉
- 進路や職業に関する情報の提供と生き方指導
- 学習スタイルに合わせた学習法の指導
- 悩みの調査等の各種調査検査の活用

（上部：理論　下部：実践）

図 4.2　学校相談領域の図（相馬，1997より一部改変）

スクールカウンセラー等の窓口的な役割が必要になる。

4.1.4 年間計画の作成
1. 子どもの実態を見極める

　教師は児童生徒の実態をどこまで把握し理解しているのであろうか。多くの教師は，担当した児童生徒に対して十分実態を把握し，適切な援助，指導をしていると考えている。こうした思いこみは，日々子どもと接しているから生まれるものであろう。児童生徒の実態把握のための資料収集には，観察法，検査法，調査法，作文・日記や絵画などがある。「あの子の親はダメなんですよ。親がしようがないから子どももダメだ」「あの子のおにいちゃんはどうしようもなかったから，あの子もどうしようもないですよ」というように，教師はともすると自分の経験だけで物を言い，主観的に断定することが多い。

　客観的に児童生徒を把握するためには，客観的な資料を基づいて生まれるのである。そのためには，できるだけ早く問題行動を把握し，予防対策を考えるため標準化した各種の心理テストの活用なども考慮すべきである（表4.3）。

　一般に検査は，集団検査よりも個別検査の方が信頼度は高い。本来，教育相談係は，個別知能検査（田中ビネー，WISC-Rなど），性格検査，各種質問紙検査，投影法のバウムテストなどができることが望ましい。しかし，教員はそうした教育や訓練を受けていない場合が多い。そこでスクールカウンセラーに依頼することも考えられる。また，どのような検査であっても万能ではなく，あくまでも実施したときの児童生徒の一断面にしかすぎない。教師は，ともすると検査結果を過信し断定することが多い。数字や結果が一人歩きをしないように十分に配慮し，効果的な活用を図ることが必要である。そのためには，スクールカウンセラーや外部から講師を招き，検査結果の活用の知識を深めることも大切である。

　アンケート調査は，気軽にできるということで多くの学校で実施されているが，調査目的をよく考え，調査内容も吟味した上で調査用紙を作成すべきである。調査用紙の作成には，すでに調査を実施した学校の用紙を数

表 4.3 **各種心理検査など**（相馬，1997より一部改変）

小学校	・知能・学力検査 ・性格に関する検査 ・交友関係調査，いじめ調査 ・通塾調査，家庭生活調査，問題行動調査，悩みの調査，性に関する調査
中学校	・知能・学力検査 ・性格に関する検査，抑うつ自己評価尺度 ・職業・進路適性検査 ・交友関係調査，いじめ調査 ・通塾調査，家庭生活調査，生活意識調査，喫煙調査，問題行動調査，悩みの調査，性に関する調査
高等学校	・知能・学力検査 ・性格に関する検査 ・職業・進路適性検査 ・精神衛生検査，いじめ調査 ・家庭生活調査，生活意識調査 ・喫煙調査，バイク免許取得調査 ・アルバイト調査，問題行動調査 ・悩みの調査，性に関する調査

点集めて十分に検討することは当然のことである。とりわけ注意すべきこととして，児童生徒の実態を客観的に把握するためには，単独に一つの検査・調査結果だけから判断せずに他の複数の資料とも併わせて検討することが望ましい。

2. 年間計画の作成

教師らは自校の児童生徒の実態を認識し，年間活動目標の設定をしてほしい。以下に，実際に実践されている小学校・中学校・高等学校の**教育相談年間計画**を示してみた。学校規模や学校目標などとも照らし合わせて参考にしてほしい。月ごとの活動がむずかしい場合は二月に一度の計画になる場合もあろう。できる所から確実に実践することが大切である。

表 4.4 は，小学校での教育相談年間計画である。小学校においての定例教育相談は，担任が日常的に児童に接している点を考慮して取り入れなかった。個別の相談係の実践よりも，学校全体の教師の共通理解を図り，全校の教師が教育相談の意義と役割ができるように全体研修会・実技研修会の開催，事例研修会の開催を計画的に進めていくことが大切である。障がいをもつ子どもの教育相談も年間計画の中に入れたが，別に特別支援教育部会などが，組織され機能している場合は，計画に入れる必要はない。

表 4.5 は，中学校における教育相談年間計画である。中学校においては，自主的に相談室に来室する生徒もあるし，保護者の来室相談も多くあるので教育相談室の PR が必要である。また，思春期前期は様々な問題行動が発生する時期であることから，心理検査を実施し，一人ひとりの生徒の内面を把握するような手立てが大切であり定例教育相談（教育相談週間）にも生かすことができよう。

文科省では 2005 年度より臨床心理士等のスクールカウンセラーを全中学校に配置し，本格的実施を進めている。しかし，スクールカウンセラーは 1 週間で半日か 1 日の勤務であり，校内での定着を考えれば常勤配置が望まれよう。また，スクールカウンセラーが学校に配置されたらすべての問題が解決するわけではない。つなぐ役割の相談係が調整し教師全員の教育相談的力量が高め，精神衛生の正しい知識をもつことも要請されている。

表 4.6 は，高等学校における教育相談年間計画である。高等学校におい

表 4.4 小学校教育相談の年間計画 (相馬, 1997 より一部改変)

月	内容
4	教育相談部（委員会）構成、年間計画立案
5	児童の実態調査、個人カード、個人記録簿作成、いじめ調査
6	知能・学力・教育相談検査実施、特別支援教育相談
7	実態調査、諸検査結果講習会
8	実態調査研究会
9	事例研究会（外部から講師を招く）、教育相談実技研修会（グループ・エンカウンターのすすめ方）
10 11	特別支援教育相談、担任の行う教育相談について
12	学年事例研究会、いじめ調査（全体研修会）
1	特別支援教育相談、学年事例研究会、いじめ調査
2	反省、次年度への申し送り、個人カード・個人記録の回収

表 4.5 中学校教育相談の年間計画 (相馬, 1997 より一部改変)

月	内容
4	教育相談部（委員会）構成、年間計画立案
5	知能・学力・教育相談検査実施、教育相談のPR、いじめ調査
6	生徒実態調査実施、教育相談用諸検査実施、個人カード作成
7	生徒実態調査結果考察（全体研修会）、定例教育相談（全校生徒対象）（抑うつ評価尺度諸検査の活用の仕方（講演会）、カウンセリングスキル（全体研修会）
8	事例研究会
9 10 11 12	生徒実態調査、調査結果考察、定例教育相談（全校生徒対象）事例研究会（講師を招いて）教育相談実技研修会（Y-G性格検査について）、いじめ調査
1	
2	反省、次年度への申し送り

表 4.6 高等学校教育相談の年間計画 (相馬, 1997 より一部改変)

月	内容
4	教育相談部（委員会）構成、年間計画立案
5	知能・学力・教育相談検査実施、教育相談のPR、いじめ調査、生徒指導調査
6	生徒実態調査、結果考察、定例教育相談（全校生徒対象）事例研究会（講師を招いて）（講演会）
7 9 10	思春期の精神衛生カウンセリングスキル（全体研修会）
11	不登校について（講演会）、いじめ調査
12 1	事例研究会（講師を招いて）定例教育相談（全校生徒対象）
2	反省、次年度への申し送り

ては専任のカウンセラーが配置されている学校もあれば、教育相談係が校務分掌に明記されていない所もあり、現状は様々である。高校中退者の問題や不登校生徒の増加、思春期・青年期での精神衛生を考えれば、早急に専任カウンセラーの配置を進めていくべきである。

4.1.5 教育相談室の管理・運営

校内に**教育相談室**が設置されているか否かは、その学校の教育相談活動が活発に行われているかどうかの目安の一つであろう（図4.3）。空き教室がない等の学校の物理的な条件もあるが、相談係として教育相談室が設置されている場合は積極的な運営について考慮し、未設置の場合は設置に努力すべきである。相馬らの全国調査（2006）では、小学校50.0%、中学校83.6%、高等学校71.8%に教育相談室を設置してあった。小学校での設置が少ないのがわかる。小学校においてはクラス担任との結びつきが強く、相談係が担任外の児童を面接することの難しさもあろう。担任が問題をもつ児童生徒や親との面接を行う場合も、教室で行っている現状もある。

しかし、相談室が設置されることにより、保護者との話し合いも教室より話しやすく、個別検査や会議等にも活用される利点がある。教育相談室の未設置校では、相談する部屋がないために教室や保健室を利用したり、校長室を使ったりしている例もある。校内に相談室を設置し、その活用を図るためには、以下のようないくつかの留意点があげられる。

(1) 教育相談室の運営に関する会議を開く：教育相談室を学校教育にどのように位置づけるか、施設、設備、管理などを話しあう。
(2) 教育相談室の使用計画を作成する：常時開室にするか、曜日を決めて開室するか、時間はどうするかなどを決め、生徒や保護者にも伝える。
(3) 面接室は相談係以外の教師の利用を可能な限り優先する：教師に相談室の利用の仕方を連絡する。叱責する場所に使ったり、取り調べ室的な場所には使用しないように徹底しておく。
(4) 生徒が気軽に来室できるような雰囲気をつくる：自主的な来室が最も望ましい。そのためには相談室のPRを児童生徒・保護者に定期的にしておくべきである。呼び出しての来室などの場合は、呼び出されてくること

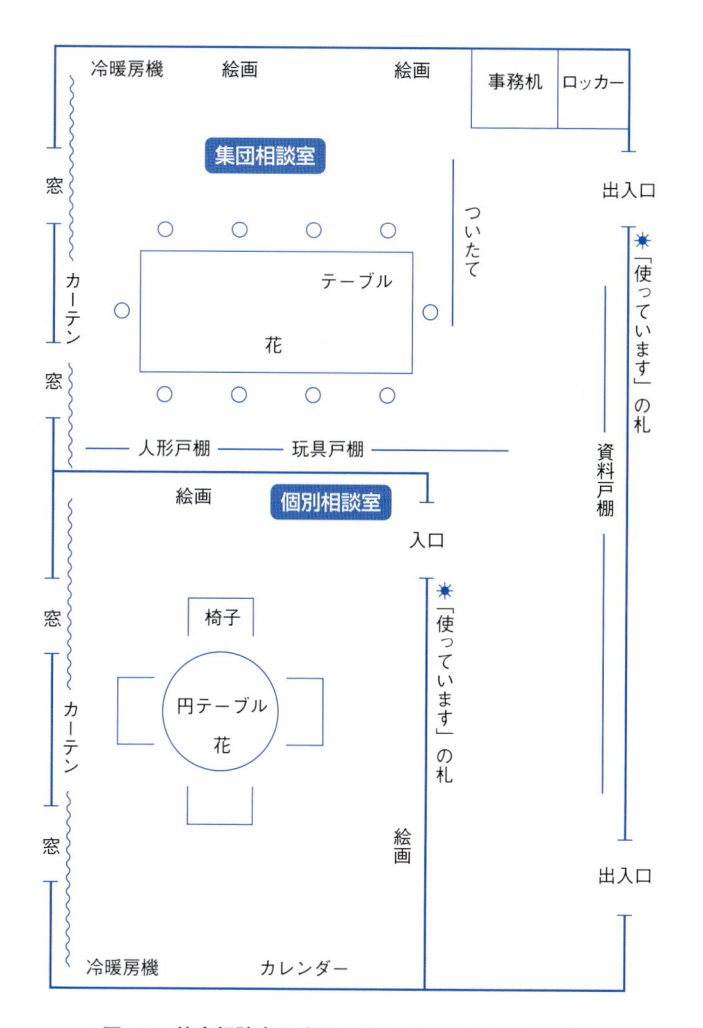

図 4.3 教育相談室の略図（相馬，1997 より一部改変）

に対する心理的な抵抗を十分に配慮し，カウンセリングスキルで望むことは原則である（p.243 コラム参照）。

4.2 外部機関との連携
4.2.1 専門機関との連携の必要性

　学校現場で出会う「問題」は，近年，どんどんと多様化を極めている。そしてその徴候は，学校での集団活動の中で発見されることが多い。もちろん，学校内でできる限りの支援や関わりを考えることは大切であるし，何でもかんでも「専門家・専門機関に丸投げ」してしまうことは，けっして好ましいことではない。どんな場合に，どのような専門機関を活用すればいいのか，それを正しく把握することが求められる（表4.7）。

　それではまず，不登校を例として，連携すべき専門機関をあげてみたい。たとえば，いじめや人間関係の悩みが前面に出る場合は，学校という場そのものがトラウマを生む場であり，そこでの相談活動を行うことに無理がある。そんな事例については，教育センターや民間の相談機関などの相談室が有効である。学校とは異なる場でゆっくりと心の悩みを吐き出すことができるからである。こうした相談機関の場合，親子関係など家庭の要因が絡む場合は母子並行面接が有効であろうし，対象となる子どもの年齢が低い場合などでは遊戯療法（プレイセラピー）など，対応の幅も広い。

　他方，虐待等が家庭の問題として見えている場合については，児童相談所に通告した上で，学校と児童相談所とが連携しつつ子どものケアと保護者の支援にあたる必要がある（子どもを親から隔離し保護する事が必要になるケースもある）。保護者自身に相談の意志がない場合や相談への抵抗がある場合は，児童相談所につなげることは難しいが，虐待の疑いがある場合は，まずは学校と児童相談所が連携協力しながら事実確認から相談につないでいく関わりが求められることになる。場合によっては，地域の民生委員やソーシャルワーカーの支援を求め家庭訪問を行った方がいいケースも出てくる。

　また，発達障害がある場合，障がいそのものが軽い場合は学校内での対

表 4.7　「問題行動」別にみた対応する様々な専門機関の例

問題行動	教育相談所	児童相談所	保健所・保健福祉センター	福祉事務所
不登校	◎	○	△	△（経済的理由による不登校）
いじめ	◎	○		
情緒不安定	◎	○	○	
対人関係不適応	◎	○		
進路適性	◎	○		
学業不振	◎	○		
夜尿・緘黙	○	○	○	
発達障害	◎	○	○	
精神障害			○	
虐待	○	◎		
経済的理由による養育困難		◎		◎
家庭内暴力	○	○	△	
飲酒・喫煙	○	○	△	
家出・盗み・無断外泊等	○	○		
薬物依存		○	○	

問題行動	精神保健福祉センター	病院（精神科・心療内科）	警察（少年課）
不登校	△		△（非行を伴う不登校）
いじめ		○	○
情緒不安定	△	○	△（非行傾向）
対人関係不適応	○	○	△（非行傾向）
進路適性			
学業不振		○（学習障害）	
夜尿・緘黙		◎	
発達障害		◎	
精神障害	○	◎	
虐待	○	○	△（反社会的障害）
経済的理由による養育困難			
家庭内暴力	△	○	◎
飲酒・喫煙	△		○
家出・盗み・無断外泊等			○
薬物依存	○	○	○

（注）　それぞれの問題について，最適の機関には◎，適応可能な機関には○，部分的に適応できる機関には△を付した。ただし，それぞれの自治体によって事情は異なることもある。

応で状態が改善されることもあるが，障がいそのものが重篤で医療的な診断や処置（投薬など）が必要な場合は，発達障害を専門とする医療現場や療育現場との連携が不可欠となる。さらに最近は，徘徊や家庭内暴力等の非行的な問題を伴う不登校も増えている。警察の少年課や相談センターなどで，ぐ犯少年等の補導や保護者への面接も行っているので，そうした機関と連携しつつ本人の学校復帰と立ち直りに向けて連携してあたるという対応も必要になってくる。

同じ不登校でも，休んでいる渦中ではなく，心のエネルギーが溜まり小さな集団で過ごせるようになったときの連携先としては，**適応指導教室**（教育支援センター）や**フリースクール**，**NPO**などがある。これらの支援の場では，それぞれに特徴的なプログラムが組まれているので（図4.4），子どもの状態やニーズに合った機関を選ぶことが大切である。また，つながった後も，子どもが通っているこれらの機関と学校とが情報を共有しあうことで，児童生徒理解が進んだり学校復帰のタイミングがつかめたりという効果も期待できる。

4.2.2 様々な専門機関を知る

学校現場でも，**チーム支援**や**情報連携から行動連携へ**という動きが求められることが多くなった。学校が専門機関と連携するにあたっては，まず連携相手である専門機関の特色を知ることが出発点となるだろう。専門機関といっても，それぞれの機関ごとに設置の目的も業務内容も異なってくる。何を相談するかによって，どの機関が適切かが変わってくるのである。専門機関の代表として，表4.8に主な専門機関の特徴（設置目的と業務内容）についてまとめておく。

これら以外にも，病院や保健所，家庭裁判所など，多くの専門機関がそれぞれの専門の立場から学校現場と連携しつつ相談や対応にあたっている。学区域内にどのような専門機関があるのか，それぞれの業務内容や活動について等，まずは情報をプールすることが重要である。できるならば，実際に足を運んで，「どのような場所」で「どんなスタッフ」がいて，「どんな支援・活動」が行われているのか，自分自身の目で確認できていれば，

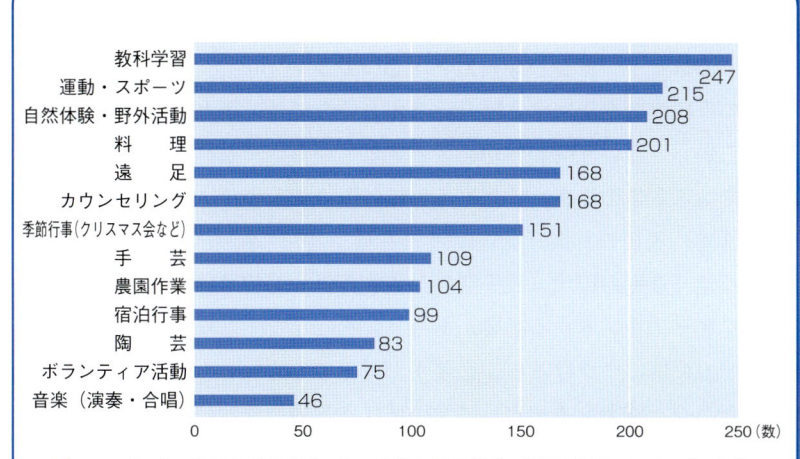

項目	数
教科学習	247
運動・スポーツ	215
自然体験・野外活動	208
料理	201
遠足	168
カウンセリング	168
季節行事（クリスマス会など）	151
手芸	109
農園作業	104
宿泊行事	99
陶芸	83
ボランティア活動	75
音楽（演奏・合唱）	46

図 4.4　各プログラムを実施している適応指導教室（教育支援センター）の数
（伊藤，2009）

表 4.8　主な専門機関とその特徴

機関名	特徴
教育相談	都道府県市区町村の教育センター内に設置されている場合が多い。主に教育に関わる内容について，子どもや保護者に対するカウンセリングや問題解決の援助・助言などを行っている。
児童相談所	児童福祉法によって設置されており，「子どもの養育」「子どもの性格や行動の問題」「発達の遅れや障がい」などについての相談を受けている。児童福祉司やソーシャルワーカー，医師や弁護士など様々な専門家が対応にあたる。
精神保健福祉センター	対人関係や心の病気に関する悩みの相談を幅広く受けている。精神保健および精神障害者福祉に関する法律の規定により設置された施設で，精神障害者の通所訓練や入所訓練なども行っている。
警察	少年課の中に少年相談室が設置され，街頭補導活動や被害少年の保護活動に加えて，子どもや保護者，学校関係者からの相談を受けている。

必要としている子どもや保護者に説明や紹介がしやすくなる。

4.2.3　つなぐ──インフォームド・コンセント

　外部の専門機関を活用する場合，まず必要なのは，子どもたちが何に困っているか，どういう関わりが必要とされているかを正確にアセスメントする力である。この場合，子ども本人の状況（悩みの深さや，諸症状の有無，性格や行動面の特徴，発達障害の有無，友だち関係や学校適応など）だけでなく，家庭の環境（親子関係，養育方針，経済状態など）についても正しくアセスメントする必要があろう。そうした丁寧なアセスメントの結果，どの機関につなげるのが必要かが見えてくる。このように，状況や状態に合わせた機関を選ぶために学区域にある専門機関について熟知しておくことも，学校にとっては大切な知恵となるだろう。

　そして本人に必要な専門機関が見つかった場合，そこにつなげる役割が必要となる。いずれの機関であっても，学校が押しつけ無理やり行かせることはできない。本人だけでなく保護者の理解も必要となる。そのために不可欠とされるのが，「当該専門機関がなぜこの子どもに必要であるか」についての丁寧な説明である。また，それがどんな機関で，どのような対応をしているかについても説明がほしい。この説明（**インフォームド・コンセント；図 4.5**）なしに外の機関を紹介すると，子ども本人や保護者に「学校に見捨てられた」「学校ではどうにもならないほどひどい状態なのか」という不安を与えることにもなるからである。こうした丁寧な対応のためにも，ふだんから学区域にある専門機関について情報をプールしておくとともに，学校と専門相談機関との連絡システムを構築し，担当者同士が足を使って，「顔と顔」を合わせての連携が取れることが望ましい。

4.2.4　つながってからの連携

　そしてつながってから必要になるのが，専門機関でどういう方針（見立て）のもと，どのような対応が行われているのかについて情報を収集したり，学校の状況や行事のお知らせを伝えたりという，学校と専門機関との橋渡し的役割である。この連携が密に行われることで，学校からも時機を

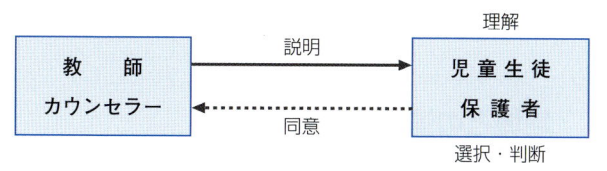

```
              理解
教　師  ──説明──▶  児童生徒
カウンセラー ◀--同意--- 保護者
              選択・判断
```

図4.5　インフォームド・コンセントのイメージ図

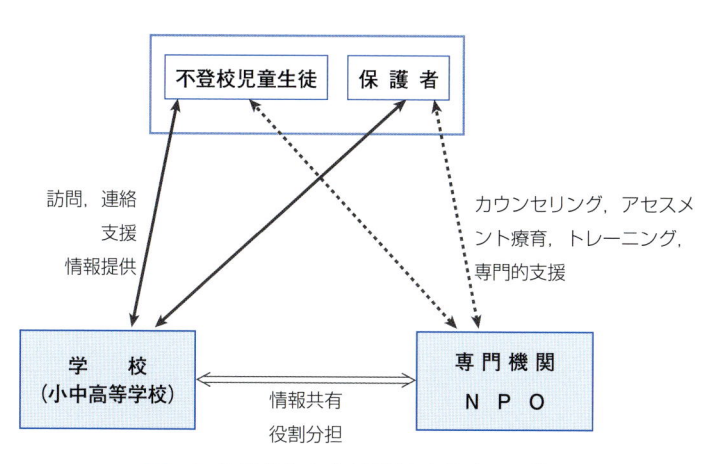

```
        不登校児童生徒   保護者

訪問，連絡                    カウンセリング，アセスメ
支援                          ント療育，トレーニング，
情報提供                      専門的支援

  学　校      ──情報共有──    専門機関
(小中高等学校)   役割分担        ＮＰＯ
```

図4.6　不登校をめぐる連携のトライアングル

逸せずに対応ができる。学校と家庭，そして外部の専門機関とが**連携トライアングル**（図 4.6）を形成し，互いに生きた情報共有を心がけると同時に，互いの主体性を尊重しながらも，適切な関わりができるよう，オープンな関係の構築が求められる。

4.3 地域との連携

4.3.1 地域と学校との連携協力

1996 年の第 15 期中央教育審議会の第 1 次答申である「21 世紀を展望したわが国の教育の在り方について」で，学校と家庭と地域社会との連携・協力によって「**生きる力**」を育む方向が示された。「生きる力」の見直しとともに，2006 年には教育基本法が改正され，その第 17 条第 1 項において，教育の振興に関する施策の総合的かつ計画的な推進を図るため，政府が基本的な計画（**教育振興基本計画**）を定めることが規定される等とした（図 4.7）。

この規定を受け 2008 年に策定された，政府の教育振興基本計画では，地域全体で子どもを育むことができる**教育力**を高めるとともに，地域が学校を支える仕組みを構築する必要があるとの考え方が示されている。そして取り組むべき施策として，学校を支援し子どもたちを育む活動を地域ぐるみで推進する**学校支援地域本部**，家庭・地域と一体となって学校の活性化に向けた取組を進める**コミュニティ・スクール**，放課後や週末の子どもたちの体験・交流活動等の場づくりを推進する**放課後子どもプラン**等が示されている。

しかし，有薗（2006）が指摘したように，多くの教育現場では，「地域社会や地域住民とともに子どもを育てる」とか「地域社会や地域住民とともにまなび地域社会や地域文化をつくりだす学びや生き方，社会力を育てる」といった，「地域に根ざした教育づくり」になっておらず，家庭や地域の教育力や子どもの学力の向上に十分にはつながらない，「学校の学習活動のねらいを達成するための手段として地域教材の活用する」といった，学校教師中心の取組の段階に留まっている。

■ **用語解説** ■

【教育振興基本計画】
　政府や地方公共団体の教育の振興のための施策に関する基本的な計画である。教育基本法に示された教育の理念の実現に向け，2008年7月1日に閣議決定された政府が策定した教育振興基本計画では，今後10年間を通じてめざすべき教育の姿や今後5年間に推進する施策を明らかにしている（表 2.6 参照）。

〈豊かな心〉

道徳的価値，自主的・実践的態度
- 自分自身に関すること　　　　• 他者とのかかわり
- 自然や崇高なものとのかかわり　• 集団や社会とのかかわり

心情・実践　• 自尊・自律 ①　• 人間関係 ⑤　• 社会参画 ⑧

〈確かな学力〉
- 体験から感じ取ったことを表現する力 ⑥⑨
- 情報を獲得し，思考し，表現する力 ⑦⑩
- 知識・技能を実生活で活用する力 ③⑪
- 構想を立て，実践し，評価・改善する力 ③④⑫

〈健やかな体〉
- 健康を保持増進し生活を改善する力 ②⑤⑪

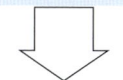

「生きる力」の主要例（案）
- 主体性・自律性（主として個人生活において必要となる力）
　①自己理解，自己責任　②健康増進力　③意思決定力　④将来設計力
- 個人と社会との関係（主として職業生活や地域での生活において必要となる力）
　⑤協調性・責任感　⑥感性・表現力　⑦人間関係形成力
- 自己と他者との関係（主として学校や家庭での生活において必要となる力）
　⑨社会・文化・自然理解　⑩言語・情報活用力　⑪知識・技術活用力
　⑫課題発見・解決力　⑧責任・権利・勤労

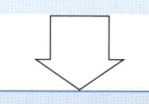

実社会・実生活

図 4.7　「生きる力」の育成をめざす教育内容・目標の構造（イメージ案）
（出所）　中央教育審議会（2005）教育課程部会第3期19会配付資料

そういう状況にあって，注目すべき運動を展開している地域もある。これらの地域に共通している特徴は，現在のように学校と地域との連携協力が叫ばれるずっと以前から，学校と地域とが共同し郷土を大事にしてきた長い歴史があったり，社会教育や生涯教育の観点から地道なボランティア活動を長年やってきたグループがあり，それらの団体が行政に参画していることである。それらの地域の一つに東京都の板橋区がある。2008年に特定非営利活動（NPO）法人であるボランティア・市民活動学習推進センターいたばしでは，大切にしたい「6つの柱」として「いたばしの教育ビジョン」に基づく**板橋区教育振興推進計画**への提言をまとめている（**図4.8**）。

(1) 教育にかかわるあらゆる場面と，体験を共同で問いなおしあう学習の重視
(2) 「出会い」を重視した体験と，体験を共同で問い直しあう学習の重視
(3) 「学力」の中心に「ともに生きる力」を据えること
(4) 大人の自由で主体的な「学びあい」があって初めて，大人は子どもたちと学びあえ，子どもの学びを支援できること
(5) 学びあう大人と教師が共同で，学校・地域の独自のカリキュラム・教材づくりに取り組むこと
(6) 教育行政に対する住民の参画を推進すること

この提言の最後には，このような提案をもとに，力を合わせて，これからの板橋を，大人も子どももともに「学びあい・支えあう地域」にしていきたいと記されている。この6つの柱に，子どもという存在を，地域の自然や文化に生き生きと根づかせるヒントがあるように思う。

4.3.2　地域の教育力と子どもの学力

OECD（経済協力開発機構）は2006年に，世界57カ国・地域の15歳児を対象に **PISA**（国際学習到達度調査）を実施しているが，日本がこの調査で，前回2003年の際に比べて成績が下がったことは，日本で子どもの学力を問うことになる大きなきっかけになり，2007年からは，文科省が**全国学力テスト**（全国学力・学習状況調査）を実施するようになってい

● 教育ビジョンにおける家庭，学校（教職員），地域，教育委員会の相関イメージ図

- はつらつ先生
- あたたか家族
- いきいき子ども
- 地域社会

教育委員会・区は，子どもの教育を全体的に支援します

学びあい支えあう地域へ！

● 私たちのいたばし学習イメージ

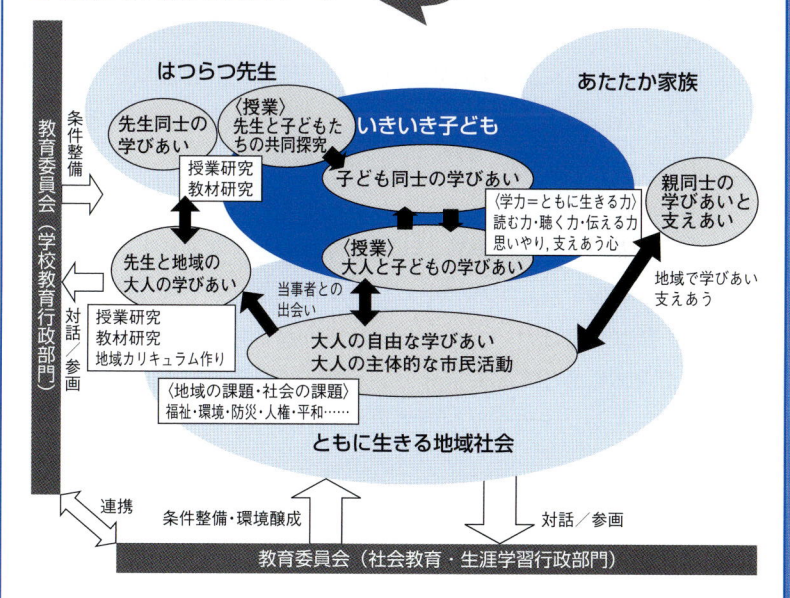

図4.8 私たちのいたばし学習イメージ（市民活動学習推進センターいたばし，2008）

4.3 地域との連携

る。この調査の成績で注目を集めている県の一つに秋田県がある。この調査は公立学校を対象に実施されたもので，私立学校は任意にしか参加していなかったものの，塾に通う子どもが少なく，しかも特別な学力向上対策を実施していない秋田県が，2年連続でトップレベルの成績をおさめたからである。

　浦野（2009）は，この秋田県の成績を分析し，成績下位の子どもが少なく白紙や無回答が少なかったと述べている。また，成績の格差が少なく，最後まで試験をやり抜いた子どもが多かったことから，こつこつと努力する学習の態度を多くの子どもが身につけていることがうかがわれた。また浦野（2009）は，好成績を生んでいる背景として，昔のよき学校のもつ安定した学習環境や祖父母と一緒に暮らすなどの安定した生活環境が残っていること，そして学校と家庭や地域との関係が良好であることなどをあげている。そして秋田県では以前から，子どもを育てる地域の教育力に着目し，「**ふるさと教育**」を核として，地域を調べる学習を定着させていることにも言及している。

　岩田（1992）は，心に深く刻まれた風景を「原風景」と呼んでいる。そして，このような「一つ一つ原風景が，自分の存在を支え，それを証してくれる」と述べている。その上で，この「原風景」は，「そこにあるというものではなくて，発見するもの」であるとしている。学校と家庭の中間に存在する地域には，学校の学習環境として側面と，家庭の生活環境として側面がある。そのような地域の中に，各々の子どもがその「原風景」を見つけ出す活動は，自分という存在を支えてくれているものの学びと，そのように支えられ生活している自分という存在の出発点を構成してくれるのではないだろうか。そのような出発点こそ学力の源泉だと思う。

4.3.3　子どもの安心・安全・成長

　子どもに関わる重大事件が続発し，子どもの安心・安全を社会から守る，成長の居場所としての地域づくりが，大きな社会的な問題となっている。文科省は2004年度から，子どもたちの居場所（活動拠点）を整備し，安全管理に配慮しながら，様々な活動を地域の大人を結集し支援する**地域子**

■ 用語解説 ■

【PISA（国際学習到達度調査）】
　PISA は，"Programme for International Student Asessment" の略である。この調査では，思考プロセスの習得，概念の理解，および様々な状況でそれらを生かす力を重視している。
　読解力，数学的リテラシー，科学的リテラシーの3分野について，義務教育修了段階の15歳児がもっている知識や技能を，実生活の様々な場面で直面する課題にどの程度活用できるかどうかを評価するもので，特定の学校カリキュラムの習得度をみるものではない。

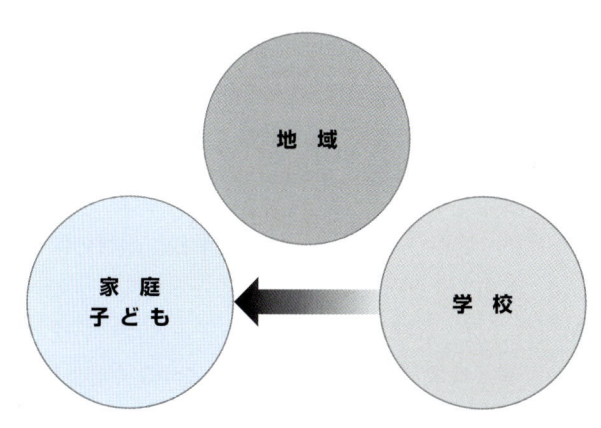

図4.9　直接的な家庭と学校関係だけで地域とつながりがうすい地域

ども教室推進事業を展開してきた。2007年度からは，厚生労働省の事業と連携し，放課後や週末等に，地域の中で子どもたちが安全で安心して育まれるための放課後子どもプランも始めている。

ポンティ（1945）は，「われわれの身体が空間のなかにあるとか，時間のなかにあるとかと，表現してはならない。われわれの身体は，空間や時間に住み込むのである」と述べている。ウィニコット（1989）は，このように身体が空間や時間に住み込むためには，子どもを抱え世話をする人的環境が必要であるとしている。そして子どもはこの人的環境を鏡として，自分が何であるかがわかり，心の内の生きた現実を成熟させ統合させていくとしている。子どもにとって最初の鏡は家族であると思うが，後には地域や学校等の人的環境が，子どもにとって大切な鏡となっていくのではないだろうか。

中村（2005）は，「かつて日本には，祖父や祖母，親戚や近所の人々が身近な存在であり，母親は自分の母親や親戚，近所の人々から子育てを学び，学校へ行かない子どもたちは駄菓子屋のおじさん，おばさんが面倒をみた。地域には祭りがあり，そこで家族でも学校でもない場で，子どもや教師，親，近所のおじさん，おばさんが自由に語りあう，あるいは喧嘩する光景を見ることができた」と述べている。かつて地域のここそこには，自由でありつつしかも子どもを保護していた空間があった。そのような時代，地域は，心の安心と安全が見つけられ，自分という存在を生き生きと統合していける，**居場所**であったように思う。しかし現在では，子どもが安心して遊べた道路や広場がなくなり，家庭や学校，地域の関係も薄れてしまったために，そのような居場所空間がなくなってしまっている。

鈴木（2009）は，「真の意味で子どもたちを守るには，学校という社会的公共的空間が家庭と地域（関係機関）を適切につなぐ必要があります」と述べている。家庭や地域の教育力の低下という状況にあっては，学校が主体的に責任を担い，家庭や地域につながったりつなげることで，家庭や地域の役割機能を支援し，重層的な取組を協働して行う必要性が生まれている。学校は，地域の関係諸機関との連携も含めて，家族や地域をつなぎ，子どもの安全が守られ，安心して成長していけるための，物的にも心的に

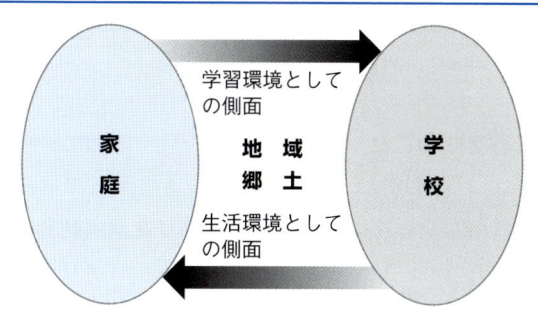

図 4.10　家庭・地域・学校が相互にむすびついている地域

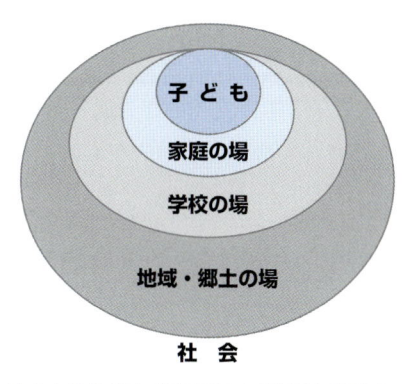

図 4.11　社会から子どもを守り育てる地域と家庭をつなぐ学校

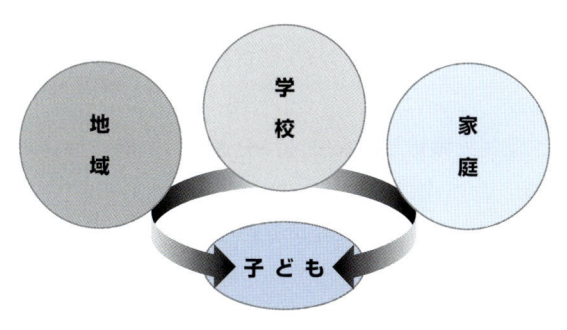

図 4.12　学校は家庭や地域をつなぎ，自由で保護された空間をつくる

4.3　地域との連携

も「自由で保護された空間」を形成していくという，大きな役割を担っているように思う。

4.3.4 地域に根をもつこと

　中村（1982）は，「諸芸術は，その母胎となる場所との結縁をふり払って，独立独歩の自由な発展をはじめると，とかく意識過剰と自己喪失におちいる危うさをはらむ」としているが，バーチャルリアリティが溢れている現代は，場所に根ざした生活のリアリティというものが薄れてしまい，人間がどんどん意識過剰と自己喪失に追いこまれている。

　ヴェーユ（1952）は，根づくということが人間の魂の最も重要な要求であるとしているが，日本のあちこちで地べたに座っている青少年を見ると，若者たちの存在の根がどんどん弱まってきており，どんどんたくましさが失われている感じがする。子どもが文化的な人間として成長していく上で，その存在を支えてくれている大地が人的物的なものを含めた地域である。その地域との関係が根こそぎ失われかけていく危うさを，現代という時代ははらんでいる。

　中村（1982）は，「自分を中心にした一定の占有領域，つまり一種のなわばり感によって，人はその場所にしっかりと根を下ろして生きる」と述べている。『広辞苑』（1998）で「地域」という言葉を調べると「区切られた土地。土地の区域」とあるが，『類語大辞典』（2002）では「区切る」というカテゴリーに分類され，「自然または文化の条件が共通する一定の範囲の土地」とある。この辞典では，地域に類した「郷土」という言葉が，「育つ」というカテゴリーに分類され，「自分が生まれ育った土地・地域」と記されている。ちなみに，『広辞苑』でも，郷土について「生まれ育った土地。ふるさと。故郷」とある。

　レルフ（1999）は，「全ての人々によって，自分が生まれ育った場所やいま住んでいる場所，あるいは自分が特別な感動的な体験をした場所との，深いむすびつきがある。この結びつきは，個人的および文化的な一体感と安心感の生き生きとした源泉，つまりそこから筆者たちが世界の中での自らの方向を定めていく出発点を構成している」としている。子どもにとっ

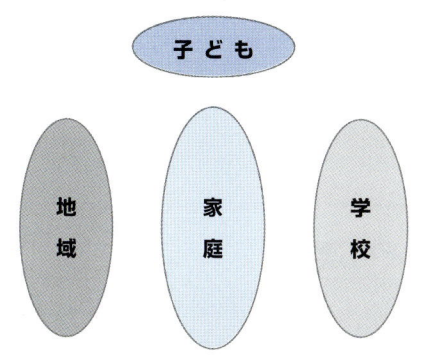

図 4.13　ばらばらな家庭・学校・地域に根づくことができずに宙に浮く子ども

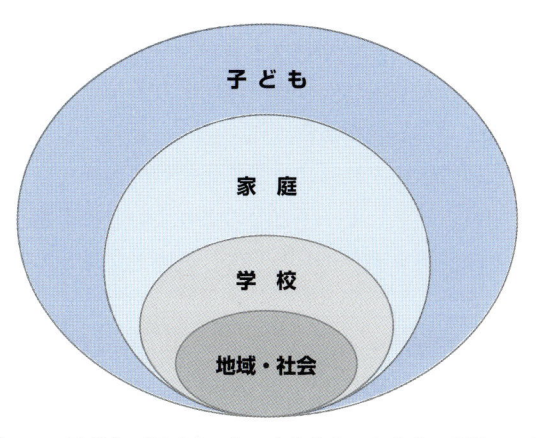

図 4.14　子どもが根づくことで内在化された家庭・学校・地域

ての地域が人間としての出発点を構成する，地域が子どもを育む郷土となることが，現代の大きな課題となっている。子どもが地域に深く根づきむすびつくことができるならば，子どもの心の中に，家庭や学校や地域が安心できる居場所として内在化されるのではないだろうか。そしてそのような生きる源泉をもった子どもは，社会の中で生き生きと自分を生き切ることができるようになると思う。

4.4 父母との連携

近年，多くの教師から子どもが変わってきたこと，また保護者との連携が難しいことなどを教育現場の生の声として聞くようになった。たとえば，問題行動への対応をあげてみる。A先生は家庭連絡をすると該当の子どもが家庭内で親から暴行を受けてしまうために躊躇せざるを得ないという。B先生は親が逆ギレして教師や学校に理不尽な言いがかりつけてくるので気が乗らないという。また，問題行動の被害を受けた子どもの親が学校に連絡や相談をすることもなく，ダイレクトに行政機関（市町村の教育委員会や都道府県教育委員会）に苦情を訴える実情があるという。

他方，家庭の教育力は低下しておらず昔より高まっているという言説や，少なく産んで大事に育てる現代の母親の方が子育てに一生懸命に向き合っているという見方もできるのである。

本節では，はじめに学校・教師に対する価値観の多様化や，学校の機能と役割を確認していく。そして，子どものよりよい成長を願うという親と教師が共有できる価値観を手がかりとして，教師と父母との連携について考えていく。

4.4.1 変質する社会と学校

1. 父母が育ってきた時代的背景

子どもは社会を映す鏡であるといわれる。それでは，今の父母はどのような時代に学校生活を過ごしてきたのであろうか（表4.9）。

(1) 3つの世代の父母 校種により父母の年齢の開きは大きくなるが，

表 4.9 戦後の問題行動等の推移や背景とその対応

年度	問題行動等の動向	文部科学省（文部省）等の対応	社会状況等
昭和39(1964)	少年非行第2のピーク		東京オリンピック
40(1965)	期待される人間像／高校進学率70%超	生徒指導の手びき（生徒指導資料第1集）発行	過密，過疎
41(1966)	家出少年増加・登校拒否(50日以上)1万6000人超	登校拒否（50日以上）調査開始	
42(1967)	シンナー乱用増加		中流意識・核家族
43(1968)			
44(1969)	学生紛争，高校生の反体制暴走拡大		
45(1970)	少年非行低年齢化／高校進学率80%超	学級担任の教師による生徒指導資料	大阪万博・三無主義
46(1971)	性の逸脱行動，シンナー乱用少年補導増加		
47(1972)		中学校におけるカウンセリングの進め方に関する資料	
48(1973)	高校進学率90%超		石油ショック
49(1974)	遊び型非行，暴走族，対教師暴力増加		
50(1975)		生徒指導主事制度化・生徒指導の推進体制の諸問題に関する資料	
51(1976)	初発型非行の増加		ロッキード事件
52(1977)	落ちこぼれ問題	問題行動をもつ生徒の指導に関する資料	
53(1978)	ぐ犯少年増加		
54(1979)		生徒の問題行動に関する基礎資料	
55(1980)	校内暴力頻発，登校拒否増加傾向		家庭内暴力増加
56(1981)		生徒指導の手引改訂	
57(1982)	登校拒否2万人超，生徒間暴力増大	校内暴力,高校中退調査開始・小学校生徒指導資料	横浜浮浪者殺傷事件
58(1983)	少年非行第3のピーク	出席停止等措置の通知	臨時教育審議会
59(1984)	いじめ事件増加，登校拒否3万人超		
60(1985)	いじめ事件増加	いじめ問題通知，調査開始	
61(1986)	いじめによる自殺増加	生活体験や人間関係を豊かなものとする生徒指導資料	
62(1987)	薬物乱用増加		バブル経済
63(1988)	登校拒否4万人超	校則見直し	
平成元(1989)			ベルリンの壁崩壊
2(1990)	ダイヤルQ2問題	学校における教育相談の考え方進め方に関する資料	残虐ビデオ等問題
3(1991)	高校生非行増加・登校拒否(30日以上)6万6000人超	登校拒否（30日以上）調査開始	バブル崩壊
4(1992)		適応指導教室等設置	学校週5日制(月1回)
5(1993)			
6(1994)	いじめ事件，自殺増加	いじめ問題通知，アピール	児童の権利条約批准
7(1995)	登校拒否8万人超	スクールカウンセラー活用調査研究委託事業開始	阪神淡路大震災
8(1996)		いじめ問題への総合的取組	
9(1997)	少年非行の凶悪・粗暴化／不登校10万人超		神戸少年事件
10(1998)	中学生等による殺傷事件多発	問題行動等報告書・暴力行為,不登校調査見直し	中教審「心の教育」
11(1999)	学級崩壊の論議／不登校13万人超	学級経営の充実に関する調査研究報告書	
12(2000)	17歳の犯罪／児童虐待の問題		ケータイ普及・倒産
13(2001)	ひきこもり問題／安全確保・管理の問題	学校教育法改正・問題行動等に関する報告書	同時テロ・少年法改正
14(2002)	出会い系サイト等の問題／不登校児童生徒数減少	地域支援システム報告書・不登校問題調査会議	完全学校週5日制
15(2003)	少年の重大事件発生	不登校報告書・生徒指導資料第1集(国研)発行	イラク戦争
16(2004)	小学生による事件多発／ニート問題	問題行動対策重点プログラム	インド洋大津波
17(2005)	中学生，高校生による重大事件多発	新問題行動対策重点プログラム	愛知万博・災害多発
18(2006)	いじめを苦にした自殺	教育改革法改正・懲戒・体罰に関するまとめ	福岡飲酒運転事故死
19(2007)	不登校増加・インターネットを介したいじめ	教育相談の充実に関するとりまとめ・教育三法改正	少年法改正

(出所) 国立教育政策研究所（2008）「生徒指導資料第3集：規範意識をはぐくむ生徒指導体制——小学校・中学校・高等学校の実践事例22から学ぶ」より一部転載
http://www.nier.go.jp/shido/centerhp/3-shu0803/200803-3shu.pdf

(注) 「生徒指導資料第1集」(2003)に基づき作成されたもの。

諸冨（2002）によると，①比較的教師に協力的な「山口百恵世代」，②個人主義で自己中心的な「松田聖子世代」，③脱力世代ともいう「浜崎あゆみ世代」の3世代に分類している。そして，それぞれの特徴を以下のように説明している。
①他人との協調精神に富み，学校や教師を信用する
②はっきりと自己主張する反面，とても傷つきやすい
③何不自由なく育ったため我慢を知らない
　このような世代論をステレオタイプにはできないが，長い年月にわたり毎年，同じ年齢層の子どもたちとしか接しない教師にとって示唆に富むものといえよう。

(2) 消費化社会における学校と父母　　現在，40代の父母は，中学校を中心とした校内暴力が吹き荒れる時代に児童生徒期をおくってきた。そのために，教師に対しての不信感や敬意の欠如があるように思われる。もう少し若い世代の父母は，バブル経済の時期に社会人となった場合は教師に対する社会的評価を低く見る傾向があり，バブル経済が崩壊した時期に社会人となった場合は福利厚生が充実し安定している教師に対してねたみにも似た感情があるという。

　他方，社会的風潮の中には教育を商品と見立て，父母の過剰な消費者意識は，よりよいサービス，より高品質なサービスが自分の子どもに提供されることを要求するようになったという考えもある。このことに関連して広田（2003）は次のように指摘している。

　「90年代に「不登校」が社会的に容認され，学習塾が学校と並ぶ教育機関として認知され，スリム化や自由化が謳われるようになった。…（略）…明らかに学校の求心力は低下した」。

　「こうした変化の中で，『学校は，顧客たる子どもや親のニーズに反した余計なおせっかいはするな』という考えを抱く人々が増えてきたことは，まちがいない。かくして，学校は，崇高な社会的装置を帯びた装置というよりは，人々のニーズにこたえて『教育』というサービスを提供する末端の行政機関，という色合いが強くなった。それが果たして良いのかは別にして，ともかくそうなってきた」。

資料①　病む教師の実情

「2007年度にうつ病などの精神疾患で休職した公立小中高校などの教職員は4,995人（前年度比320人増）で，全病気休職者8,069人（同414人増）の約62％を占め，調査開始の1979年以来最多だったことが25日，文部科学省のまとめで分かった。

　精神疾患の休職者は15年連続の増加。文科省は「子どもや保護者への対応が昔ながらのやり方では通用しなくなったことや，多忙な職務，職場の人間関係など，環境が厳しくなっていることが要因では」とみている。」

（東京新聞2008年12月26日付朝刊より，中日新聞東京本社の許諾を得て転載）

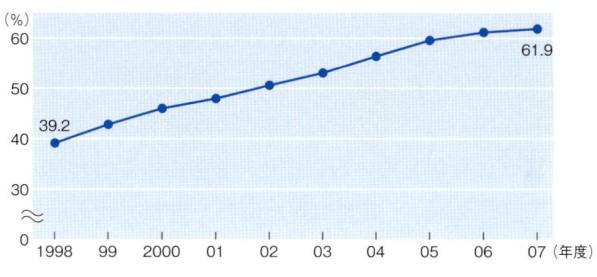

図4.15　最近10年の病気休職者に占める精神疾患の割合

4.4　父母との連携

このことは，学校選択制を例にみれば明らかであろう。

2. 理不尽な要求をしてくる父母の問題と教師の休職者の増加

　(1) 急増する教師の病気休職　　わが国では都市化の進展に伴って地域社会がうまく機能しなくなり，核家族化とともに人間関係が希薄になっている。家庭は，地域社会という緩衝材を失ったために子育てに関する責任が重くなったといえよう。また，子どもの問題をあたかも自分自身の問題と同化してとらえてしまう父母が，年々増えているように思われる。そのためか，教師との信頼関係がもてずに，教師に対して攻撃的な態度をとる父母が目立つようになってきた。教師も経験年数とは関係なく，精神疾患による病気休暇に入る割合が増加の一途を辿っている（資料①，**図 4.16** および **表** 2.8 参照）。

　(2) モンスター・ペアレント報道　　一時マスコミでは，「**モンスター・ペアレント**」という和製英語を見出しとした様々な報道を行った（資料②参照）。このモンスター・ペアレントとは，学校に対して自己中心的で理不尽要求を繰り返す保護者を意味している。ただし，単に要求を繰り返すだけ，または要求が常識的内容の際は含まれない。これを番組名とするテレビドラマが 2008 年に制作されて広く知られるようになった。

　モンスター・ペアレントと称される父母は，教育評論家の尾木直樹が①学校依存型，②自己中心型，③ノーモラル型，④権利主張型，⑤ネグレクト型の 5 つのタイプに分類している。また，著書の中で具体的な行動例をあげているが（尾木，2005），筆者が得た情報と重ねて代表的なものを以下に示す。

- 子どもが配付物や連絡帳を親に渡さなかったら教師の指導のせいにする。
- わが子を手厚く支援するために専用の教員配置を要求する。
- 特定の児童生徒を指名して出席停止を求める。
- 通知表（通信票）の評定に不服だと執拗に抗議する。
- 遅刻を繰り返すのは担任が迎えに来ないからとクレームをつける。
- 公共物を破損しても反論して非を認めない。
- 万引き等の犯罪をしても学校に責任転嫁をしてくる，など。

　なお，モンスター・ペアレントという表現については，否定的な意見も

〈学校種別〉

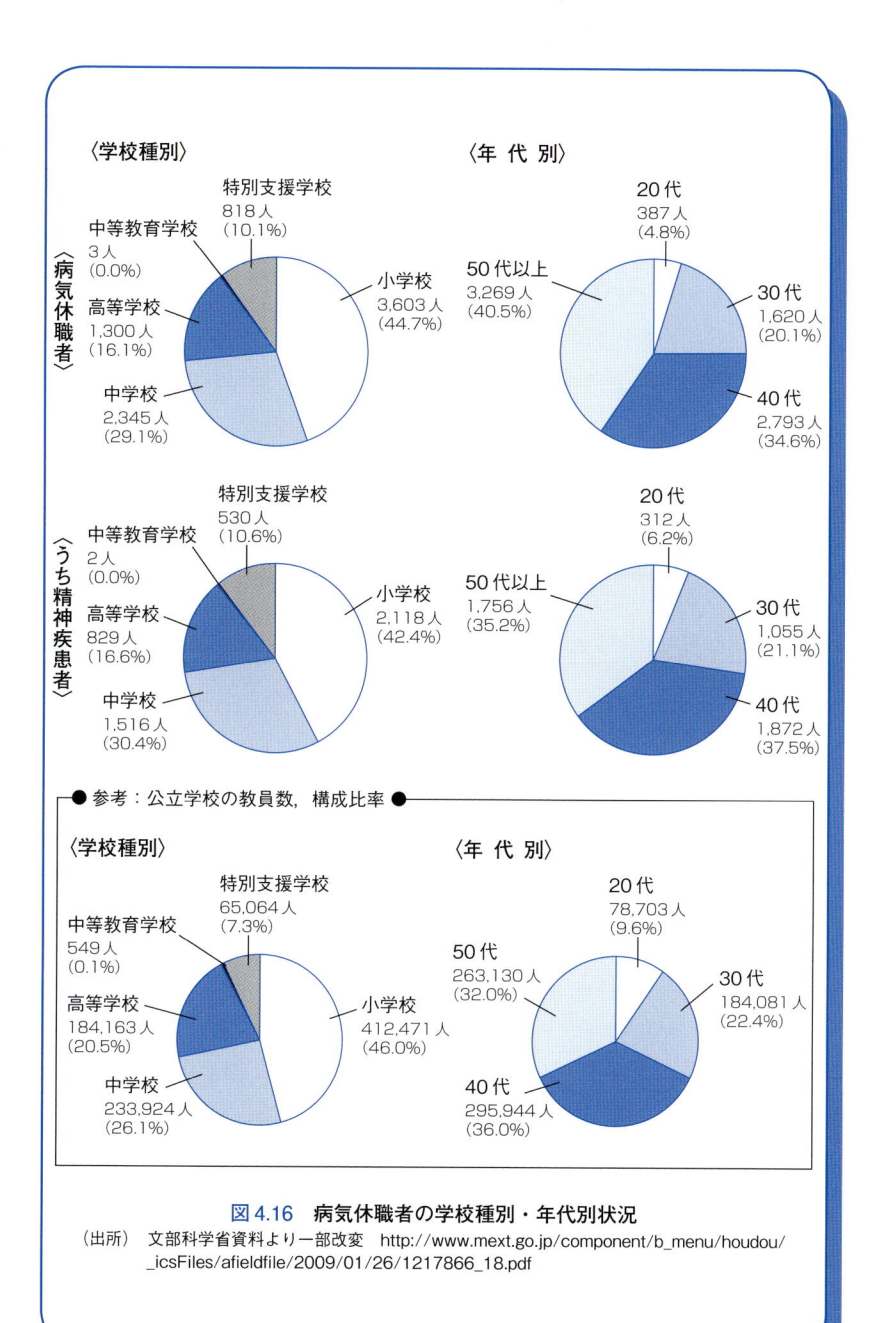

《病気休職者》
- 中等教育学校 3人 (0.0%)
- 特別支援学校 818人 (10.1%)
- 小学校 3,603人 (44.7%)
- 高等学校 1,300人 (16.1%)
- 中学校 2,345人 (29.1%)

〈年代別〉
- 20代 387人 (4.8%)
- 30代 1,620人 (20.1%)
- 40代 2,793人 (34.6%)
- 50代以上 3,269人 (40.5%)

《うち精神疾患者》
〈学校種別〉
- 中等教育学校 2人 (0.0%)
- 特別支援学校 530人 (10.6%)
- 小学校 2,118人 (42.4%)
- 高等学校 829人 (16.6%)
- 中学校 1,516人 (30.4%)

〈年代別〉
- 20代 312人 (6.2%)
- 30代 1,055人 (21.1%)
- 40代 1,872人 (37.5%)
- 50代以上 1,756人 (35.2%)

● 参考：公立学校の教員数，構成比率 ●

〈学校種別〉
- 中等教育学校 549人 (0.1%)
- 特別支援学校 65,064人 (7.3%)
- 小学校 412,471人 (46.0%)
- 高等学校 184,163人 (20.5%)
- 中学校 233,924人 (26.1%)

〈年代別〉
- 20代 78,703人 (9.6%)
- 30代 184,081人 (22.4%)
- 40代 295,944人 (36.0%)
- 50代 263,130人 (32.0%)

図4.16 病気休職者の学校種別・年代別状況

（出所）文部科学省資料より一部改変　http://www.mext.go.jp/component/b_menu/houdou/_icsFiles/afieldfile/2009/01/26/1217866_18.pdf

4.4 父母との連携

あり，公的に認められた用語ではないので注意を要する。

(3) 父母との面談の基本　先述の理不尽な要求をしてくる父母（モンスター・ペアレント）が1人でも現れると，教師はその対応に膨大な時間を奪われることになる。本来の教材研究や授業準備，部活動指導等にあてるべき時間がなくなるばかりでなく，追いつめられ休職にまで教師が追いこまれていくケースもあり，学校に与える影響は大きい。そうさせないためにも初期対応が大切である。

基本的な対応は，父母の理不尽な要求や言いがかり的な言葉の背後にあるもの，父母が本当に求めているものは何なのかを理解しようとすることから始まる。また，けっして一人では対応しないこと，要点については記録をすること，安易な会話により相手に誤解を生じさせないようにすることが必要である。父母との面談では，コミュニケーションスキルとしてのカウンセリング技法に学ぶ点も多いといえよう。また，父母から学校への正当な指摘や批判については，真摯に受け止めるとともに指導の見直しに活かすなどチャンスととらえていくことも必要である。

4.4.2　学校と保護者との連携をめざして
1. 人間関係づくりと社会的資源の活用
(1) 人間関係を構築していくことの意義　前項では，社会と保護者の変化と理不尽な要求をしてくる父母についての概説をしてきた。しかしながら，未来の担い手である子どもたちのよりよい成長を願うのは教師も父母も共通している。ゆえに，学校と保護者の連携と協調が強く望まれるのである。

教師と父母，両者が歩み寄り連携していくためには**信頼を基礎とした人間関係**が欠かせない。人間関係を構築していくのは活動の共有である。従来，教師と保護者との共通活動といえば，PTA本部役員との諸行事を通しての協同作業や子どもとの三者面談，学級懇談会や学年保護者会，部活動への支援などに限られていた。それでも仕事の都合上，やむを得ずに学校から遠のく父母もいる。また，教師側にも多忙な日常業務の中で保護者との関係づくりにまで十分には手がまわらない現実があるといえよう。し

資料② 報道にみる親の理不尽な要求と抗議

●理不尽な親　学校苦慮

　子供の通う学校に理不尽な要求や抗議を行う親に，全国の公立小中学校や教育委員会が苦慮している実態が，読売新聞の調査で明らかになった。

◆18教委，クレーム対策

　調査に応じた67の主要都市の教委のうち，40教委がこうした親の実例を把握し，18教委はクレームに対応するための専門職員の配置や教員研修といった対策を実施していた。政府の教育再生会議も第2次報告で，専門家チームを設ける必要性を指摘しており，親のクレーム対処が教育現場の大きな課題となっている。

　調査対象は，全国の道府県庁所在地と政令市，東京23区の計73市区の教育委員会。公立小中学校における親のクレームについて尋ねたところ，67教委から回答があり，40教委が身勝手な要求や問題行動に「苦慮している」と回答した。

　具体例の中では，「自宅で掃除をさせていないから，学校でもさせないでほしい」「（子供同士で小さなトラブルになった）相手の子を転校させるか，登校させないようにしてほしい」など，我が子かわいさから理不尽な要求に至るケースが目立った。

　また，勉強の進み具合が遅れている中学生に小学生の問題を解かせたところ，「子供が精神的に傷ついた」と抗議したり，子供が起こした自転車事故なのに，「学校の指導が悪い」と主張したりする例もあった。

　親が学校現場を飛び越して，教育委員会や文部科学省に，メールや電話で苦情を持ち込むことも多く，ある教委では，抗議の電話が6時間に及んだという。暴力団とのつながりをほのめかし，圧力をかけようとするケースもあった。

　親からの継続的なクレームに対応するため，教師が部活動の指導やテストの採点作業の時間を奪われたり，精神的なストレスを抱えたりすることも多く，「教育活動に支障を来している」との声が出ている。

　今回の調査に対し，「事例を公表することで当事者が再びクレームをつけてくる恐れがある」との理由から回答を避けた教委もある。

　一方，18教委では，クレームを想定した対策を実施。「管理職と教務主任を対象に研修を実施」（佐賀市），「教委に親対応の専門職員を置いている」（奈良市），「目に余る時は警察と連携する」（名古屋市）といった取り組みのほか，問題行動を起こす親を精神的にサポートする必要があるとして，「臨床心理士と協力して対応する」（東京都江東区）という教委もある。また，東京都港区では今月から，クレームに対し，学校が弁護士に相談できる制度をスタートさせた。

　教育再生会議も今月1日に公表した第2次報告の中で，精神科医や警察官OBなどが学校と保護者の意思疎通を手助けする「学校問題解決支援チーム（仮称）」を各教委に設置するよう提言している。

（読売新聞2007年6月18日付朝刊より，読売新聞社の許諾を得て転載）

かしながら，何か問題が起こってからの勤務時間外の指導を考えれば，保護者との関係づくりは必要不可欠であり間接的な教育支援となるのである。言い換えれば，子どもに対する予防的生徒指導を行うことといえよう。

(2) 社会的資源を活かして協同を推進するために　学校は，教師と子どもと保護者だけで成り立っているわけではない。地域に開かれた学校づくりが求められて久しい。学校では，総合的な学習の時間をはじめとした様々な授業における外部講師の活用や授業アシスタントとしての地域人材の掘り起こし，学校評議員の導入など多様な人々が学校と関わるようになってきた。実際に学校まで足を運び，子どもたちを見て，教師と話をする機会の多い人は学校に協力的である。このように可能な限り来校する機会を設けることで，学校の支援者を一人ずつでも増やしていくことが，地域の教育力の回復させる方策となる。地域の教育力の高まりや人的ネットワークは，学校と家庭との緩衝材としての機能を果たす。このことが教師と父母との連携を促進する要因になることが期待される。

2. 特別な支援を要する子どもの父母との連携

(1) パートナーシップ　父母からの要望や苦情は，自分の子どもを思う気持ちから出されたものであると理解して，まずは謙虚に受け止めること，そして，父母を肯定しながら，彼らが実行可能な方法で支援しながら協同的に進めていくことが大切である。その作業は，父母に協力して，子どもへの関わりについて一緒に考えたり，支援したりするコンサルテーションと呼ばれる作業である。このように，子どもに寄り添った活動を誠実に実践していく中で，父母との間に信頼関係が構築されていくのである。

父母との連携を強化していくためには，教師一人だけでは限界があるので学校として組織的に対応していくことが必要である。しかしながら学校には，できることとできないことがある。必要なことは，父母を「自分の子どもの専門家」として尊重しながら，対等なパートナーとしての対話をとおしてわかりあい，理解を深め，建設的な方向へ向かうことである。

(2) 校内協働体制と外部機関　教師の協働体制が整っている学校では，異なった専門性や役割をもつ者同士（スクールカウンセラー，学級担任，保護者，学校教職員など）がチームを結成して効果的に子どもの援助活動

(a) 児童虐待の相談種別対応件数

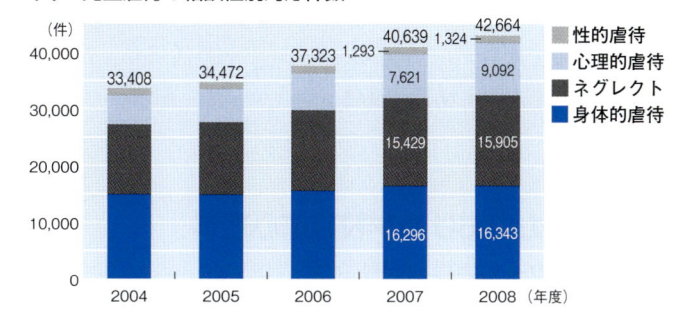

年度	身体的虐待	ネグレクト	心理的虐待	性的虐待	合計
2004					33,408
2005					34,472
2006					37,323
2007	16,296	15,429	7,621	1,293	40,639
2008	16,343	15,905	9,092	1,324	42,664

(b) 児童虐待相談の主な虐待者別構成割合

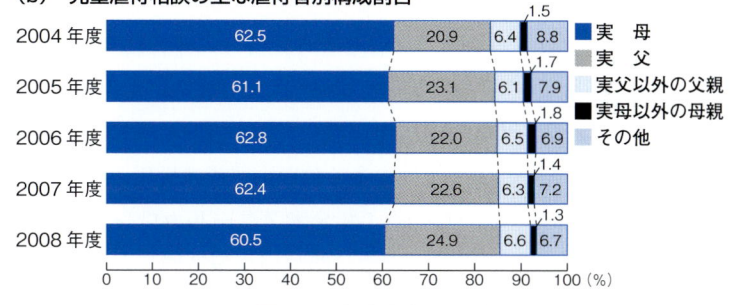

年度	実母	実父	実父以外の父親	実母以外の母親	その他
2004年度	62.5	20.9	6.4	1.5	8.8
2005年度	61.1	23.1	6.1	1.7	7.9
2006年度	62.8	22.0	6.5	1.8	6.9
2007年度	62.4	22.6	6.3	1.4	7.2
2008年度	60.5	24.9	6.6	1.3	6.7

図4.17 児童虐待の状況

(出所) 厚生労働省（2009）「平成20年度 社会福祉行政業務報告（福祉行政報告例）結果の概況」 http://www.mhlw.go.jp/toukei/saikin/hw/gyousei/08/dl/data.pdf

資料③ 児童虐待の防止等に関する法律（抜粋）

（児童虐待に係る通告）

第6条　児童虐待を受けたと思われる児童を発見した者は，速やかに，これを市町村，都道府県の設置する福祉事務所若しくは児童相談所又は児童委員を介して市町村，都道府県の設置する福祉事務所若しくは児童相談所に通告しなければならない。

2　前項の規定による通告は，児童福祉法（昭和22年法律第164号）第25条の規定による通告とみなして，同法の規定を適用する。

3　刑法（明治40年法律第45号）の秘密漏示罪の規定その他の守秘義務に関する法律の規定は，第1項の規定による通告をする義務の遵守を妨げるものと解釈してはならない。

にあたることができる。しかし，学校内で父母のすべてのニーズに応じることには限界がある。とくに，非行問題や児童虐待（図 4.17，資料③）などの対応については，スクールソーシャルワーカーの活用や，外部専門機関との連携をしていくことも必要である。

4.5 アメリカにおける学校臨床心理学

4.5.1　アメリカのスクールカウンセリング

　アメリカのスクールカウンセリングの歴史は，20 世紀初頭の就労への進路指導が学校教育に導入されたことに始まる。しだいに人格形成や道徳性や社会性へのアプローチも重視されるようになり，今日に至っている。それだけの歴史をもつアメリカのスクールカウンセリングも 1980 年代くらいまでは，キャリア・ガイダンスや危機介入と対症的サービスが中心の傾向があった。そのため，サービスの多くにおいてその対象が特定の児童生徒に限定されてしまっていた。そこで**全米スクールカウンセラー協会**（ASCA）は，これに代わって発達理論に基づいた**包括的スクールカウンセリング**（comprehensive school counseling）というすべての児童生徒を対象とする支援サービスの展開を推し進め（図 4.18），さらに 2003 年に **ASCA ナショナルモデル**を発表し，今日これがアメリカのほとんどの州においてスクールカウンセリングの基準となっている。

4.5.2　ASCA ナショナルモデル

　スクールカウンセリングの究極的な目標は，子どもの学びを促すことにある。ASCA ナショナルモデルでは，①すべての児童生徒に支援が行きわたるように包括的であること，②予防が第一であること（児童生徒が生活上あるいは学習上で正しい意思決定ができるようにプロアクティブな方法で支援する），③性質上，開発的で成長に沿ったものであること（児童生徒の学習と成長を促し環境の変化にも適応できるように支援する），④学校における教育プログラムの不可欠な一部をなし，カリキュラム，課外活動，伝統，価値観の中に組み込まれていることをその基礎の前提としてい

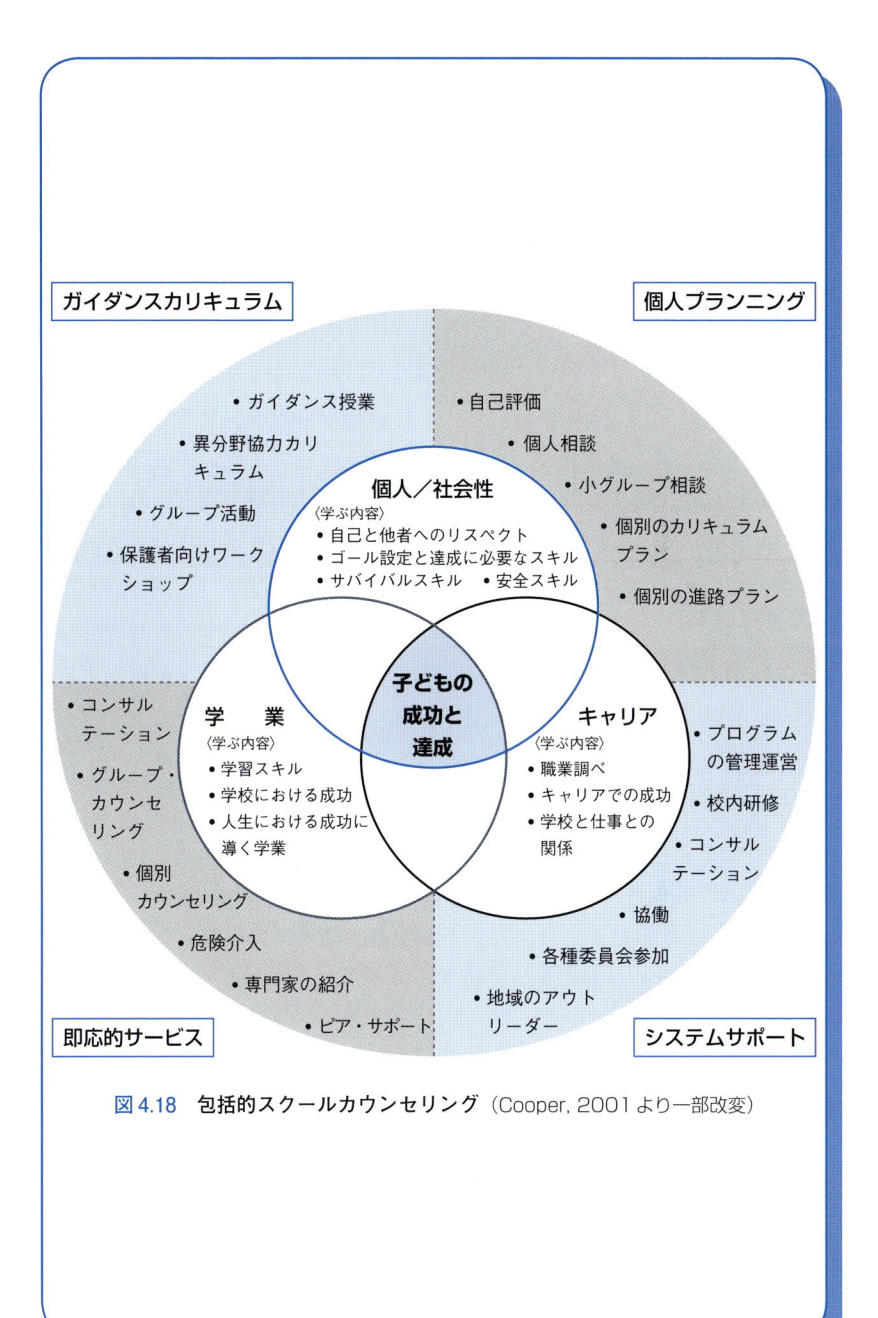

ガイダンスカリキュラム

- ガイダンス授業
- 異分野協力カリキュラム
- グループ活動
- 保護者向けワークショップ

個人プランニング

- 自己評価
- 個人相談
- 小グループ相談
- 個別のカリキュラムプラン
- 個別の進路プラン

即応的サービス

- コンサルテーション
- グループ・カウンセリング
- 個別カウンセリング
- 危険介入
- 専門家の紹介
- ピア・サポート

システムサポート

- プログラムの管理運営
- 校内研修
- コンサルテーション
- 協働
- 各種委員会参加
- 地域のアウトリーダー

個人／社会性
〈学ぶ内容〉
- 自己と他者へのリスペクト
- ゴール設定と達成に必要なスキル
- サバイバルスキル
- 安全スキル

学業
〈学ぶ内容〉
- 学習スキル
- 学校における成功
- 人生における成功に導く学業

キャリア
〈学ぶ内容〉
- 職業調べ
- キャリアでの成功
- 学校と仕事との関係

子どもの成功と達成

図 4.18 包括的スクールカウンセリング（Cooper, 2001より一部改変）

4.5 アメリカにおける学校臨床心理学

る。

　ASCAナショナルモデルは，**基礎**（学校の方針や理念とスクールカウンセリングとの一貫性），**支援提供システム**（ガイダンスカリキュラム，個人プランニング，即応的支援，システムサポート），**管理システム**（スクールカウンセリングに必要な校内における手続きやツールの使用），**アカウンタビリティ**（スクールカウンセリング・プログラムの効果の評価）の4つの構成要素からなる。つまり，スクールカウンセラーは単にランダムに児童生徒支援をしていればよいのではなく，カウンセリング・プログラムと学校の方針や理念との一致に尽力し，支援が効果的になされるための校内システムの構造的整備やデータ分析，アクションプラン作成なども行い，さらに仕事の効果を測定可能な形で示すことが期待されている。また，スクールカウンセリング・プログラムの効果を評価し意見を述べる委員会を校内に設置することも明記されている。

　したがって，スクールカウンセラーの仕事は多岐にわたり，危機管理などで学校の方針を決定するチームにも属し，学校の安全プランを策定することや，教職員と児童生徒とのコミュニケーションが円滑にいくように支援し，児童生徒が停学などの処分を受けるときには子どもの代弁者となることも必要となってくる。

　スクールカウンセリングでは，**学業的発達**，**キャリア的発達**，**個人・社会性の発達**の3領域を扱い，各領域において達成基準が設けられる（**表4.10**参照）。これを**ガイダンスカリキュラム**，**個人プランニング**，**即応的支援**，**システムサポート**の4つの角度から支援し達成できるように促していく（**図4.18**参照）。

　ガイダンスカリキュラムは，児童生徒が学習や学校生活ひいては将来の生活で成功できるためのスキル（ソーシャルスキル，問題解決スキルなど）を身につけさせ，危険を察知し回避できるための予防的支援も含む開発的支援であり，授業として実施する。個人プランニングでは，各生徒が自らの特性を理解し，進路を考え，目標を定めて行動をすることを支援していく。即応的支援では，個別およびグループ・カウンセリング，危機介入，教職員や保護者へのコンサルテーション，専門家やピア・サポートへ

表 4.10　ASCA 達成基準

領域	達成基準	項目
学業的発達	達成基準 A：学校及び生涯を通じて効果的な学習ができるための態度，知識，スキルを身につける。	A1：学業における自己概念の向上
		A2：学習を向上させるためのスキルの獲得
		A3：学校における成功達成
	達成基準 B：高校を卒業時には，大学進学を含むその後の進路に必要な学業的準備ができている状態で卒業する	B1：学びの向上
		B2：ゴール達成
	達成基準 C：学業と就労，学業と家庭生活や地域での生活の関連を理解する	C1：学校と生活を関連付ける
キャリア的発達	達成基準 A：就労の世界を自己理解や賢いキャリア選択と関連して探るスキルを身につける	A1：キャリアへの意識を高める
		A2：就職への準備
	達成基準 B：将来のキャリア・ゴールを成功と充足感を持って獲得できるための方略を使う	B1：キャリアに関しての情報を入手する
		B2：キャリア・ゴールを特定
	達成基準 C：自分の特性，教育，職業訓練と就労の世界との関連を理解する	C1：キャリア・ゴールを獲得する知識を身につける
		C2：キャリア・ゴールを獲得するためにスキルを活用する
個人・社会性の発達	達成基準 A：自他を理解し大切にするための知識，態度，対人関係スキルを身につける	A1：自己認識を深める
		A2：対人関係スキルを身につける
	達成基準 B：決断をし，ゴールを設定し，達成のために必要な行動をする	B1：自己認識を活用する
	達成基準 C：安全性とサバイバルスキルを理解する	C1：個人的な安全スキルを身につける

（注）表には掲載していないが，各達成基準はさらに細かく設定されている。たとえば，学業的発達の達成基準 A1 では以下のような項目が設けられている。
①学習者としての実力と自信に関しての気持ちを表現する
②学習に対して前向きな興味を示す
③自分のワークや達成したことに誇りを持つ
④誤りも学習の大切な部分をなすと理解する
⑤学習で成功する態度や行動を特定する

の紹介などが含まれる。システムサポートは支援が効果的に行われるための生徒をとりまくシステムへの支援で，各種委員会へ所属して寄与することや，校内研修，教職員との協働などを含む。

4.5.3　学校内のメンタルヘルスの専門職

　アメリカの公教育の中には，心理的発達・適応の側面から支援する専門領域がある。大きく分けて，①**スクール（ガイダンス）カウンセリング・サービス**，②**スクールサイコロジカル・サービス**，③**スクールソーシャルワーク・サービス**の3種である。この3つの領域は重なるところも大きいが，それぞれの専門性によって役割が異なり，専門職が担当する。このメンタルヘルスの専門職は学校の危機管理チーム，校内委員会などには不可欠のメンバーであり，児童生徒や保護者への直接的な支援のみならず，学校におけるプログラムの企画実施，校内改革の推進，他機関との連携などその職務内容は幅広い。アメリカの学校臨床心理ではこれらの専門職が互いに協働して支援をしている（**表4.11**）。

1. スクール（ガイダンス）カウンセリング・サービス

　いちばん一般的なことで相談に行ける専門職が**スクールカウンセラー**で，相談の窓口的な存在とも言える。中学・高校では，日本の学校のような学級担任制がないため，日本ではクラス担任がしているような個々の生徒へのケアをスクールカウンセラーが担う学校も多い。

　たとえば生徒の教科履修の相談にのり，履修手続きを手伝う。アメリカの公立高校では単位や卒業資格を取得するためには州の認定試験に合格する必要がある。生徒によって進度が異なるため，必要条件などの規定を満たしているかどうか細かくカウンセラーと相談する。スクールカウンセラーは教室でガイダンス授業も行ったり，ピア・サポート等，生徒主導の活動のスーパービジョンをしたり，保護者向けの研修会なども行う。アメリカの大学受験は複雑なシステムになっており，準備が2, 3年前から始められ，その折ごとに必要な情報を提供し意思決定の支援をしていく。内申書を書くのもスクールカウンセラーである学校も多い。学年や学校全体を対象に大学からの担当者を招いて「大学フェア」の開催もする。

表 4.11　メンタルヘルス専門職

	スクールカウンセラー	スクールサイコロジスト	スクールソーシャルワーカー
専門領域	すべての児童生徒を対象にした学業，キャリア，個人・社会性の発達を支援するカウンセリング	すべての児童生徒を対象にするが，とくに発達のつまづきや特別のニーズのある児童生徒への支援（知的発達を含む心理検査はサイコロジストだけが実施を認められている）	すべての児童生徒を対象とするが，とくに家庭や地域と関連する問題に関わる支援
職務内容	・学業，キャリア，個人・社会性の発達の領域において，カウンセリングとガイダンスのプログラムを開発，企画，実施，評価 ・カウンセリングはすべての生徒を対象とし，学業の達成と健全な社会性の発達を促す ・学校全体に予防や介入の方略，カウンセリングを行う ・生徒のニーズに関して教師や保護者にコンサルテーションや研修を行う	・学業を促進する支援 ・適応に関する問題へのストラテジーとプログラムを企画する ・社会性の発達上の問題，行動や学業における問題に関して，教職員や保護者にコンサルテーションする ・児童生徒の特別なニーズを特定するために心理教育査定を実施 ・個別，グループ，家族を対象とした心理カウンセリング ・個人的・全校的危機に対応するための介入方略をコーディネートする	・家庭，学校，個人，近隣地域において，児童生徒の学習に影響を及ぼしている要因をアセスメント ・児童生徒とその家族に適切な介入方法（カウンセリング，ケース・マネジメント，危機介入を含む）を特定し，遂行する ・教師，管理職，その他の教職員に対して，児童生徒の社会性・情緒面のニーズについてコンサルテーション ・児童生徒のために家庭，学校，地域にある資源をコーディネートする
資格	州の教育局による認定（修士以上）	州の教育局による認定（修士以上）	州の教育局による認定（修士以上）
配置	中高校には，常勤で1人もしくは複数人配置されている。小学校の場合，同じ学校区内で数校かけもちも多い（ASCAの推奨する対生徒比率は1：250以下だが，全米平均は1：460）。	障害認定された児童生徒がいる学校区は最低1名は配置するという規定があるため，結果的にどの学校区にも必ず1人は配置されている。数校かけもちもある。	学校と地域のニーズによって配置される人数が異なる。

（注）どの学校にもこの3種類の専門職が常勤でいるとは限らない。また，これ以外により専門領域を絞った専門職（例：出席行動を管理する専門職）を置く学校もある。

このように特別に困難や問題があるわけではないときにも，個人的にあるいは日常的な場所で会って顔なじみになっておくことができるので，これが何かが起こったときにも相談に行きやすい状況をつくっている。

また「遅刻や欠席が多い」「授業中の態度が悪い」などの問題があれば，教科担任からその生徒の担当のスクールカウンセラーに連絡が行き該当生徒と話をする。成績表や「単位を落とす危険がある」という警告が出たときにも写しが担当カウンセラーのところにも送られ，生徒と話す仕組みになっている。こういった話し合いの中から，成績が落ちた背景に存在する問題や悩みにふれることができ，解決への支援ができる。それは単に時間の管理の悪さや，勉強の仕方の効率の悪さということもあるし，対人関係や健康上の問題があって学習に身が入らないこともあるし，より深刻な問題の場合もある。いずれの場合も問題解決を支援し，必要に応じてより専門的な支援ができる人へつなげていく。

2. スクールサイコロジカル・サービス

子どもの心理・発達・学習を専門とする**スクールサイコロジスト**は，学校への適応や学習でつまづいている児童生徒の問題解明や支援方略のコンサルテーションをする。

子どものつまづきに気づいた教師，スクール（ガイダンス）カウンセラー，保護者がスクールサイコロジストに報告し，その児童生徒の行動観察，データ収集をして介入方法に関してコンサルテーションをする。必要となれば保護者の許可を得てアセスメントを行う。アセスメントは障がいを認定することが目的というよりも，その児童生徒がどのような指導と教育サービスを受けたらうまく学習していけるのかを割り出す作業としてとらえている。アセスメントに関しては，検査の実施のみならずその結果の分析に専門性が必要となるので，その実施は修士レベル以上で特別な訓練を受けているスクールサイコロジストに限られている。障がいが疑われるときに保護者が抱く不安感にも応じて支援し，障がいに関しての心理教育もする。サイコロジストは特別支援教育サービスの措置会議にも出席し，ケースマネジメントもする。外部機関でセラピーを受けたり，医療サービスを受けている場合のリエゾンにもなる。

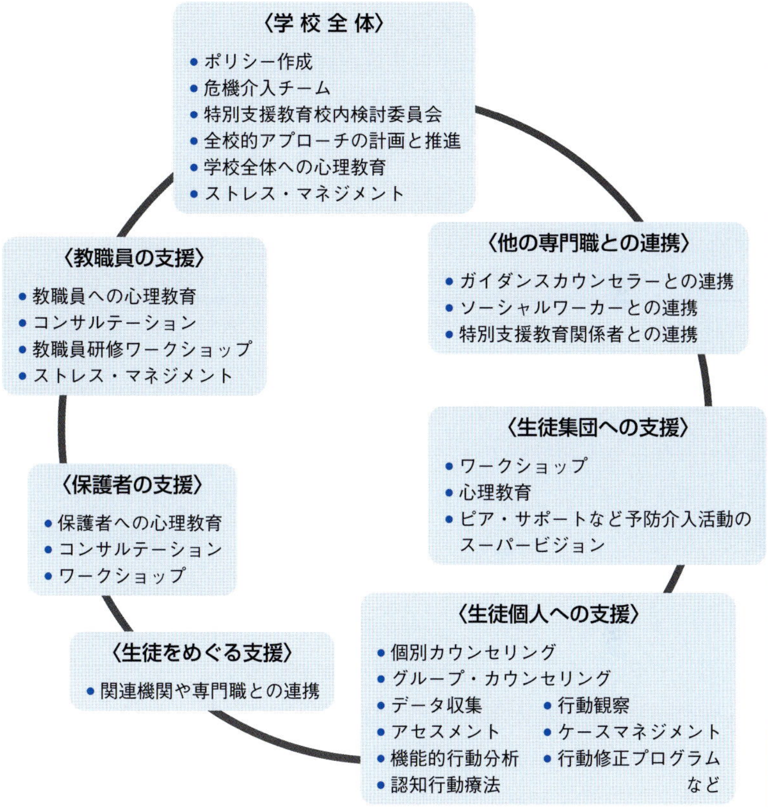

〈学校全体〉
- ポリシー作成
- 危機介入チーム
- 特別支援教育校内検討委員会
- 全校的アプローチの計画と推進
- 学校全体への心理教育
- ストレス・マネジメント

〈教職員の支援〉
- 教職員への心理教育
- コンサルテーション
- 教職員研修ワークショップ
- ストレス・マネジメント

〈他の専門職との連携〉
- ガイダンスカウンセラーとの連携
- ソーシャルワーカーとの連携
- 特別支援教育関係者との連携

〈保護者の支援〉
- 保護者への心理教育
- コンサルテーション
- ワークショップ

〈生徒集団への支援〉
- ワークショップ
- 心理教育
- ピア・サポートなど予防介入活動のスーパービジョン

〈生徒をめぐる支援〉
- 関連機関や専門職との連携

〈生徒個人への支援〉
- 個別カウンセリング
- グループ・カウンセリング
- データ収集
- 行動観察
- アセスメント
- ケースマネジメント
- 機能的行動分析
- 行動修正プログラム
- 認知行動療法
など

図4.19 スクールサイコロジストの仕事内容

4.5 アメリカにおける学校臨床心理学

児童生徒に個別カウンセリングも行うが，とくに発達障害の認定を受けている児童生徒や情緒的な問題を抱えた子どもを対象とすることが多い。アメリカでは，小学校高学年くらいになると本人が自らの特性を理解するように促し，障がいに伴う不都合さやストレスなどの問題解決も支援する。また，グループ・カウンセリングの形態でそれを行うこともある。あるサイコロジストは学習障害の小学5年生を対象にグループ・カウンセリングを行ったが，初めは教室で教師から受けた対応に関しての愚痴のこぼしあいになってしまった。「それではどうしてほしかったの？」という問いかけをすることで，自分たちの要求を明確にさせ，また適切な主張の仕方の練習として，要望をリストにして教師に配付するという建設的なアクションに導いた（**表4.12**参照）。

　このほか，社会性の発達上の問題や行動・学業における問題に関して教職員や保護者にコンサルテーションやトレーニングをしたり，個人的・全校的危機に対応する介入方法もコーディネートする。

3. スクールソーシャルワーク・サービス

　スクールソーシャルワーカーは，生徒の成長を阻む要因の解明と解決に向けて家庭と学校の間に立ってサービスを提供するのを任務としている。保護者，教職員，専門職と協力連携して業務を行い，法執行機関（警察）や裁判所，福祉関係機関などの必要な外部の関係機関との連携も行う。地域で入手できる支援サービス，法的な手続きなどの情報も熟知しており，必要に応じて家庭に紹介し，児童生徒の環境を整備する。子どもの学校での様子がおかしい，欠席が多いなどの場合は，虐待や教育ネグレクトが起きていないかを調べる。虐待やネグレクトに関しての通報義務はすべての教職員にあるが，ソーシャルワーカーは関係機関と連携してさらにその家庭の支援をしていく。

　また，児童生徒自身のストレスや情緒的な問題にも直接的な支援をすることもある。個別にカウンセリングも行うが，予防的支援として，リスクのある子どもたちをグループ・カウンセリングの形で支援することも多い。たとえば，両親が離婚した家庭の子どもたち，人種的マイノリティの生徒たち，家族や身近に死を体験した児童生徒たちなどのグループを構成し，

表 4.12 「LD の子どもたちを支援する」先生方へのヒント

1. ぼくたちはときどきわからないことがありますが，そういうことは他の子たちにもあります。ぼくたちが時間が余計にかかったり，質問を余計にしなくてはならなかったり，間違うことが多かったり，混乱しているようにみえたりしても，どうか批判したり怒ったりしないでください。ぼくたちは一生懸命やっているのです。ただぼくたちにはちょっと難しいだけなのです。
2. 先生が話すときもっと頻繁にストップをして間をおいてくれたり，もう少し私たちに質問させてもくれるとわかりやすいです。
3. 「わかるまで説明しますよ」と言われるとうれしいです。
4. ぼくたちの間違いをなおすとき，たとえば何かを忘れたりしたとき，他の人たちに聞こえないように近くに来てそっと言ってください。みんなに聞こえるように言うと恥ずかしい思いをするんです。
5. 「これは知っているはずでしょう」「前に習ったのにわからないの」などと先生に言われると，嫌な気持ちがするし，思い出す助けにもなりません。ただ自分がバカだと感じるだけです。
6. 「ちょっと待って」と言ったときにはどうぞ忘れずにあとで戻ってきて助けてください。
7. 「みんなわかりましたか」と先生が聞いたとき，「わかりません」と言っても，おこらないでください。
8. ぼくたちは「わかった」と言ってもわかったことを全部説明するのがむずかしいことがあります。わかってはいるのですが説明すること自体ができないのかもしれません。ぼくたちは部分的に説明したり，先生の質問に答えるほうがよくできると思います。
9. 先生がみんなの机の間をまわって誰にでも「わからないことはありますか」と聞いてくれるときが嬉しいです。そのほうが先生に助けを求めるのに怖くないし恥ずかしくないので。
10. 手を挙げたら先生が来て助けてくれるのがいいです。
11. 先生が質問してわかった人に挙手を求めるとき「全員の手があがっていていいはずですよ」と言われると，恥ずかしいから答えがわからなくても手を挙げています。でも先生にあてられたらどうしようととても心配になります。答えを知らないかもしれないのです。わかるのにもう少し助けが必要かもしれないのです。そんなときは授業の終わりに補足してください。
12. もしぼくたちが質問をしようとしていたり，先生の質問に答えようとして手を挙げていたら，素早くあててください。ぼくたちは忘れやすいので何を言おうか何をきこうか忘れてしまうかもしれないからです。
13. 私たちはわからなすぎて何を質問したらよいのかもわからなくなることがあります。
14. 話すときや教科書を読むときは，私たちがついていけるようにどうぞゆっくり読んでください。
15. 先生はぼくたちがノートに写せるように黒板に大事なことを書いてくれます。でも先生が書きながら説明をするとぼくたちにはついていくのがむずかしいのです。
16. 黒板に書いたことをすぐに消さないでください。写すのにみんなより時間がかかることがあるのです。
17. 黒板に書くときはどうぞはっきりわかりやすく書いてください。
18. 「宿題でわからない問題があったらとばしてもいいですよ。もう一度説明してあげるからね」と言ってもらえると嬉しいです。
19. テストの前におさらいの時間を持ってもらえると嬉しいです。
20. 勉強がわかりやすくなるようなゲームを先生がもってきてくれるときが好きです。

これは，シーリープレイス小学校 5 年生の LD の児童たちのグループが，体験に基いて自分たちで作り出した先生へのアドバイスを筆者が訳したものである（2003 年 4 月，Rayna Shapiro 指導）。

週1回くらいの頻度で昼休みなどを利用して活動を行う。通常は子どもの状況を知っている担任やスクールカウンセラーがソーシャルワーカーに紹介してくるが，時には参加している子ども自身が「○○ちゃんもおじさんが亡くなったので誘ったらどうだろう」と言ってくることもある。このほかに行動に問題があったり，他の児童生徒とうまくいかない子どもたちのソーシャルスキル・トレーニングを小グループで行うこともある。

　特定の個人やグループへの支援以外に，ソーシャルワーカーは，問題行動，非行，妊娠，ドラッグ，飲酒などの問題に関して児童生徒，教職員，保護者に注意を促す活動やワークショップを企画実施したり，対立解消に関しての授業を教室で行うこともある。また，扱いの難しい児童生徒の行動観察を行い介入プランを策定したり，対応法を教職員にコンサルテーションする。

　このほかに，児童福祉と児童生徒の出欠席に関しての州法や連邦法について校内職員研修を行い，学業的な成功を阻むような学校ポリシーや手続きがあればそれを指摘し改善に導くことや，児童生徒の出席率を向上させ，卒業率を上げるストラテジーを他の教職員と連携しながら企画実施する。

コラム　教育相談室の施設・設備について

　教育相談室は学校の中で，最も家庭的な雰囲気で，家具も上等な物が置かれている部屋という印象を，児童生徒に与えたい。用途としては，個人面接室，グループ面接室，事務室，遊戯室などが考えられる。最低限，面接室があれば教育相談活動はできるであろう。

　理想的には，より治療的な教育相談が校内でできるように遊戯治療室，心理治療室が設置されることが望ましいのだが，心理治療の理論と技法をもった教師がいない場合は特別必要としないだろう。

　面接室は，最低限 2 名の人間がゆったりと落ち着いて話しあえるような広さの部屋で，広すぎても狭すぎてもいけない。また，外部からのぞかれないよう工夫し，できるだけ静かな部屋が望ましい。職員室からなるべく近い部屋の方が一般の教師の利用は高くなる。

　設備は，ゆったりと腰をかけられるやや固めの椅子と円形テーブルが望ましい。また，壁を塗りかえたり，じゅうたんを敷いたり，照明器具を替えることにより，落ち着いた明るい部屋にすることができる。和らいだ雰囲気にするための花，窓のカーテン，絵画などの小道具もあった方が効果的である。また，事務室に各種の検査用具や用紙なども整理して保管するロッカーも必要だろう（図 4.3 参照）。

　教育相談活動にとって，記録は欠くことのできないものである。教育相談の記録には，各種の検査・調査結果，面接記録，個人の継続観察記録，児童生徒の手紙や作品などがある。こうした記録は，保管を第一に考えなければならないし，記録の保管は秘密保持の原則からも厳重に管理されなければならない。必ず鍵のかかるロッカーを用意して，秘密が十分に守られる場所に保管すべきである。

　また，記録はなるべく早い時期に記入をして相手の述べたことも，こちらの述べたことも書き残し，感情の動きも含めてできるだけ具体的にまとめるべきである。

（文：相馬誠一）

コラム　地域とのつながりを深めるための副次的な学籍制度

　2009年には、文部科学省の「特別支援教育の推進に関する調査研究協力者会議」から、その審議の中間とりまとめとして「特別支援教育の更なる充実に向けて——早期からの教育支援の在り方について」が出され、特別支援学校の児童生徒が一般の小中学校に副次的な籍を置き、地域とのつながりを深めることを促す報告書をまとめている。これまでも、東京都や横浜市等では、特別支援学校の小・中学部に在籍する児童生徒が、居住する地域の小・中学校に副次的な学籍を置ける制度を整え、居住する学校の児童生徒との交流を推進してきたが（図4.20）、このような事例は全国的にみると一部でしかなかった。

　特別支援学校に通う子どもの多くは、その学区が広いため、自分の住んでいる地域を遠く離れて通わなければならない。現行では、障がいが基準に該当すれば基本的に特別支援学校に進ませることになっており、居住する地域の一般の小・中学校に入れるのは、市町村教育委員会が学校施設や障がいの状態に「特別の事情」があると認めた場合だけである。そのため、居住する地域の小・中学校の児童生徒との交流はほとんどない状況にある。しかし、一般の小・中学校に副次的な籍を置ければ、その学校の行事等を通じて、何らかの交流ができるようになる。この報告書では、このような**副次的な学籍制度**について、国が指針を示したり、モデル事業を実施し、その導入を促進すべきだとしている。

　発達期に様々な機能に制約や制限が生じ、社会との相互関係の中で障がいをもつことになったとしても、同じ社会に生きる人間であり、人格としての土台がある。同世代の児童生徒も含め、その居住する地域の人との関係の構築は、障がいをもつ児童生徒が、居住する社会に根ざして、自立し参加をしていく土台である。現在、通級指導教室等に通う子どもも含め、障がいをもつ多くの子どもは、その居住する地域を離れなければ、適切な教育を受けることができない状況にある。物理的に居住する地域を離れることも意味ある場合があるとは思うが、障がいをもつことで、居住する地域とのつながりがなくなってしまうという状況は、「障害者基本法」等で示された理想から、遠く離れたものであると言わざるを得ない。

　今日の特別支援教育を推進する淵源となっているのは、1994年のユネスコの「特別のニーズ教育世界会議」の**サラマンカ宣言**であるといわれている。この宣言では、一人ひとりの特別な教育的ニーズ応じた教育を、障がいの有無にかかわらずすべての子どもを対象に行うべきであるとした「インクルージョン」の原則が示されている。

　今、特別支援教育を大きく推進しているキーワードに**ユニバーサルデザイン**

という言葉がある。これは、普遍的とか全体のとか、という意味をもつユニバーサルという言葉が示すように、性別や年齢、障がいの有無等にかかわらず、「すべての人が利用できるようにデザインすること」をいう。特別支援教育というと、何か特別なことをするという印象を受けるが、実は「ユニバーサルデザイン」という言葉に象徴されるような、相互にその人格と個性を尊重し支え合うという、人間としてあたりまえの関わりを徹底するという意味が込められていると思っている。

　障がいをもつ人々は、障がいがない人々が当然と思ってしまっている、そのあたりまえという自明性を、深く問うているように思う。　　　　　（文：長島明純）

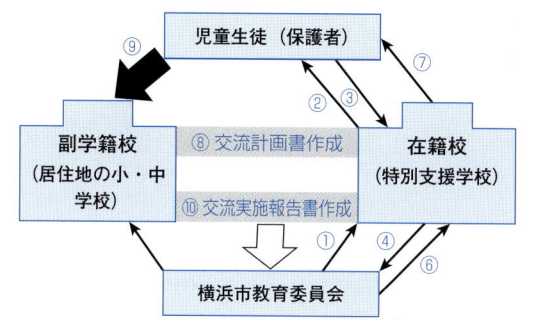

①横浜市教育委員会は、副学籍による交流教育推進「案内リーフレット」等の必要書類を在籍校あてに送付する。
②在籍校は、「案内リーフレット」等を保護者に説明・配布する。
③保護者は、居住地等の小・中学校に副学籍を置き、交流教育を希望する場合、在籍校に意向を申し出る。
④在籍校は、希望する児童生徒について、教育委員会あてに連絡する。
⑤教育委員会は、在籍校からの連絡を受け、希望する児童生徒の居住地等の小・中学校に対し、副学籍校の指定通知を行う。
⑥教育委員会は、在籍校に対し、副学籍校の指定について連絡する。
⑦在籍校は、教育委員会から送付された保護者あての指定通知書を保護者に手渡す。
⑧副学籍校及び在籍校は、当該児童生徒の「個別の教育支援計画」や副学籍校内の児童生徒の交流目標等に基づいて副学籍による交流教育の実施について協議し、在籍校は「副学籍による交流教育計画書」を作成し、教育委員会に送付する。
⑨副学籍校及び在籍校は、「副学籍による交流教育計画書」に基づき、交流教育を開始する。
⑩在籍校と副学籍校は、年度末に協議し、在籍校は「副学籍による交流教育実施報告書」を作成し、教育委員会に報告する。

図 4.20　副学籍による交流教育の流れ（横浜市教育委員会, 2007）

参考図書

1章　学校臨床心理学の理論
1.1　教育学と学校臨床心理学〈懸川武史〉
[1]　下山晴彦・丹野義彦（編）（2001）．講座臨床心理学　全6巻　東京大学出版会

　臨床心理学の全体構造を描くというコンセプトから構成された内容で，社会からのニーズに応えたシリーズである．臨床心理学の必読書として推薦したい．

[2]　國分康孝（編）（1992）．構成的グループ・エンカウンター　誠信書房
[3]　國分康孝（編）（2000）．続構成的グループ・エンカウンター　誠信書房

　構成的グループ・エンカウンター（SGE）のバイブルの書である．SGEの意義と小学校から高等学校，企業等での実践，続では原理，研究，実践など「育てるカウンセリング」を理解・実践するのに役立つ．

[4]　石隈利紀（1999）．学校心理学──教師・スクールカウンセラー・チームによる心理教育的援助サービス──　誠信書房

　日本の学校心理学を理解し，援助・指導を行う際の最適な書である．心理教育的援助サービスを教育場面において具現化できる内容である．

1.2　発達心理学と学校臨床心理学〈伊藤美奈子〉
[5]　無藤　隆・岡本祐子・大坪治彦（編）（2004）．よくわかる発達心理学　ミネルヴァ書房

　発達心理学の入門書．胎児期から始め老年期まで生涯にわたって，興味を引く研究の成果やエピソードにより解説され，100のテーマから人間の生涯発達に答えてくれる．

[6]　無藤　隆・やまだようこ（編）（1995）．生涯発達心理学第1巻　生涯発達心理学とは何か──理論と方法──　金子書房

　発達概念を再検討した上で，生涯発達という見方がどのように成立し展開されたかについて，発達段階ごとに詳しく論じられている．本書は，その理論と方法がまとめられている．

[7]　伊藤美奈子（編）（2006）．思春期・青年期臨床心理学　朝倉書店

　人格形成や発達の観点から，子どもから大人への過渡期にあたる思春期・青年期の心理臨床的問題を理論・実践両面から考える本．

[8]　下山晴彦・丹野義彦（編）（2001）．発達臨床心理学　東京大学出版会

　出生前診断からターミナルケア，家族の発達まで，ライフサイクルにおける各段階の発達臨床理論と，その援助としての臨床心理学のあり方が具体的に展開さ

れている.

1.3 教育心理学と学校臨床心理学〈伊藤美奈子〉
[9] 鹿毛雅治(編)(2006). 教育心理学　朝倉書店
　「人はどのように成長するのか」「よりよい教育とは何か」——教育心理学に関する最新の研究動向を押さえつつも,基本的な領域についても解説された良書.
[10] 鹿毛雅治・奈須正裕(編著)(1997). 学ぶこと・教えること　金子書房
　教育心理学の立場から,「学校教育において教えるとは何か」「学ぶとは何か」ということについて,わかりやすく説明されている.学校教育を考えるのに最適の書.
[11] 森　敏昭・秋田喜代美(編)(2006). 教育心理学キーワード　有斐閣
　教授・学習分野に重点を置き,基礎的な内容から新しい知見まで,その全体像を理解するために厳選したキーワードをそれぞれ見開き形式で解説したハンドブック.
[12] 無藤　隆・市川伸一(編著)(1998). 学校教育の心理学　学文社
　教職課程のために編纂された教育心理学のテキスト.内容は,教育方法に関する理論から生徒理解・生徒指導に関する領域まで多岐にわたる.

1.4 学校臨床心理学とは〈伊藤美奈子〉
[13] 石隈利紀(1999). 学校心理学——教師・スクールカウンセラー・保護者
　　　のチームによる心理教育的援助サービス——　誠信書房
　学校心理学とは学校教育と心理学の統合をめざす.一人ひとりの子どものニーズに応じる心理教育的援助サービスを支える学問体系である学校心理学を紹介した良書.
[14] 河合隼雄(1995). 臨床教育学入門——子どもと教育——　岩波書店
　臨床心理学の深い知見と教育現場との交流を生かして,子どもの個性が生きる新しい教育のあり方を提起している.学校臨床心理学の先駆けともなった.
[15] 小泉令三(編著)(2010). よくわかる生徒指導・キャリア教育　ミネル
　　　ヴァ書房
　学校教育で行われている生徒指導や進路指導(キャリア教育)の基礎的な事項を学びたい,あるいはこれらの領域での最近の動向を知りたいという人のための入門書.
[16] 佐藤修策(監修)(2007). 学校カウンセリングの理論と実践　ナカニシ
　　　ヤ出版
　学校における心理臨床学的支援の実際と,開発的支援の実際を解説し,学校で必要とされる心理臨床学的支援のエッセンスがわかりやすくまとめられている.

2章 学校臨床心理学の展開
2.1 生徒指導に活かす〈懸川武史〉

[1] 八並光俊・國分康孝（編著）(2008).　新生徒指導ガイド――開発・予防・解決的な教育モデルによる発達援助――　図書文化社

　今後の生徒指導の方向性，生徒指導モデルが提言されている。学校における生徒指導を実践する教師や，教師を目指す人に推薦の書である。

[2] 箕浦康子（1999）．フィールドワークの技法と実際――マイクロ・エスノグラフィー入門――　ミネルヴァ書房

　質的な研究および教育活動を目指す人にお薦めの本である。仮説生成について理解をスタートするガイドブックである。

[3] 山本銀次（2001）．エンカウンターによる"心の教育"――ふれあいのエクササイズを創る――　東海大学出版会

　構成的グループ・エンカウンターのエクササイズ設計をすること，また教育活動により，児童生徒の育成，課題の解決をデザインするのに必携の書。

2.2 進路指導に活かす〈中村　豊〉

[4] 仙﨑　武・野々村新・渡辺三枝子・菊池武剋（編著）(2006)．生徒指導・教育相談・進路指導　田研出版

　ガイダンスとカウンセリングを基盤とした生徒指導。学校教育の機能として果たす役割と進路指導との関係が丁寧に論じられている。

[5] 内田　樹（2007）．下流志向――学ばない子どもたち働かない若者たち――　講談社

　副題に「学ばない子どもたち働かない若者たち」とあるように，近年の日本における若者をとりまく状況について論じられている。

[6] キャンベル，C.・ダヒア，C.　中野良顕（訳）(2000)．スクールカウンセリングスタンダード――アメリカのスクールカウンセリングプログラム国家基準――　図書文化社

　アメリカ学校カウンセリング協会（ASCA）が構築した学校教育相談の基準である。進路指導に関してもきめ細やかな規準は参考となる。

[7] 文部科学省（2006）．小学校・中学校・高等学校キャリア教育推進の手引――児童生徒一人一人の勤労観，職業観を育てるために――

　現在の学校教育で進められているキャリア教育を理解するための基本資料である。インターネット利用で全文をダウンロードすることができる。

2.3 教育相談に活かす〈相馬誠一〉

[8] 文部科学省（2010）．生徒指導提要

40年ぶりの生徒指導手引きの改訂であり，本書の執筆者も多数執筆している。今後の日本の生徒指導，教育相談の指針を示す。

[9] 佐藤修策（監修）・相馬誠一（編）（2007）．学校カウンセリングの理論と実践　ナカニシヤ出版

学校カウンセリングの理論を整理し，学校で行うカウンセリングの実践について解説している。

[10] 河合隼雄（1985）．カウンセリングの実際問題　誠信書房

「カウンセリングとは何か」について，カウンセリングの実際に触れて展開している。カウンセリングに行きづまったときに手にすることが多い名著である。

2.4 特別支援教育に活かす〈長島明純〉

[11] 特別支援教育の在り方に関する調査研究協力者会議（2003）．今後の特別支援教育の在り方について（最終報告）

[12] 中央教育審議会（2005）．特別支援教育を推進するための制度の在り方について（答申）

これらには，現在推進されている特別支援教育の骨格となっている理念や制度等が示されている。

[13] 文部科学省初等中等教育局特別支援教育課（2009）．平成20年度特別支援教育体制整備状況調査結果について

2008年度に全国の幼稚園から高等学校までの学校で，特別支援教育の体制整備がどのような状況になっていたのかを調査した結果が示されている。

[14] 中村義行・大石史博（編）（2005）．障害臨床学［増補版］　ナカニシヤ出版

障がい児・障がい者とその家族と社会の関わりを視野に入れ，障がいの原因・概念・特徴，支援の考え方，医学的基礎知識，障がい受容，早期療育，障がい児教育などを取り上げている。

[15] 麻生　武・浜田寿美男（編）（2008）．よくわかる臨床発達心理学［第3版］　ミネルヴァ書房

胎生期から老いまでの発達を視野に入れ，障がいを生きるということ，幼稚園や障がい児学級などの教育や養育の現場，そして発達臨床に関わる人々等を取り上げている。

[16] 中村雄二郎（2001）．臨床の知とは何か　岩波書店

現代という時代がもつ問題性について，科学的な知と対比しながら，臨床の知ということを論じている。

2.5　教師への支援〈新井　肇〉

[17]　新井　肇（1999）.「教師」崩壊——バーンアウト症候群克服のために——　すずさわ書店

　教師バーンアウトの「なぜ」（原因）と「どうする」（対策）について，統計調査，面接調査，学校現場での体験をもとに詳述している。

[18]　中島一憲（2003）. 先生が壊れていく——精神科医がみた教育の危機——　弘文堂

　教師を取り巻く深刻なメンタルヘルスの状況について，精神科医の立場から警鐘を鳴らしている。

[19]　久保真人（2004）. バーンアウトの心理学——燃え尽き症候群とは——　サイエンス社

　バーンアウト研究の歴史，理論的背景，バーンアウト尺度の意義と限界などについて，心理学的な詳しい解説を行っている。

[20]　落合美貴子（2009）. バーンアウトのエスノグラフィー——教師精神科看護師の疲弊——　ミネルヴァ書房

　バーンアウト研究の中で欠落していた質的なアプローチを，フィールドワークの手法を基盤に展開している。

3章　学校臨床心理学の実際

3.1　開発的支援〈バーンズ亀山静子〉

[1]　相馬誠一（編著）（2006）. 学級の人間関係を育てるグループ・アプローチ　学事出版

　学校現場でよく使われる様々なグループ・アプローチを知るのに適した書。教師たちの実践に基づいた活動例がわかりやすくまとめてある。

[2]　國分康孝（編）（2000）. 続構成的グループ・エンカウンター　誠信書房

　わが国に構成的グループ・エンカウンターを広めた國分氏が編集した書。「原理編」「研究編」「実践編」「所感編」の四側面から構成され，異なった年齢層にも展開できるように説明している。

3.2　予防的支援〈バーンズ亀山静子〉

[3]　中野武房・森川澄男・高野利雄・栗原慎二・菱田準子・春日井敏之（編著）・日本ピア・サポート学会（企画）（2008）. ピア・サポート実践ガイドブック——Q＆Aによるピア・サポートプログラムのすべて——　ほんの森出版

　ピア・サポートの理論，実践，指導者の養成に関して，Q＆A方式でわかりやすく説明した書。日本ピア・サポート学会の中心をなす専門家によって細かく

具体的に書かれた例は，初心者にも実践をすでに始めた人にも役に立つ。

3.3 問題解決的支援
3.3.1 不登校〈伊藤美奈子〉
［4］ 伊藤美奈子（2009）．不登校――その心もようと支援の実際―― 金子書房

　心理臨床と調査研究の両面から，不登校の子どもたちと保護者の思い，担任教師・養護教諭・スクールカウンセラーの役割など支援の実際が具体的に述べられている。

［5］ 小林正幸（2003）．不登校児の理解と援助――問題解決と予防のコツ―― 金剛出版

　心理臨床家，カウンセラー，教師，そして医療関係者など専門家向けに，著者自身の経験にもとづいた不登校問題への援助の理論と方法とが示されている。

［6］ 国立教育政策研究所生徒指導研究センター（2004）．不登校への対応と学校の取組について――小学校・中学校編―― ぎょうせい

　不登校への対応の基本的な考え方をもとに，学校の具体的な対応や取組について，具体的な12事例の検証を軸に，不登校対応のあり方を解説している。

［7］ 森田洋司（1991）．「不登校」現象の社会学 学文社

　教育社会学の理論を背景に，どの子にも起こり得る不登校について，そのメカニズムから関わりまで，現代社会や現代教育のあり方を考えさせてくれる好著。

［8］ 菅佐和子（編）（1997）．教師がとりくむ不登校――学校のなかでできること―― 人文書院

　不登校に実際に関わるカウンセラーが中心となって，不登校の姿とその支援の現場について，具体的なケースをふんだんに紹介しつつ述べている。

3.3.2 いじめ〈相馬誠一〉
［9］ オルウェーズ，D. 松井賚夫・角山 剛・都築幸恵（訳）（1995）．いじめこうすれば防げる――ノルウェーにおける成功例―― 川島書店

　ノルウェーのいじめの状況についてまとめている。加害者の性格形成についてもまとめている。

［10］ 森田洋司（総監修）（1998）．世界のいじめ――各国の現状と取り組み―― 金子書房

　世界のいじめについて詳細にまとめている。いじめ問題は世界的な問題であることがわかり，各国の具体的・現実的な対策への取組とその必要性についてもわかる。

［11］ シャープ，S.・スミス，P. K.（編著） フォンス・智江子（訳）・東京都

新教育研究会（編）（1996）．あなたの学校のいじめ解消にむけて──教師のための実践ハンドブック── 東洋館出版社

学校でのいじめ対応についてイギリスでの実践をまとめている。わが国でも参考になる内容である。

[12] 相馬誠一（監修）（2007）．DVD 第 2 巻 学級担任のためのカウンセリングとその実際──いじめ── 丸善

いじめの実際を少年俳優が熱演し，その現状と厳しい現実がよく理解できる。教員研修に最適な教材である。

[13] 相馬誠一（編）（2007）．不登校──学校に背を向ける子どもたち── ゆまに書房

不登校問題の最新のデータについて分析し，不登校の何が問題で課題なのかを明らかにしている。また，いじめが原因で不登校になった子どもたちの声も集めている。

3.3.3 非　　行〈中村　豊〉

[14] 広田照幸（監修）・北澤　毅（編著）（2007）．リーディングス日本の教育と社会 9　非行・少年犯罪　日本図書センター

社会的視点をふまえて各テーマの問題が掘り下げられている。非行や少年犯罪を体系的に広い視野から考えるための格好の書である。

[15] 福島　章（1985）．非行心理学入門　中央公論新社

刊行からすでに四半世紀が経過しているが，子ども理解という観点からみると，今でも少年非行の心理学入門書として読みやすく論じられている。

[16] 山中康裕（編著）（1982）．問題行動　日本文化科学社

社会の複雑化に伴い激増する各種精神障害の原因と症状という視点から，学校における問題行動について論じられている。

[17] 国立教育政策研究所生徒指導研究センター（2008）．生徒指導資料集第 3 集　規範意識をはぐくむ生徒指導体制──小学校・中学校・高等学校の実践事例 22 から学ぶ── 東洋館出版社

現在の学校で生起している問題行動の実際と生徒指導の進め方について，各校種別に事例をあげながら解説されている。

3.3.4　軽い障がいをもつ子ども（LD・ADHD 等）〈長島明純〉

[18] 北海道立特殊教育センター（2004）．PEARLS OF WISDOM ──特殊教育のノウハウの活用── 特別支援教育研修資料

[19] 独立行政法人国立特殊教育総合研究所（2009）．LD・ADHD・高機能自閉症の子どもの指導ガイド　東洋館出版社

LDやADHD，高機能自閉症の子どもへの教育支援が具体例を通して丁寧に紹介されている。
[20] 高橋あつ子・海老原紀奈子（2007）．LD，ADHD等の子どもへのアセスメント＆サポートガイド――教室での観察を活かす―― ほんの森出版

LDやADHD等の子どもについて，教室での観察を活かしたアセスメントと，それをどのように教育支援につなげていくかが，具体的に示されている。
[21] 田中康雄（2006）．軽度発達障害のある子のライフサイクルに合わせた理解と対応――「仮に」理解して，「実際に」支援するために―― 学習研究社

軽度発達障害を抱えた子どもへの一生を見据えた支援のあり方を，Q＆A形式で解説している。成長のベクトルに合わせて仮の戦略を立てる支援の実際が示されている。

3.3.5　障がいをもつ子ども〈長島明純〉

[22] 坂田三允（総編）（2005）．こどもの精神看護　中山書店

小児看護の専門家が，子どもの心身の疾患について，連携の必要性や，アセスメントのポイント等も含め解説されている。

[23] ファラオーネ，S. V. 田中康雄（監修）・豊田英子（訳）（2007）．子どものメンタルヘルスがわかる本――わが子のことが気になりはじめた親のためのガイドブック―― 明石書店

子どもの精神的な問題について幅広く取り上げ，その理解と診断，支援について，わかりやすく学ぶことができるよう解説している。

[24] 佐藤泰三・市川宏伸（編）（2002）．臨床家が知っておきたい「子どもの精神科」――こころの問題と精神症状の理解のために――［第2版］ 医学書院

子どもの精神的な問題とその精神症状の理解，そしてその対応について薬物療法から教育への配慮まで幅広く解説されている。

3.3.6　高校中退〈新井　肇〉

[25] 青砥　恭（2009）．ドキュメント高校中退――いま，貧困が生まれる場所―― 筑摩書房

高校を中退すると，アルバイトにさえ雇ってもらえないなど進路は狭められていく。それは教育問題というよりも，社会問題である。地道な取材により，知られざる高校中退の実態に迫る良質なドキュメンタリーである。

[26] 杉山雅宏（2009）．STOP高校中退　東京六法出版

文献研究，調査研究，心理分析，フィールドワークに基づいて中途退学の原因

を明らかにした上で，教師の意識改革と学校における中途退学予防のための心理的支援システムの必要性を主張した労作である。

3.3.7 自殺予防〈新井　肇〉
[27] 高橋祥友（編著）・新井　肇・菊地まり・阪中順子（2008）．青少年のための自殺予防マニュアル［新訂増補］　金剛出版
[28] 高橋祥友・竹島　正（編）（2009）．自殺予防の実際　永井書店
　自殺が多要因的な現象であるという事実に基づき，①メディカルモデルとコミュニティモデル，②事前対応，危機介入，事後対応，③ライフステージと自殺，という観点から自殺の事態に迫るととともに，予防策について提言を行っている。

4章　今後の学校臨床心理学
4.1　学校臨床心理の組織と運営〈相馬誠一〉
[1] 相馬誠一（編）（2007）．学級の人間関係を育てるグループ・アプローチ　学事出版
　グループ・アプローチの理論と現状について解説し，学校現場で実践できる課題をわかりやすく提示している。
[2] キャンベル, C.・ダヒア, C.　中野良顕（訳）（2000）．スクールカウンセリングスタンダード——アメリカのスクールカウンセリングプログラム国家基準——　図書文化社
　アメリカのスクールカウンセリングのあり方について解説している。スクールカウンセリングの必要性と実際が理解できる。

4.2　外部機関との連携〈伊藤美奈子〉
[3] 小泉令三（編著）（2010）．よくわかる生徒指導・キャリア教育　ミネルヴァ書房
　学校教育で行われている生徒指導や進路指導（キャリア教育）の基礎的な事項を学びたい，あるいはこれらの領域での最近の動向を知りたいという人のための入門書。
[4] 佐藤修策（監修）（2007）．学校カウンセリングの理論と実践　ナカニシヤ出版
　学校における心理臨床学的支援の実際と，開発的支援の実際を解説し，学校で必要とされる心理臨床学的支援のエッセンスがわかりやすくまとめられている。
[5] 相馬誠一・花井正樹・倉淵泰佑（編著）（1998）．適応指導教室——よみがえる「登校拒否」の子どもたち——　学事出版
　不登校の居場所の一つである適応指導教室について，全国で展開される数多く

の実践例を紹介しつつ，学校教育への提言をめざしている。
［6］　高垣忠一郎・春日井敏之（編著）（2004）．不登校支援ネットワーク　かもがわ出版

　子ども，親，教員，学校関係者，心理専門職，学生，青年たちによる世代を越えたネットワークの中で，29人の書き手による不登校支援の実際が描かれている。

4.3　地域との連携〈長島明純〉

［7］　小谷英文（編）（2005）．心の安全空間——家庭・地域・学校・社会——　現代のエスプリ別冊　至文堂

　学校臨床心理学に軸を置きながら，家庭・地域・学校・社会で，どのようにして「心の安全空間」構築していけばよいのか論じている。

［8］　ボルノウ，O. F.　大塚惠一・池川健司・中村浩平（訳）（1978）．人間と空間　せりか書房

　「空間」について，「人間」を規定し，またそこに「人間」が住まうのとしての意味を，様々な観点から哲学的に論じている。

［9］　トゥアン，Y. F.　山本　浩（訳）（1993）．空間の経験——身体から都市へ——　筑摩書房

　「空間」と「場所」という環境を形成している2つの要素に注目して，経験という視点から，人間にとっての意味を論じている。

4.4　父母との連携〈中村　豊〉

［10］　石井慎二（編）（1989）．ザ・中学教師［親を粉砕するやりかた］編　別冊宝島95号　JICC出版局

　無理難題を押しつけてくる理不尽な親の実態について，豊富な事例が紹介されているとともに学校としての対応が論じられている。

［11］　無藤　隆・澤本和子・寺崎千秋（編著）（2002）．学級の壁を越えた保護者，地域との連携　ぎょうせい

　専門家としての教師に求められる資質能力について，多面的な視点からその専門性を高めるための指導法や対応などが論じられている。

［12］　北島善夫・片桐 力（編）（2004）．LD・ADHDとその親へのカウンセリング　ぎょうせい

　「シリーズ　学校で使えるカウンセリング」の一冊である。教師が特別に支援を要する子どもやその親に関わっていく際のポイントがまとめられている。

［13］　広田照幸（2003）．教育には何ができないか——教育神話の解体と再生の試み——　春秋社

マスコミを通じて横行する各種教育言説について，実証的なデータ分析や歴史的視点から検証した上で，学校教育について論じられている。

4.5 アメリカにおける学校臨床心理学〈バーンズ亀山静子〉

[14] キャンベル，C.・ダヒア，C. 中野良顕（訳）(2000). スクールカウンセリングスタンダード——アメリカのスクールカウンセリングプログラム国家基準—— 図書文化社

アメリカのスクールカウンセリングプログラムの国家基準がまとめられている。

[15] コール，T. バーンズ亀山静子・矢部 文（訳）(2002). ピア・サポート実践マニュアル 川島書店

今後の学校臨床心理学の柱となるピア・サポートがわかりやすくまとめられている。

[16] 森田洋司（総監修）(1998). 世界のいじめ——各国の現状と取り組み—— 金子書房

世界各国のいじめの現状と対策について具体的にまとめられている。

引用文献

1章 学校臨床心理学の理論

1.1

福岡県臨床心理士会・緊急支援の手引き作成委員会(2001).学校における緊急支援の手引き——緊急事態に直面した人のこころのケアのために——

現代のエスプリ(2009).ピア・サポート——子どもとつくる活力ある学校—— 中野武房・森川澄男(編) 502号(2009年5月号),p.47.

石隈利紀(1999).学校心理学——教師・スクールカウンセラー・保護者のチームによる心理教育的援助サービス—— 誠信書房

石隈利紀(2002).学校教育学と臨床心理学 下山晴彦・丹野義彦(編)講座臨床心理学1——臨床心理学とは何か—— 東京大学出版会

懸川武史(2002).児童生徒と教師が互いに成長できる学習モデルの構築I——仲間支援システムの活用をとおして—— 群馬県総合教育センター紀要,**9**,67-78.

懸川武史(2009).ピア・サポートモデルによる学校マネジメントの実践 群馬大学教育実践研究,**26**,155-162. 群馬大学教育学部附属学校教育臨床総合センター

國分康孝(編)(1992).構成的グループ・エンカウンター 誠信書房

國分康孝(編)(2000).続構成的グループ・エンカウンター 誠信書房

國分康孝(監修)・縫部義憲(編著)・鳥取大学教育学部附属中学校著(1986).教師と生徒の人間づくり——エクササイズ実践記録集—— 第1集:グループ・エンカウンターを中心に 瀝々社

コワルスキ,R. M.・リアリー,M. R.(編著) 安藤清志・丹野義彦(監訳)(2001).臨床社会心理学の進歩——実りあるインターフェイスをめざして—— 北大路書房 p.11.

ラザルス,R. S.・フォルクマン,S. 本明 寛・春木 豊・織田正美(監訳)(1991).ストレスの心理学——認知的評価と対処の研究—— 実務教育出版

三浦正江(2004).学校場面におけるストレスマネジメント(1)——ストレスコントロールを中心に—— 坂野雄二(監修)・嶋田洋徳・鈴木伸一(編著)学校,職場,地域におけるストレスマネジメント実践マニュアル 北大路書房 pp.41-74.

岡安孝弘(2004).学校場面におけるストレスマネジメント(2)——ソーシャルスキルを中心に—— 坂野雄二(監修)・嶋田洋徳・鈴木伸一(編著)学校,職場,地域におけるストレスマネジメント実践マニュアル 北大路書房 pp.75-98.

坂元 昇(2001).刊行のことば 日本教育工学学会(編)教育工学事典 実教出版 pp.3-4.

坂野雄二(1999).ストレスの基礎研究の現状——心理学・行動科学—— 河野友信・石川俊男(編)ストレス研究の基礎と臨床 現代のエスプリ別冊 至文堂 pp.68-77.

嶋田洋徳(1998).小中学生の心理的ストレスと学校不適応に関する研究 風間書房

田上不二夫(1999).実践スクールカウンセリング——学級担任ができる不登校児童・生徒への援助—— 金子書房

竹中晃二(1996).災害後の子どもに対するストレス・マネジメント教育 ストレス科学研究,**11**,28-36.

田野入康裕・酒庭寛子（2000）．生徒との相互コミュニケーションの改善に役立つ研修プログラムの試作　群馬県総合教育センター研究紀要第193集
和田修二（1996）．序章　和田修二・皇　紀夫（編著）臨床教育学　アカデミア出版会　pp. 7-30.
山本銀次（2001）エンカウンターによる"心の教育"――ふれあいのエクササイズを創る――　東海大学出版会
山本和郎（1986）．コミュニティ心理学――地域臨床の理論と実践――　東京大学出版会
山本和郎（1995）．序にかえて　村上正治・山本和郎（編）（1995）．スクールカウンセラー――その理論と展望――　ミネルヴァ書房　pp. 1-10.
山中　寛（2000）．ストレスマネジメント教育の概要　山中　寛・冨永良喜（編著）動作とイメージによるストレスマネジメント教育――基礎編：子どもの生きる力と教師の自信回復のために――　北大路書房　pp. 1-13.

1.2

Baron-Cohen, S., Leslie, A., & Frith, U.（1985）. Dose the autistic child have a 'theory of mind'? *Cognition*, **21**, 37-46.
Brabeck, M.（1983）. Moral judgment: Theory and research on differences between males and females. *Developmental Review*, **3**, 274-291.
Erikson, E. H.（1950）. *Childhood and society*. W. W. Norton.
　（仁科弥生（訳）（1977）．幼児期と社会1　みすず書房）
エリクソン，E. H.　鑢幹八郎（訳）（1971）．洞察と責任――精神分析の臨床と倫理――　誠信書房
Fantz, R. L.（1961）. The origin of form perception. *Scientific American*, **204**, 66-72.
Gilligan, C.（1982）. *In a different voice: Psychological theory and women's development*. Harvard University Press.
　（岩男寿美子（監訳）（1986）．もうひとつの声――男女の道徳観のちがいと女性のアイデンティティ――　川島書店）
Havighurst, R. J.（1953）. *Human development and education*. Longmans & Green.
平石賢二（2006）．青年期の親子関係の特徴　白井利明（編）よくわかる青年心理学　ミネルヴァ書房　pp. 76-77.
Hoffman, J.（1984）. Psychological separation of late adolescents from their parents. *Journal of Counseling Psychology*, **31**, 170-178.
伊藤祐子（2006）．アイデンティティ　二宮克美・子安増生（編）パーソナリティ心理学　新曜社　pp. 108-111.
柏木惠子（1988）．幼児期における「自己」の発達――行動の自己制御機能を中心に――　東京大学出版会
柏木惠子（1996）．発達心理学とは　柏木惠子・古澤頼雄・宮下孝広（編著）発達心理学への招待――こころの世界を開く30の扉――　ミネルヴァ書房　pp. 1-6.
Kohlberg, L.（1969）. Stage and sequence: The cognitive-developmental approach to socialization. In D. A. Goslin（Ed.）, *Handbook of socialization theory and research*. Chicago: Rand McNally. pp. 347-480.
　（永野重史（監訳）（1987）．道徳性の形成――認知発達的アプローチ――　新曜社）
Kohlberg, L., & Kramer, R.（1969）. Continuities and discontinuities in childhood and adult moral development. *Human Development*, **12**, 93-120.

前田健一（2004）．グループで遊ぶ　無藤　隆・岡本祐子・大坪治彦（編）よくわかる発達心理学　ミネルヴァ書房　pp. 88-89.
Marcia, J. E.（1966）. Development and validation of ego identity status. *Journal of Personality and Social Psychology*, **3**, 551-558.
二宮克美（1992）．道徳性　東　洋・繁多　進・田島信元（編）発達心理学ハンドブック　福村出版　pp. 840-855.
二宮克美（2006）．きょうだいと仲間　二宮克美・子安増生（編）パーソナリティ心理学　新曜社　pp. 132-135.
二宮克美（2007）．おもいやり行動と社会的発達　南　徹弘（編）発達心理学　朝倉書店　pp. 189-201.
西平直喜（2000）．青年への問いの構造　西平直喜・吉川成司（編著）自分さがしの青年心理学　北大路書房　pp. 1-86.
落合良行・佐藤有耕（1996a）．青年期における友達とのつきあい方の発達的変化　教育心理学研究, **44**, 11-22.
落合良行・佐藤有耕（1996b）．青年期における友達とのつきあい方の発達的変化　教育心理学研究, **44**, 55-65.
岡田　努（2007）．現代青年の心理学――若者の心の虚像と実像――　世界思想社
佐久間路子（2006）．他者の「心」に関する理解はどのように発達するのか　内田伸子（編）発達心理学キーワード　有斐閣　pp. 150-151.
佐藤有耕（2006）．個性と社会性の発達　鹿毛雅治（編）教育心理学　朝倉書店　pp. 21-38.
Selman, R. L., & Schultz, L. H.（1990）. *Making a friend in youth: Developmental theory and pair therapy*. Chicago: The University of Chicago Press.
　　（大西文行（監訳）（1996）．ペア・セラピィ――どうしたらよい友だち関係がつくれるか――　北大路書房）
清水将之（1990）．青年期と現代　弘文堂
下山晴彦（2001）．発達臨床心理学の発想　下山晴彦・丹野義彦（編）発達臨床心理学　東京大学出版会　pp. 1-15.
白佐俊憲（1982）．保育・教育のための心理学図説資料　川島書店
総務庁青少年対策本部（2000）．低年齢少年の価値観等に関する調査　大蔵省印刷局
山田昌弘（1999）．パラサイト・シングルの時代　筑摩書房
山岸明子（1985）．日本における道徳判断の発達　永野重史（編）道徳性の発達と教育――コールバーグ理論の展開――　新曜社　pp. 193-222.
Wellman, H. M., Cross, D., & Watson, J.（2001）. Meta-analysis of theory of mind development: The truth about false belief. *Child Development*, **72**, 665-684.

1.3

秋田喜代美・市川伸一（2001）．教育・発達における実践研究　南風原朝和・市川伸一・下山晴彦（編）心理学研究法入門　東京大学出版会　pp. 153-190.
安藤寿康（2009）．パーソナリティを「測る」　榎本博明・安藤寿康・堀毛一也　パーソナリティ心理学――人間科学，自然科学，社会科学のクロスロード――　有斐閣　pp. 85-110.
安藤寿康・福永信義・倉八順子・須藤　毅・中曽隆司・鹿毛雅治（1992）．英語教授法の比較研究――コミュニカティブ・アプローチと文法的・アプローチ――　教育心理学研究, **40**, 247-256.

Costa, P. T., & McCrae, R. R.（1992）. *The NEO PI-R professional manual*. Psychological Assessment Resources.

Dewey, J.（1910）. *How we think*. Heath.

Greenwood, D, J., & Levin, M.（1998）. *Introduction to action research: Social research for social change*. Sage Publications.

市川伸一（1995）．学習と教育の心理学　岩波書店

鹿毛雅治（1997）．学力をとらえることをめぐって　鹿毛雅治・奈須正裕（編著）学ぶこと・教えること　金子書房　pp. 131-158.

鹿毛雅治（1998）．学習を支える動機づけ　無藤　隆・市川伸一（編著）学校教育の心理学　学文社　pp. 82-100.

鹿毛雅治（2006）．教育心理学と教育実践　鹿毛雅治（編）教育心理学　朝倉書店　pp. 1-20.

梶田叡一（2002）．教育評価　第2版補訂版　有斐閣

河村茂雄（2006）．学級づくりのためのQ-U入門——「楽しい学校生活を送るためのアンケート」活用ガイド——　図書文化社

三隅二不二・矢守克也（1989）．中学生における学級担任教師のリーダーシップ行動測定尺度の作成とその妥当性に関する研究　教育心理学研究，**37**, 46-54.

森　敏昭（2006）．問題解決の過程　森　敏昭・秋田喜代美（編）教育心理学キーワード　有斐閣　pp. 90-91.

村山　航（2006）．教育評価　鹿毛雅治（編）教育心理学　朝倉書店　pp. 173-194.

西岡加奈恵（2001）．ポートフォリオ評価法におけるルーブリックの位置づけ　教育目標・評価学会紀要，**11**, 2-12.

Ryan, R. M., & Deci, E. L.（2000）. Self-determination theory and the facilitation of intrinsic motivation, social development, and well-being. *American Psychologist*, **55**, 68-78.

Skinner, B. F.（1968）. *The technology of teaching*. New York: Appleton-Century-Crofts.

田島信元（1997）．発達の心理学（1）——発達の考え方の変遷——　永野重史（編）（1997）．教育心理学——思想と研究——　放送大学教育振興会　pp. 56-66.

植木理恵（2006）．教育の方法　鹿毛雅治（編）教育心理学　朝倉書店　pp. 155-172.

上野淳子（2008）．意欲と動機づけ　本郷一夫・八木成和（編著）（2008）．教育心理学　建帛社　pp. 28-39.

八木成和（2008）．教育評価　本郷一夫・八木成和（編著）教育心理学　建帛社　pp. 68-80.

山森光陽（2006）．学習する能力とその形成　鹿毛雅治（編）教育心理学　朝倉書店　pp. 39-61.

1.4

石隈利紀（1999）．学校心理学——教師・スクールカウンセラー・保護者のチームによる心理教育的援助サービス——　誠信書房

伊藤美奈子（2000a）．学校側から見た学校臨床心理士（スクールカウンセラー）活動の評価——全国アンケート調査の結果報告——　臨床心理士報，**20**, 21-42.

伊藤美奈子（2000b）．思春期の心さがしと学びの現場——スクールカウンセラーの実践を通して——　北樹出版

伊藤美奈子（2000c）．教師のバーンアウトを規定する諸要因に関する探索的研究——経験年数・教育観タイプに注目して——　教育心理学研究，**48**, 12-20.

伊藤美奈子（2006）．教師のバーンアウト——燃え尽きる教師たち——　発達，**106**,

11-17.

伊藤美奈子（2007）．教師のバーンアウト傾向を規定する諸要因に関する探索的研究Ⅱ──子どもの問題，サポート源，生活時間に注目して── 慶應義塾大学教職課程センター年報，**16**，5-19.
伊藤美奈子（2008）．学校で役に立つスクールカウンセラーとは 児童心理4月号臨時増刊，2-11.
伊藤美奈子（2010）．教師のキャリア危機──バーンアウト── 岡本祐子（編著）成人発達臨床心理学ハンドブック──個と関係性からライフサイクルを見る── ナカニシヤ出版 pp. 147-156.
三浦正江（2006）．中学校におけるストレスチェックリストの活用と効果の検討──不登校の予防といった視点から── 教育心理学研究，**54**，124-134.
三浦正江（2008）．教職員とスクールカウンセラーとの協働 月刊生徒指導，**10**，31-35.
文部科学省（2004）．小・中学校におけるLD（学習障害），ADHD（注意欠陥／多動性障害），高機能自閉症の生徒への教育支援体制の準備のためのガイドライン（思案）
文部科学省（2006）．小学校・中学校・高等学校キャリア教育推進の手引──児童生徒一人一人の勤労観，職業観を育てるために──
長島明純（2007）．学校教育と特別支援教育 佐藤修策（監修）学校カウンセリングの理論と実践 ナカニシヤ出版 pp. 25-35.
西山久子（2010）．コンサルテーションとは 小泉令三（編著）よくわかる生徒指導・キャリア教育 ミネルヴァ書房 pp. 108-111.
下山晴久（1999）．43人が語る「心理学と社会」── 21世紀の扉をひらく4：臨床・福祉・犯罪── ブレーン出版
下山晴彦（2000）．心理臨床の発想と実践 岩波書店
下山晴彦（2001）．発達臨床心理学の発想 下山晴彦・丹野義彦（編）発達臨床心理学 東京大学出版会 pp. 1-15.
宇留田麗（2003）．コラボレーション 下山晴彦（編）よくわかる臨床心理学 ミネルヴァ書房 pp. 24-25.
八並光俊（2010）．心理教育的援助サービスの種類 小泉令三（編著）よくわかる生徒指導・キャリア教育 ミネルヴァ書房 pp. 6-9.

2章 学校臨床心理学の展開

2.1

安彦忠彦（2003）．カリキュラム開発で進める学校改革 明治図書出版
デュセイ，J. M. 池見酉次郎（監修）・新里里春（訳）（1980）．エゴグラム 創元社
平井洋子（2000）．量的（定量的）研究法 下山晴彦（編著）臨床心理学研究の技法 福村出版 pp. 66-76.
懸川武史（2002）．児童生徒と教師が互いに成長できる学習モデルの構築Ⅰ──仲間支援システムの活用をとおして── 群馬県総合教育センター研究紀要，**9**，67-78.
河田弘子（2002）．カウンセリング・マインドを活かした授業の在り方 やまぐち総合教育支援センター研究紀要第142集
小林久人・齋藤新吉（2000）．フィールドワークを用いた児童生徒理解──不登校児童生徒の参加するサマーキャンプをフィールドとして── 群馬県総合教育センター研究報告書第186集

箕浦康子（1999）．フィールドワークの技法と実際　ミネルヴァ書房
文部科学省初等中等教育局国際教育課（2003）．文部科学省在外教育施設安全対策資料
　　──心のケア編──
文部科学省（2010）．生徒指導提要
文部省（1965）．生徒指導資料第1集　生徒指導の手引き
文部省（1981）．生徒指導の手引き　改訂版　国立印刷局
文部省（1982）．小学校生徒指導資料1　児童の理解と指導
文部省（1988）．生徒指導資料第20集・生徒指導研究資料第14集　生活体験や人間関係を豊かなものとする生徒指導──いきいきとした学校づくりの推進を通じて：中学校・高等学校編──　大蔵省印刷局
坂本昇一（1977）．ガイダンスの哲学的前提に関する研究　風間書房
酒庭寛子・田野入康裕（2001）．生徒の相互コミュニケーションの改善に役立つ研修プログラムの試作　群馬県総合教育センター研究報告書第193集
ショーン, D. A. 佐藤　学・秋田喜代美（訳）（2001）．専門家の知恵──反省的実践家は行為しながら考える──　ゆみる出版
スチュアート, I.・ジョインズ, V. 深沢道子（監訳）（1991）．自我状態の機能分析エゴグラムズ　TA TODAY ──最新・交流分析入門──　実務教育出版　pp. 34-36.
杉浦義典（2000）．質問紙法　下山晴彦（編著）臨床心理学研究の技法　福村出版　pp. 216-224.
渡辺三枝子（1996）．カウンセリング心理学──変動する社会とカウンセラー──　ナカニシヤ出版
山本銀次（2001）．エンカウンターによる"心の教育"──ふれあいのエクササイズを創る──　東海大学出版会
八並光俊（2008）．これまでの生徒指導とこれからの生徒指導　八並光俊・國分康孝（編著）新生徒指導ガイド──開発・予防・解決的な教育モデルによる発達援助──　図書文化社　pp. 13-14.

2.2
中央教育審議会答申（1996）．21世紀を展望した我が国の教育の在り方について──子供に「生きる力」と「ゆとり」を──
兵庫県教育委員会（2008）．地域に学ぶ「トライやる・ウィーク」── 10年目の評価検証（報告）──
入澤宗壽（1921）．最近教育學　日進堂
國分康孝（編）（1994）．カウンセリング辞典　誠信書房
文部科学省（2004）．キャリア教育の推進に関する総合的調査研究協力者会議報告書──児童生徒一人一人の勤労観，職業観を育てるために──
文部科学省（2006）．小学校・中学校・高等学校キャリア教育推進の手引──児童生徒一人一人の勤労観，職業観を育てるために──

2.3
中央教育審議会（2008）．新しい時代を拓く心を育てるために──次世代を育てる心を失う危機──　中央教育審議会（答申）平成10年6月30日
本間友巳（2001）．保護者から見た学校臨床心理士（スクールカウンセラー）活動の評価　臨床心理士会報，**12**, 2.

本間友巳（2002）．保護者から見た学校臨床心理士（スクールカウンセラー）活動の評価その2　臨床心理士会報，**13**，1．
伊藤美奈子（2000）．学校側から見た学校臨床心理士（スクールカウンセラー）活動の評価　臨床心理士会報，**11**，2．
國分康孝（1994）．こころの科学セレクション58　学校カウンセリングへの三つの提言　日本評論社
松原達哉（1994）．学校カウンセリングの必要性　教育開発研究所
文部科学省（1992）．学校における教育相談の考え方・進め方――中学校・高等学校編――　大蔵省印刷局
文部科学省（2008）．教育振興基本計画
文部科学省（2009a）．児童生徒の教育相談の充実について――生き生きとした子どもを育てる相談体制づくり――　教育相談等に関する調査研究協力者会議報告
文部科学省（2009b）．生徒指導上の諸問題の現状と文部科学省の施策について
文部科学省（2010）．生徒指導提要
村山正治（2001）．新しいスクールカウンセラー制度の動向と課題　臨床心理学，**1**(2)，137-141．
中村　豊・相馬誠一（2006）．日本学校教育相談学会会員の現状と意識について　日本学校教育相談学会調査研究委員会
相馬誠一（2005）．不登校児童生徒の「適応の場」に関する総合的研究　科学研究費研究成果報告書
高野清純（2002）．スクールカウンセリングとは　高野清純・田上不二夫（編著）入門者のためのスクールカウンセリングの進め方　福村出版　pp.11-22．
德田仁子（2001）．スクールカウンセリングにおける多面的アプローチ　臨床心理学，**1**(2)，142-146．
氏原　寛（1991）．学校カウンセリングとは　氏原　寛・谷口正己・東山弘子（編）．学校カウンセリング　ミネルヴァ書房　pp.1-25．

2.4
Guggenbuhl-Craig, A.（1978）. *Macht als Gefahr beim Helfer*. S. Karger AG.
（樋口和彦・安溪真一（訳）（1986）．心理療法の光と影――援助専家の〈力〉――　創元社）
河合隼雄（2007）．対話する生と死――ユング心理学の視点――　大和書房
中村雄二郎（2001）．臨床の知とは何か　岩波書店

2.5
新井　肇（1999）「教師」崩壊――バーンアウト症候群克服のために――　すずさわ書店
福岡教育大学教師のためのメンタルヘルス支援情報室（2009）．教師のためのメンタルヘルス支援ハンドブック Vol.1
Maslach, C., & Jackson, S. E.（1981）. The measurement of experienced burnout. *Journal of Occupational Behavior*, **2**, 99-113.
水澤都加佐＋Be! 編集部（2001）．「もえつき」の処方箋――本当は助けてほしいあなたへ――　アスク・ヒューマン・ケア
中島一憲（2003）．先生が壊れていく――精神科医のみた教育の危機――　弘文堂
佐藤　学（1994）．教師たちの燃え尽き現象　月刊ひと，**262**．

園田雅代（2002）．園田雅代・中釜洋子・沢崎俊之（編著）教師のためのアサーション　金子書房
高橋典久・新井　肇（2008）．同僚性をベースにした協働的生徒指導体制をどう構築するか？　月刊生徒指導，**8**．

2章コラム
Gold, Y., & Roth, R. A.（1993）．*Teachers managing stress and preventing burnout: The professional health solution*. The Falmer Press.
文部科学省（2009）．平成20年度特別支援教育体制整備状況調査
田尾雅夫・久保真人（1996）．バーンアウトの理論と実際——心理学的アプローチ——　誠信書房

3章　学校臨床心理学の実際

3.1
Myrick, R.（1997）．Traveling together on the road ahead. *Professional School Counseling*, **1**(1), 4-8.
相馬誠一（編著）（2006）．学級の人間関係を育てるグループ・アプローチ　学事出版

3.3
アメリカ精神医学会（APA）（2000）．精神疾患の分類と診断の手引
青砥　恭（2009）．ドキュメント高校中退——いま，貧困が生まれる場所——　筑摩書房
傳田健三（2008）．子どものうつ病有病率　朝日新聞2008年4月17日朝刊
傳田健三（2009）．子どもの双極性障害をめぐる最近の動向　児童青年精神医学とその近接領域，**50**(4), 352-358.
Dulcan, M. K., & Martini, D. R（1999）．*Child and adolescent psychiatry*. American Psychiatric Press.
　（松浦雅人（訳）（2000）．小児・思春期の「心の問題」診療ガイド　メディカル・サイエンス・インターナショナル）
Erikson, E. H.（1959）．*Identity and the life cycle*. International Universities Press.
　（小此木啓吾（訳・編）（1973）．自我同一性——アイデンティティとライフサイクル——　誠信書房）
飯田順三（2009）．広汎性発達障害と児童思春期統合失調症　児童青年精神医学とその近接領域，**50**(3), 273-278.
今泉柔剛（2005）．高等学校中途退学の現状と対策について　月刊生徒指導，**7**, 6-9.
伊藤美奈子（2009）．不登校——その心もようと支援の実際——　金子書房
神田橋條治（2002a）．対話精神療法の初心者への手引き　花クリニック神田橋研究会
神田橋條治（2002b）．精神療法面接のコツ　岩崎学術出版社
国立教育政策研究所生徒指導研究センター（2004）．不登校への対応と学校の取組について——小学校・中学校編——　ぎょうせい
文部科学省（1999）．学習障害及びこれに類似する学習上の困難を有する児童生徒の指導方法に関する調査研究協力者会議
文部科学省（2003）．特別支援教育の在り方に関する調査研究協力者会議
文部科学省（2009a）．平成20年度児童生徒の問題行動等生徒指導上の諸問題に関する

調査
文部科学省（2009b）．教師が知っておきたい子どもの自殺予防
文部科学省初等中等教育局（2009）．生徒指導上の諸問題の現状と文部科学省の施策について
森田洋司・清永賢二（1994）．いじめ——教室の病い—— 新訂版 金子書房
太田昌孝（2006）．発達障害児の心と行動 改訂版 放送大学教育振興会
Sadock, B. J., & Sadock, V. A. (2003). *Kaplan and Sadock's synopsis of psychiatry*. 9th ed. Lippincott Williams & Wilkins.
 （井上令一・四宮滋子（監訳）（2006）．カプラン臨床精神医学テキスト メディカル・サイエンス・インターナショナル）
埼玉県教育委員会（2006）．高等学校中途退学問題調査研究報告書
阪中順子（2009）．学校における自殺予防教育 髙橋祥友・竹島 正（編）自殺予防の実際 永井書店
迫脇健二（1999）．少年非行——少年鑑別所での想い—— 埼玉新聞社
相馬誠一（2005）．不登校の概念の変遷と不登校施策の推移 不登校児童生徒の「適応の場」に関する総合的研究報告書
杉山登志郎（2007）．子ども虐待という第四の発達障害 学習研究社
杉山登志郎（2008）．Asperger症候群の周辺 児童青年精神医学とその近接領域，**49**(3), 243-258.
鈴木 太（2009）．注意欠陥多動性障害と双極性障害 児童青年精神医学とその近接領域，**50**(4), 365-376.
Wing, L. (1996). *The autistic spectrum*. Constable.
 （久保紘章・佐々木正美・清水康夫（監訳）（1998）．自閉症スペクトル 東京書籍）
Winnicott, D. W. (1958). *Collected papers: Through paediatrics to psycho-analysis*. Tavistock Publications.
 （北山 修（監訳）（1989）．小児医学から児童分析へ 岩崎学術出版社）
Winnicott, D. W. (1965). *The maturational processes and the facilitating environment*. The Hogarth Press.
 （牛島定信（訳）（1986）．情緒発達の精神分析理論 岩崎学術出版社）

4章 今後の学校臨床心理学

4.1

バーンズ亀山静子（2000）．*School counseling peer support in Victoria and New York*. 日本学校教育相談学会第5次海外研修報告書
石隈利紀（1999）．学校心理学——教師・スクールカウンセラー・保護者のチームによる心理教育的援助サービス—— 誠信書房
Lee, B. (2009). *Transition to comprehensive student guidance service in Hong Kong*. 日本学校教育相談学会第12回次海外研修報告書
大野精一（1986）．相談係の行う教育相談 今井五郎（編著）学校教育相談の実際 学事出版
相馬誠一（1997）．学校教育相談の組織と運営 髙橋史朗（編著）心を育てる学校教育相談 学事出版 pp.69-102.
相馬誠一他（1994）．学校教育相談に関する調査研究 平成5年度大宮市教育相談研究紀要 埼玉県大宮市立教育研究所

相馬誠一他（2006）．日本学校教育相談学会会員の現状と意識について　日本学校教育相談学会調査研究委員会

4.2
伊藤美奈子（2009）．不登校——その心もようと支援の実際——　金子書房

4.3
有薗　格（2006）．「人間力」を育む学校づくり——地域に信頼される学校を目指して——　ぎょうせい
中央教育審議会（2005）．教育課程部会第3期19回配付資料
岩田慶治（1992）．日本人の原風景——自分だけがもっている一枚の風景画——　淡交社
中村良夫（1982）．風景学入門　中央公論新社
中村有希（2005）．家族・地域臨床　小谷英文（編）心の安全空間——家庭・地域・学校・社会——　現代のエスプリ別冊　至文堂　pp. 259-267.
新村　出（編）（1998）．広辞苑　岩波書店
Ponty, M. M. (1945). Phénoméenlogie de la perception. Gallimard.
　（竹内芳郎・小木貞孝（訳）（1987）．知覚の現象学1　みすず書房）
Relph, E. (1999). Place and placelessness. Pion.
　（高野岳彦・阿部　隆・石山美也子（訳）（1999）．場所の現象学——没場所性を越えて——　筑摩書房）
柴田　武・山田　進（編）（2002）．類語大辞典　講談社
市民活動学習推進センターいたばし（2008）．学びあい，支えあう，わたしたちのまち「いたばし」を目指して——「いたばしの教育ビジョン」に基づく「板橋区教育振興推進計画」への私たちからの提言——
鈴木庸裕（2009）．教師が求めるスクールカウンセラー　月刊生徒指導，**39**(6), 22-25.
浦野　弘（2009）．秋田の子供はなぜ塾に行かずに成績がいいのか　講談社
Weil, S. (1949). L'enracinement. Gallimard.
　（山崎庸一郎（訳）（2009）．根をもつこと　新版　春秋社）
Winnicott, D. W. (1989). Psycho-analytic explorations. Karnac Books.
　（牛島定信（監訳）・倉ひろ子（訳）（1998）．精神分析的探求3 ——子どもと青年期の治療相談——　岩崎学術出版社）

4.4
広田照幸（2003）．教育には何ができないか——教育神話の解体と再生の試み——　春秋社
諸富祥彦（2002）．子どもよりも親が怖い——カウンセラーが聞いた教師の本音——　青春出版
尾木直樹（編）（2005）．校長・教頭のための困った親への対処法！　教育開発研究所
東京新聞（2008）12月26日朝刊
読売新聞（2007）6月18日朝刊

4.5
Cooper, F. (2001). 包括的カウンセリング研究会研修会資料

4章コラム

横浜市教育委員会事務局学校教育部特別支援教育課（2007）．複学籍による交流教育実施の手引き

人名索引

ア行

アイゼンク（Eysenck, H. J.） 44
青砥 恭 182
秋田喜代美 46, 48
安彦忠彦 80
有薗 格 212
アンダーソン（Anderson, C. A.） 4
飯田順三 176
石隈利紀 4, 50, 198
市川伸一 46, 48
伊藤美奈子 56, 58, 102, 148
今泉柔剛 184
入澤宗壽 86
岩田慶治 216
ヴィゴツキー（Vygotsky, L. S.） 38
ウィニコット（Winnicott, D. W.） 180, 218
ウイング（Wing, L.） 174
ヴェーユ（Weil, S.） 220
ウェルマン（Wellman, H. M.） 23
氏原 寛 98
浦野 弘 216
宇留田麗 60
エリクソン（Erikson, E. H.） 20, 22, 26, 32, 180
オーズベル（Ausubel, D. P.） 38
オールポート（Allport, G. W.） 44
太田昌孝 168
大野精一 198
岡田 努 32
岡安孝弘 16
尾木直樹 226
落合良行 28

カ行

懸川武史 6
鹿毛雅治 40
柏木惠子 18
河合隼雄 110

河村茂雄 44
神田橋條治 178
キャプラン（Caplan, G.） 12
清永賢二 162
ギリガン（Giligan, C.） 30
グッゲンビュール
　（Guggenbuhl-Craig, A.） 108
久保真人 128
クレイマー（Kramer, R.） 30
クレッチマー（Kretschmer, E.） 44
ゴールド（Gold, Y.） 128
コールバーグ（Kohlberg, L.） 28, 30
國分康孝 8, 90, 98
小林久人 76
コワルスキ（Kowalski, R. M.） 4

サ行

齋藤新吉 76
酒庭寛子 8, 78
坂野雄二 16
坂本昇一 70
坂元 昇 2
佐久間路子 23
迫脇健二 168
佐藤 学 82, 118
佐藤有耕 22, 28
サドック（Sadock, B. J.） 176
ジェイコブソン（Jacobson, L.） 42
シェルドン（Sheldon, W. H.） 44
嶋田洋徳 16
清水将之 28
下山晴彦 4, 32, 50
ジャクソン（Jackson, S. E.） 120
シュルツ（Schultz, L. H.） 32
ショーン（Schon, D. A.） 82
杉浦義典 74

スキナー（Skinner, B. F.） 36
杉山登志郎 170, 176
鈴木庸裕 218
鈴木 太 176
セルマン（Selman, R. L.） 32
相馬誠一 98, 104, 134, 196, 204
園田雅代 124

タ行

田尾雅夫 128
高野清純 98
田上不二夫 8
竹中晃二 16
田野入康裕 8, 78
ダルカン（Dulcan, M.） 176
丹野義彦 4
デシ（Deci, E. L.） 40
デューイ（Dewey, J.） 38
デュセイ（Dusay, J.） 74
デュルケーム（Durkheim, E.） 2
傳田健三 176
徳田仁子 98

ナ行

中島一憲 116, 118
中村雄一郎 108
中村有希 218
中村 豊 98
中村良夫 220
西岡加奈恵 42
西山久子 60
二宮克美 32

ハ行

ハヴィガースト（Havighurst, R. J.） 18
バロン・コーヘン（Baron-Cohen, S.） 22
バンデューラ（Bandura, A.） 42
平井洋子 74

268

平石賢二　26
広田照幸　224
ファンツ（Fantz, R. L.）　20
フォルクマン（Folkman, S.）　14
ベル-ドラン（Bell-Dolan, D.）　4
ホフマン（Hoffman, J.）　26
ポンティ（Ponty, M. M.）　218
本間友巳　102

マ行

マーシャ（Marcia, J. E.）　26
マイリック（Myrick, R.）　134
マスラック（Maslach, C.）　120
松原達哉　98
マティーニ（Martini, D. R.）　176
三浦正江　16, 54
三隅二不二　42
箕浦康子　76
三村国宏　84
村山正治　98
森田洋司　162
モレノ（Moreno, J. L.）　42
諸富祥彦　224

ヤ行

八並光俊　52, 68
山岸明子　30
山田昌弘　28
山中　寛　18
山本和郎　10, 12
山本銀次　8, 80
山森光陽　38

矢守克也　42
ユング（Jung, C. G.）　44

ラ行

ライアン（Ryan, R. M.）　40
ラザルス（Lazarus, R. S.）　14
リアリー（Leary, M. R.）　4
リー（Lee, B）　196
レルフ（Relph, E.）　220
ロス（Roth, R. A.）　128
ロジャーズ（Rogers, C. R.）　146
ローゼンタール（Rosenthal, R.）　42

ワ行

和田修二　2
渡辺美枝子　74

事項索引

ア行

アイデンティティ獲得対アイデンティティ拡散　26
アイデンティティ形成　26
アイデンティティ・ステイタス　26
アクションリサーチ　48
アスペルガー症候群　170
アセスメント　10
遊び型非行　164
アメリカ精神医学会（APA）　108, 170

いきなり型非行　164
生きるための非行　164
生きる力　212
意思決定能力　94
いじめ　154
板橋区教育振興推進計画　214
居場所　218
インターフェイス　4
インフォームド・コンセント　210

エゴグラム　74
エスノグラフィー　76
援助サービス機能　98

横断的視点　18

カ行

改正少年法　166
ガイダンスカリキュラム　234
開発的学校教育相談　198
開発的支援　52, 132
外発的動機づけ　38
解離性障害　176
カウンセリング　10
　　――心理学　6, 74
　　――マインド　70
学業の発達　132, 234
学習　36
学習障害（LD）　110, 168

課題解決モデル　6
学級崩壊　114
学校教育相談　70, 126
学校恐怖症　146
学校支援地域本部　212
学校ストレス・モデル　16
学校体制づくり　98
学校と保護者の連携　228
学校におけるストレス　98
学校臨床心理学　2, 48
軽い障がいをもつ子ども　170
関係の糸　152
観察学習　36
慣習的水準　30
観衆の役割　162
完全習得学習（マスタリー・ラーニング）　42

危機介入　14
基本的信頼感の獲得　20
基本的信頼感　180～182
逆転移　170, 171
キャリア　90
　　――・カウンセリング　90
　　――教育　62, 86
キャリア的発達　132, 234
教育　34, 46, 48
教育振興基本計画　96, 212, 213
教育心理学　34
教育専門職員　127
教育相談　60, 96
　　――係　196
　　――機関　102
　　――室　204, 243
　　――年間計画　202
教育評価　40
教育力　212
強化　36
教師の病気休職　226
協働　4
　　――性　124, 125
　　――モデル　4, 12, 84
勤勉性対劣等感　24

グループ・アプローチ　126, 134
グループワーク・トレーニング　134
群発自殺　188

形成的評価　42
軽度発達障害　126, 168
　　――児　168
結果期待　40
原風景　216

行為障害（CD）　176
行為の中の省察　82
後慣習的水準　30
高機能自閉症　110
高校中退　180
構成的グループ・エンカウンター　8, 134
公正の道徳性　30
行動主義　36
行動連携　116, 117, 208
広汎性発達障害　170
交流分析　74
効力期待　40
コーディネーション　60
コーピング　14, 122
5か年計画　102
国際学習到達度調査（PISA）　214, 217
国際疾病分類（ICD）　108
国際生活機能分類（ICF）　112
心の危機　120, 127
心の理論　22
個人・社会性の発達　132, 234
個人プランニング　82, 234
子どもから学ぶ　110
個別検査　200
コミュニケーション障害　170
コミュニティ・スクール　212
コラボレーション　60

孤立感　114
コンサルタント　12
コンサルティ　12
コンサルテーション　10, 12, 60

サ行
罪悪感　22
サラマンカ宣言　244

支援の質　106
自己決定理論　40
自己効力　40
自己指導能力の育成　66
自己制御機能　22
自殺の危険因子　190
自殺の連鎖　188
自殺予防　186
思春期　24
自傷行為　188
システムサポート　234
事前的評価　40
ジゾイドパーソナリティ障害　179
実践　46, 48
　──研究　46
質問紙法　44
児童虐待　170, 232
児童生徒理解　72, 82
児童相談所　206
自発性　22, 22
　──対罪悪感　22
自閉症スペクトラム　174
社会体験事業　94
社会的構成主義　36
社会的視点取得　30
社会文化的理論　38
集団検査　200
集団療法　112
修理モデル　10
障害者基本計画　106, 107
障害者基本法　106
障がいをもつ子ども　180
状況論的アプローチ　36
常勤相談員　104
少年非行　162
情報活用能力　94
将来設計能力　94

職業指導　86
職業体験　94
初発型非行　164
自立　26
自律性　22
　──対恥・疑惑　22
信頼感　20
心理・教育的援助サービス　10
心理臨床　32
進路指導　62, 86

推進役　196
スーパービジョン　84, 156
スキル・トレーニング　132
スクールカウンセラー　10, 102, 127, 196, 236
スクール（ガイダンス）カウンセリング・サービス　236
スクールカウンセリングプログラム・ナショナルスタンダード　94
スクールサイコロジカル・サービス　236, 238
スクールサイコロジスト　196, 238
スクールソーシャルワーカー　240
スクールソーシャルワーク・サービス　236, 240
ストレス・マネジメント　16

精神疾患の分類と診断の手引（DSM）　170, 108
成長モデル　10
生徒指導　58, 66
　──提要　68
前習慣的水準　30
全国学力テスト　214
潜在学習　36
潜在的カリキュラム　80
全米スクールカウンセラー協会（ASCA）　232
専門機関　206

総括的評価　42
双極性障害　176

操作的判断基準　107, 108
相談役　196
ソーシャルスキル・トレーニング　134
即応的支援　234
ソシオメトリックテスト　42
育ち　34, 48

タ行
体験学習　78
対処　14

地域子ども教室推進事業　216
地域との連携　212
チーム支援　208
知識の獲得　36
注意欠陥／多動性障害（ADHD）　110, 168

定着役　196
適応指導教室　208
適性検査　88
適正処遇交互作用（ATI）　46
転移　170, 171

投影法　44
動機づけ　38
登校拒否　146
統合システム　4
統合失調型パーソナリティ障害（統合失調型人格障害）　178
統合失調質パーソナリティ障害（統合失調質人格障害）　178
統合失調症　176
洞察　36
道徳性　30
　──発達　28
同僚性　124, 125
特殊教育　106
特性論　44
特別支援教育　60, 106
　──体制整備等状況調査　113
特別な支援を要する子ども

事項索引　**271**

108, 230
トレーニング　82

ナ行
内発的動機づけ　40

ニーズアセスメント　140
二次障害　114
二足歩行の獲得　20
日本臨床心理士会　102
人間関係形成能力　94
認知主義　36
認知発達段階説　38

ネットワーク　116, 154

ハ行
パーソナリティ　44
バーンアウト（燃え尽き症群）　58, 118, 128
配慮と責任の道徳性　30
恥・疑惑　22
発達課題　18
発達障害　168
　──者支援法　106
発達心理学　18
パラサイト・シングル　28
パラダイム転換　2, 72
反抗型非行　164
反抗期　24
反抗挑戦性障害（ODD）　176
反応性愛着障害　176
反復　36

ピア・エデュケーション　136
ピア・サポート　6
　──活動　134
　──モデル　6
ピアフレンド　97
ピグマリオン効果　42
非行　162
　──少年　166
　──の一般化　164
非常勤相談員　104

ビッグファイブ　44
フィールド　76
　──ノーツ　78
　──ワーク　76
副次的な学籍制度　244
不信感　20
不登校　126, 146
父母との連携　222
フリースクール　208
不良行為　162, 166
ふるさと教育　216
プログラム学習　36

偏差値　88

放課後子どもプラン　212
包括的スクールカウンセリング　232
傍観者の役割　162
ポートフォリオ評価　42

マ行
マスタリー・ラーニング（完全習得学習）　42
学び　34
　──と育ち　34

メンタルフレンド　97
メンタルヘルス　116, 118, 119

燃え尽き症候群（バーンアウト）　58, 118, 128
モデル化　58
モンスター・ペアレント　226
問題解決　38
　──的学校教育相談　198
　──的支援　50

ヤ行
病む個体　178

有意味受容学習　38
遊戯療法　206

融合　4
ユニバーサルデザイン　244
予防的学校教育相談　198
予防的支援　52, 138

ラ行
理論化　58
臨床　46, 48
　──の知　108

類似論　44
ルーブリック　42

劣等感　24
連携　4
　──トライアングル　212

欧文
ADHD（注意欠陥／多動性障害）　110, 168
APA（アメリカ精神医学会）　108, 170
ASCA（全米スクールカウンセラー協会）　232
ASCAナショナルモデル　232
ATI（適正処遇交互作用）　46
CD（行為障害）　176
DSM（精神疾患の分類と診断の手引）　170, 108
ICD（国際疾病分類）　108
ICF（国際生活機能分類）　112
LD（学習障害）　110, 168
MMPI　44
NPO　208, 214
ODD（反抗挑戦性障害）　176
PISA（国際学習到達度調査）　214, 217
PM理論　42
TA理論　74
TALKの原則　192
Y-G性格検査　44

おわりに

　学校教育相談，学校カウンセリング，学校臨床心理学などの類書は多いが，新たな学校臨床心理学の地平を切り開くものとして本書を企画した。ともすると「学校臨床心理学とは何か」の位置づけもなく，理論的展開も不十分な類書を多くみる。本書は，これまでの類書とは明らかに違っていよう。学校で使える学校臨床心理学をこの一冊にと，執筆者一同願いを込めてまとめている。

　執筆者は編集代表者の伊藤美奈子の呼びかけに集まったが，何よりも実践を尊び，現場を大事に考えている。「実践なき理論は空論。理論なき実践は無謀」の言葉があるが，実践の積み上げから理論をつくりたい――そうした想いを胸に刻みながら，学校臨床実践の中から掴み上げた理論を踏まえ，また，できるかぎり最新の情報を取り入れ実践に役立つよう執筆したものが本書なのである。

　アメリカでは，スクールカウンセラー，スクールサイコロジストの職能が確立し，公立学校での相談専門職として活躍している。実際，執筆者の一人であるバーンズ亀山静子は，現職のニューヨーク州公認のスクールサイコロジストである。スクールカウンセラーは，学業面での相談や進路相談，対人関係の諸問題や，不適応の問題に対して個別カウンセリングやグループ・カウンセリングを実践し，スクールサイコロジストは，心理教育診断査定（心理アセスメントや特別支援教育のプログラム策定）やコンサルテーション，コーディネートを主に担っている。それぞれの学問としてのよりどころが，スクールカウンセラーは「スクールカウンセリング」（学校教育相談）であり，スクールサイコロジストは，「スクールサイコセラピー」（学校臨床心理）および「スクールサイコロジー」（学校心理学）であろう。

　日本においては，スクールカウンセラー制度が1995（平成7）年度より実施され，ようやく非常勤体制で整備されたばかりである。執筆者一同，非常勤体制での実施に疑問を持ち，常勤対応でのスクールカウンセラー制

度が日本に定着するよう切に願っている。

　本書は，日々の学校現場で実践している小学校・中学校・高等学校・特別支援学校などの先生方にぜひ，読んでほしいと願っている。また，明日のスクールカウンセラーや教師を目指す，若者たちに，ぜひ，本書で勉強してほしいと願っている。その上で本書を5年後，10年後の日本の学校教育に問いたいと執筆者一同心より願っている。

　最後に，本書の完成を支援し続けたサイエンス社の清水匡太氏，出井舞夢氏をはじめ，支えてくれた多くの方々に心から感謝の意を表したい。

　2010 年　草山に　馬放ちけり　秋の空（漱石）

執筆者を代表して　相 馬 誠 一

執筆者紹介

【編　　者】

伊藤　美奈子（いとう　みなこ）【1・4章編集／1.2, 1.3, 1.4, 3.3.1, 4.2】

1984年　京都大学文学部国文学科卒業
1995年　京都大学大学院教育学研究科単位取得退学
現　在　奈良女子大学研究院生活環境科学系教授

主要著書

『思春期の心さがしと学びの現場──スクールカウンセラーの実践を通して』（北樹出版，2000）

『スクールカウンセラーの仕事』（岩波書店，2002）

『学校臨床心理学　入門──スクールカウンセラーによる実践の知恵』（共著）（有斐閣，2003）

『グラフィック性格心理学』（共著）（サイエンス社，2005）

『不登校──その心もようと支援の実際』（金子書房，2009）

●学校現場を健全な「学びと育ちの場」にするために，学校臨床実践の知恵を結集させましょう。

相馬　誠一（そうま　せいいち）【2・3章編集／2.3, 3.3.2, 4.1】

1987年　兵庫教育大学大学院学校教育研究科修了
現　在　東京家政大学人文学部心理カウンセリング学科教授

主要編著書

『適応指導教室──よみがえる「登校拒否」の子どもたち』（共著）（学事出版，1998）

『学級の人間関係を育てるグループ・アプローチ』（編著）（学事出版，2006）

『学校カウンセリングの理論と実践』（共著）（ナカニシヤ出版，2007）

『不登校──学校に背を向ける子どもたち』（編集）（ゆまに書房，2007）

●2010年6月だけで子どもたちが6人自死しています。学校臨床心理学を学問として確立させ，なんとしても子どもたちの死をくいとめましょう。

【執筆者（50 音順）】

新井　肇（あらい　はじめ）　【2.5，3.3.6，3.3.7】

1976 年	京都大学文学部哲学科社会学専攻卒業
1999 年	兵庫教育大学大学院学校教育研究科修士課程修了
現　在	兵庫教育大学大学院学校教育研究科教授

主要著書

『「教師」崩壊──バーンアウト症候群克服のために』（すずさわ書店，1999）
『「叱る」生徒指導──カウンセリングを活かす』（分担執筆）（学事出版，2003）
『教師カウンセラー──教育に活かすカウンセリングの理論と実践』（分担執筆）（金子書房，2005）
『青少年のための自殺予防マニュアル［新訂増補］』（分担執筆）（金剛出版，2008）
『セラピストのための自殺予防ガイド』（分担執筆）（金剛出版，2009）

● 子どもも教師も元気になる学校をめざして，理論と実践をつなぐ学校臨床心理学をつくっていきたいと思っています。

懸川　武史（かけがわ　たけし）　【1.1，2.1】

1978 年	東京農業大学農学部栄養学科管理栄養士専攻卒業後，群馬県内小学校教諭，教育研究所指導主事，群馬県教育センター教育相談指導主事等を経て，
現　在	群馬大学大学院教育学研究科教授

主要論文

「「不登校問題」の一考察──モデル構築，脱構築」（群馬大学教育実践研究，21，355-362，2004）
「ピア・サポートモデルによる学校マネジメントの実践」（群馬大学教育実践研究，26，155-162，2009）
「学校や学級の決まりを守らない」（児童心理，64(13)，1084-1089，2010）
「心理教育的集団リーダーシップ訓練の試み──「心理教育的指導論」の実践と成果」（共著）（群馬大学教育実践研究，27，245-254，2010）

● ケースに学び，学校臨床心理学のモデル構築を目指していきたいと思います。

長島　明純（ながしま　あきすみ）　【2.4, 3.3.4, 3.3.5, 4.3】

1989 年　兵庫教育大学大学院学校教育研究科修了
現　在　創価大学大学院教職研究科教授

主要著書

『学校カウンセリングの理論と実践』（分担執筆）（ナカニシヤ出版，2007）
『京大心理臨床シリーズ 4　箱庭療法の事例と展開』（分担執筆）（創元社，2007）

● 目には見えない大事なものを思い出させてくれる力を，学校臨床心理学はもちたいと思っています。

中村　豊（なかむら　ゆたか）　【2.2, 3.3.3, 4.4】

1996 年　兵庫教育大学大学院学校教育研究科修了
現　在　東京理科大学教職教育センター教授

主要著書

『学級の人間関係を育てるグループ・アプローチ』（分担執筆）（学事出版，2006）
『社会性を育てるスキル教育――総合・特活・道徳で行う年間カリキュラムと指導案（中学 1 年生〜中学 3 年生）』（分担執筆）（図書文化社，2006）
『子どもの社会的自立の基礎を培う』（分担執筆）（教育開発研究所，2007）
『社会性を育てるスキル教育　教育課程導入編――いじめ・荒れを予防し，「社会的スキル」を育てる，授業型の生徒指導』（分担執筆）（図書文化社，2008）

● 子どもたちと学校教育の専門家である先生方の新たな礎となる学問の樹立を目指しての第一歩。

バーンズ　亀山　静子（ばーんず　かめやま　しずこ）　【3.1, 3.2, 4.5】

1982 年　ロングアイランド大学 CW ポストセンター大学院特殊教育学修士課程修了
1993 年　ニューヨーク市立大学クィーンズカレッジ大学院スクールサイコロジー修士課程修了
現　在　米国ニューヨーク州公認スクールサイコロジスト

主要訳書

『世界のいじめ――各国の現状と取り組み』（共訳）（金子書房，1998）
『ピア・サポート実践マニュアル』（共訳）（川島書店，2002）

● 従来の方法で効果がないなら別の方法を試してみる。今までの枠から出て考えることで解決への道が拓けることもある。「柔軟性」……これがキーワードです。

グラフィック 学校臨床心理学

2010年10月25日ⓒ	初版発行
2018年10月10日	初版第3刷発行

編著者 伊藤美奈子	発行者 森平敏孝
相馬誠一	印刷者 中澤　眞
	製本者 小高祥弘

発行所　株式会社 サイエンス社
〒151-0051 東京都渋谷区千駄ヶ谷1丁目3番25号
営業 TEL　(03)5474-8500（代）　振替 00170-7-2387
編集 TEL　(03)5474-8700（代）
FAX 　　　(03)5474-8900

印刷 ㈱シナノ　製本 小高製本工業㈱
《検印省略》

本書の内容を無断で複写複製することは，著作者および出版者の権利を侵害することがありますので，その場合にはあらかじめ小社あて許諾をお求め下さい。

ISBN978-4-7819-1257-8

PRINTED IN JAPAN

サイエンス社のホームページのご案内
http://www.saiensu.co.jp
ご意見・ご要望は
jinbun@saiensu.co.jp　まで．